幼兒園及托嬰中心教保活動

幼兒本位磁場的社區融合教保之理論與實施

謝明昆　著

五南圖書出版公司 印行

序言

　　探究我國幼兒園教保活動課程大綱的重要內涵，當中教保服務人員務必掌握的兩項，包含「幼兒本位」磁場的建立，以及「社區選材」的自編教材能力。以上兩項能力，是課程大綱規範須以「統整方式」、「多元文化」實施教保活動計畫的柱礎石。且本書作者因應用了「直觀探索活動」結合「自動的從做中學習活動」與「鷹架支持原理」，本書亦適合托嬰中心1歲6個月大的嬰幼兒教保活動設計需求。

我國幼兒園實施幼兒本位教保活動之法源及內涵

　　「幼兒本位」一詞，選自《幼兒教育及照顧法》第七條「幼兒園教保服務*應以幼兒為主體，遵行幼兒本位精神……*」，以及「幼兒園教保活動課程大綱」的「總綱」之「五、基本理念之(三)怎麼看教保活動課程」內容「本課程大綱*強調幼兒主體*，也重視社會參與。從幼兒的角度出發，*以幼兒為中心……*」。「幼兒本位」是一種磁場，在幼兒園教育及照顧裡，意指建立一個滿足各個幼兒需求的教保情境：包含教學情境，以及照顧情境。

　　在教學方面，內涵係指從發展觀點了解幼兒發展的學習特徵，進而滿足幼兒依學習特徵學習的學習活動。例如幼兒是從直觀探索活動中學習、喜歡自由選擇與決定、展示自信與信任親人、自主的從做中學習、自發的助人、喜歡遊戲、喜歡自由遊戲等等，是幼兒期的學習特徵，教保者規劃這樣的系統性教保模式，即屬幼兒本位之教育。因此須是「開放教育」的情境，才能讓班級幼兒各取所需。

　　在照顧方面，採用「滿足需求」信念，不採用「滿足合理需求」理念。「滿足需求」信念重視人本思維：以愛、同理心、真誠態度溝通協商，鼓勵、誘導，找尋幼兒與成人可接受點的需求滿足。當比較幼兒的教

保之與生態區獼猴保育、櫻花鉤吻鮭復育、家犬飼養等之不同，即可領悟幼兒之教保是否僅僅依習性哺育？以上所提及的依習性而養，係屬於照顧層面，嬰幼兒之教保以此為基礎結合發展上的學習特徵實施教保活動，必然能引導幼兒發展出人類社會的素養及能力。

因此藉由「幼兒本位」磁場情境，將更容易引導幼兒發展六大領域課程，達成幼兒園九項教育目標以及優秀人類六大核心素養。根據人類身心發展研究，發現健康幼兒的特徵包含自信、信任照顧者、自主性、自發性、進取心等等，而培養以上健康特徵的幼兒，必須採行符合幼兒發展之學習特徵的教保方式，亦即採行幼兒本位教保方式，能夠引發幼兒的快樂與幸福感覺，幼兒即能在快樂幸福磁場裡專注學習，渾然不知的有效學得六大領域能力。

作者統整幼兒教育目標包含三大項：身心的健康、快樂和幸福、創造與成就。「幼兒本位」教育能每一天培育自信心、自主性、自發性、進取性發展的幼兒，幼兒是基於自信心、自主性、自發性、進取性而表現出良好行為，因而沒有問題行為，沒有偏差行為。「教師本位」教育的幼兒聽命於教保服務人員，幼兒被耳提面命，幼兒鮮少有自主性、自發性學習機會，自信心比較不足，進取性缺乏，教師對於幼兒也不信任；因此當幼兒個己身處在多元社會文化裡，常常因為太多的自我中心而缺陷於倫理表現，其問題行為與偏差行為的形成常根基於此。

我國幼兒園教保活動須從社區選材之法源及內涵

「社區資源融入教學」的概念，理想上稱之「社區融合」，源自「幼兒園教保活動課程大綱」的「總綱」之「五、基本理念之(四)怎麼看教保服務人員的角色」內容「……教保服務人員*須從幼兒園、家庭及其社區選材*……」，以及「總綱」之「七、實施通則之(二)依據幼兒發展狀態與學習需求，選擇適宜的教材，規劃合宜的教保活動課程」內容「……各園宜配合教保活動課程內涵及幼兒的發展狀態，*從其所在地的生活環境中選材，設計符合幼兒生活經驗的活動*」。

　　實施「社區資源融入教學」、「社區融合」教保活動，教保人員須自
社區選材，自編教材。當應用轉化模式編選教材、實施主題教學、實施方
案教學，因教材內容符合具體生活現實，連結生活舊經驗，則可踏踏實實
地進行鄉土教育，也能踏踏實實地實施多元文化教育，且因結合幼兒本位
磁場，稱之幸福教保活動。幸福教學及照顧，係指滿足各個幼兒需求，幼
兒在學習活動中快樂的各取所需，獲得幸福感。可知其前提必須是開放教
育及照顧，因此首應建立幼兒本位磁場。

　　幼兒本位之教育及照顧是一種好的磁場，當社區融合教學活動歷程能
建立這樣的磁場情境，對於幼兒身心健康非常有助益。幼兒因為學習歷程
獲得自信心、自主性、自發性、進取性而感受到快樂與幸福，幼兒也因為
學習歷程展現創意、統整學習六大領域之成果佳，而獲得學習成就感。

　　本書內容中「幼兒園與社區融合之幸福教保模式」一詞，源自整合
「幼兒本位暨社區資源融入教學」深度內涵及創見的系統化教保模式，簡
稱「社區融合開放教保模式」，再經重構進化為「社區融合幸福教保模
式」。

社區融合教保活動之典範

　　社區融合教保活動的魅力，可以從Edwards C.等人（1998）介紹義大
利教育家羅倫斯‧馬拉古齊（Malaguzzi, L., 1920-1994）理念的著作《兒
童的一百種語文》（*The Hundred Languages of Children*）得知。書中記
錄在北義大利瑞吉歐‧艾蜜莉亞地區，自1963年誕生的第一個自治學校，
屬於市政府經營的幼兒學校發展情形（羅雅芬等三人譯，2000，p.56）；
迄今2018年已達五十餘年，基於杜威（J. Dewey,1859-1952）的進步主義
哲學，以及皮亞傑（J. Piaget,1896-1980）與維果斯基（L. S. Vygotsky,
1896-1934）的建構主義哲學，加入義大利戰後左派政治改革，建立了一
套統合各學派幼兒教育觀點的幼兒教育模式（Edwards, C. P., Gandini, L.,
2012；Gandini, L. & Edwards, C. P., 2016）。

　　在眾多種幼教課程中，瑞吉歐‧艾蜜莉亞學前教育機構被《新聞周

3

刊》（Newsweek, 1991）評選為全世界模範幼兒園之一，係因其運用的方案教學能非常強調社區資源融入，含家長及社區人士在教學中之參與。

　　著名學者多元智能理論創立者迦納（Gardner H.）於「兒童的一百種語文」書評中，撰擬前言「對瑞吉歐‧艾蜜莉亞觀點的補充」文，文中指出：杜威致力於進步主義教育數十年，但是他所設立的學校卻維持不到四年的光景；相較之下，瑞吉歐社區學校勝於任何的哲學理念及方法，建立了馬拉古齊重要的成就，世界上再也沒有一個地方可以發現這種革新性哲學理論與實踐之間能有如此緊密結合、共生共存的關係存在（羅雅芬、連英式、金乃琪譯，2006，前言頁8；Edwards, C. Gandini, L. & Forman, G., 1998）。以上提到杜威及馬拉古齊兩位教育家因為教育對象之年齡不同，也就產生不同的結果，惟其課程的最大差異點乃在於社區融合（Community Integration Early Childhood Curriculum）層面。

社區融合教保活動三部曲

　　我國幼兒園實施社區融合教育之依據，係源自現行課程大綱之規範「教保服務人員與幼兒共同建構和諧溫馨的班級文化，與每位幼兒建立良好的互信關係，使幼兒具有安全感與歸屬感（這是奠定幸福感的基礎）；同時教保服務人員須從幼兒園、家庭及其社區選材，提供幼兒多樣的社會文化及自然環境經驗，鼓勵幼兒嘗試與體驗並予以真誠的接納和肯定（這是社區融合的真義）；此外教保服務人員更是學習情境的規劃者，提供有意義的學習情境，讓幼兒學習（指出教學者擔負幼兒幸福教保的重責大任）。」藉由以上三部曲推展社區融合教育，發展幼兒幸福感，教學者不能僅僅停留在第一部曲，或僅停留在第二部曲，應接續倡導且實施幸福教保模式的第三部曲。本書除了探討第一及第二部曲理念之外，特別介紹第三部曲的幸福教保模式。本書基於第三部曲的理想，介紹的幸福教保模式，係結合「兒童的一百種語文」與「多元智能」等開放理念，採以社區融合理論，建構開放教育之實施歷程，為保障幼兒之快樂與幸福。

　　幼兒園課程之教保實施模式，涵蓋基本哲學、教育政策行政與教保實

施邏輯等，包含了理論與實務，據以達成預期的教育成果。本書之理論部分，分四部分探討幼兒園社區融合教育之課程理論基礎：一、「社區融合課程之原理及教保理念」，二、「幸福幼兒哲學及教保理念」，三、「幼兒教育課程基礎、理論及應用」，以及四、我國現行「幼兒園教保活動課程大綱」等內涵，詳如圖序-1。

　　幼兒園的教保活動（Educare activity），包含教育活動及照顧活動，教學活動則是教育活動的核心。基於統整發展觀點，在發展歷程中不揠苗助長，培育身心健康、快樂和幸福、創造與成就之幼兒，就必須思考幼兒園和社區密切配合最大效益的教保活動課程為何？「幼兒園課程之社區融合幸福教保模式（簡稱社區融合幸福教保模式或稱幸福教保模式）」，其內涵意義是「一個能夠和社區充分融合的快樂幸福課程教保模式，一個能夠依據現行我國幼兒園教保活動課程大綱實施幼兒本位之教保模式」。

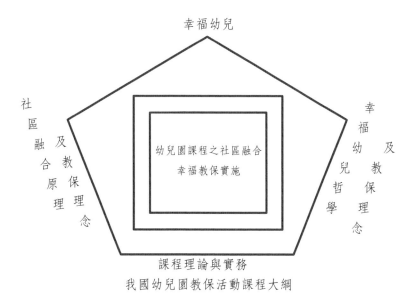

圖序-1　社區融合幸福教保模式理論基礎探討架構

備註：圖序-1所提課程理論基礎，係立基於人類發展理論。本書社區融合幸福教保模式之邏輯思維係立基於下圖序-2圖的路徑分析。

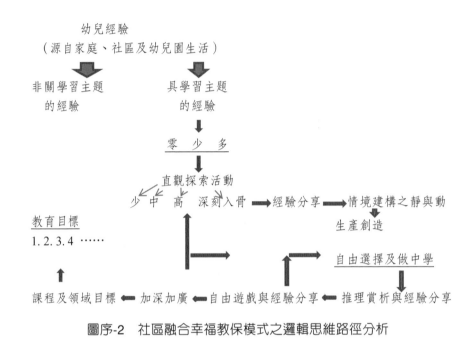

圖序-2　社區融合幸福教保模式之邏輯思維路徑分析

　　為實踐社區融合第三部曲，作者臨床訪談了兩校幼兒園實施社區融合教保之三位幸福教學者，探究班級幼兒及教學者產生幸福感緣由，探究教學者專業成長因素及教保理念，探究他們的教保模式教學歷程。

　　本書所進行臨床訪談的兩校幼兒園實施社區融合教保之三位幸福教學者，受訪者實施社區融合幸福教保模式多年，除了正依據現行「課程大綱」法令實施教學之外，也都經歷前「課程標準」法令實施班級教學，因此本書在分析現行課程大綱內涵時，係採行新舊課程比較方式，藉以深入了解新課程及社區融合教保活動內涵。本書社區融合幸福教保模式的建構，係採行後現代批判、解構、重構及創意觀點，為發展更有效益的社區融合幸福教保模式。

　　102學年度，作者帶領國立臺中教育大學幼兒教育學系修習「幼兒教育專題研究」之在職進修研究生，參觀眉橋幼兒園（化名）之校園及教保活動，在經驗分享座談會裡，參訪者提問「實施社區融合開放模式帶來的

影響？」教師兼主任的楊主任教學者答覆，效應之一是「帶給幼兒快樂、成長，帶給自己在教學上從未有過的幸福感。」這一番話語，印證了當天教學現場氛圍及幼兒的表現，著實令作者印象深刻，激發深入探究的動機。

民國103年8月22日（星期五），作者曾經訪談眉橋幼兒園楊主任教學者，在訪談歷程後半段，研究者提問：「很好奇的請問妳，依妳實施社區融合開放模式多年的教學經驗，妳的感受如何？」她回答：

> 嗯，其實在不同的時空裡面，會有不同的感受，哪譬如說在進行社區探索的時候，我就會有一種很幸福的感覺，因為可以帶著孩子在那田間裡面啦、在社區人群裡面啦、爬山啦，跟孩子一起互動，就會覺得世界上最幸福的工作就是這樣的環境，實施這樣的模式，有人還可以上班的時候，帶孩子出來散步啊、爬山啊！怎麼有這麼好的工作，這是第一點。再者在教室裡面，跟孩子做創作的時候，那個創作有時候真的會碰到瓶頸，就會想著、想著設法解決，包括跟孩子討論，跟同事討論，甚至自己上網找找，或是找各種書籍。妳會覺得，假如是成功的，喔！那種成就感是非常的大的！

> 舉個例子好了，像上學期的主題課程有去阿婆家探索，參觀她的廚房。我們在教室裡創作了一個角落就是「姑婆的家」，孩子每天在自由遊戲時間，喜歡裝扮遊玩，玩煮燒飯、炒菜的遊戲！在這個過程，我會覺得遊玩此類遊戲，每次的變化不大，就想要做怎樣的挑戰，老師們要挑戰自己。後來在一個偶然的機會裡，看到網路上有奶奶們為了幫孩子創作一組系統的流理臺，給我很大的靈感，所以我就把那個資料拿來跟同事們分享，後來就引導，因為孩子們已經有那些經驗了，真的就在角落裡面創作了一組現代化的流理臺，有櫥櫃、抽屜、水槽、瓦斯爐、鍋、盤

都有。在那當下，老師們都感到很有成就感，有了突破性的創意感受；且也看到孩子的創作歷程，架構才剛完成，在每天早上自由遊戲時間，就有許多人在玩；創作完成之後，玩得更熱烈，例如：辦桌、訂餐、購買等。就是玩得很開心，當時老師看在眼裡，那種滿足感和成就感就很高。

建構架構是老師帶著他們，用紙箱做骨架，因為開始孩子沒有辦法獨立製作。那一組有意願的孩子，其實幾乎都是中班的孩子，大班的只有一個，所以師生合作建構架構的外部，一起割、一起黏的工作；至於零件製作及美化的部分全部由孩子們創作，運用了多種回收資源材質，有用紙貼，有用油漆刷的，用不同的方式，做多少就玩多少，製做了一個多月……。能為孩子營造出這樣的環境，創作出完美的作品，孩子是很快樂的，老師感受到幸福、快樂、美滿。（1030822）

當時作者持續問了下列問題，包含「你認為幼兒是幸福快樂的，妳是怎麼評量幼兒們是幸福快樂的？」「那家長呢？妳是怎麼評量家長的感受是幸福快樂的？」「同事老師們的教學也感到幸福嗎？」當時楊主任教學者的回答鉅細靡遺，正向回應的內涵很令作者驚奇。

歸納當時的訪談內容，發現楊主任教學者除了對自己的教學感到幸福、快樂之外，她觀察到幼兒們的學習是快樂、幸福的；再者她觀察幼兒家長的感受是滿意、感激，也得知同仁們認同這種教學模式，實施這個教學模式對於孩子們的幫助持很大的認同，對老師自己教學的成長也持很大的認同，老師們感受到快樂、幸福；老師們體認到教學者實施「社區融合幸福教保模式」須具備創造力、班級經營能力、意願素養，而這些都是可以培養生成，尤其是「教學意願」素養最為重要，因為會帶來良性循環，提升創造力，提升班級經營能力。

眉橋幼兒園位處鄉村丘陵區，教學者正在實施幼兒本位「社區融合開

放模式」，自陳能讓幼兒感受到快樂與幸福，更能讓教學者感受教學上的幸福感。本書亦發現位處都會區也在實施幼兒本位「社區融合開放模式」的華愛幼兒園（化名），教學者也同樣感受到教學上的幸福感，據而深入分析教學上所指的「幸福」內涵。追根究柢教學者在教保活動中，到底須應用且表現出哪些教育專業能力，能夠讓學習歷程中的幼兒感受到快樂和幸福？這涉及專業的教育理論及實務問題，須從教育理論及各種教學模式中去探討分析，以及歸納相關原理原則，藉以與教學者之教學檔案比對，或藉以與教學者訪談之陳述比對，當可得知何以能讓學習歷程中的幼兒獲得快樂幸福，而探究幸福學習之原因？也因為幼兒快樂幸福，因而讓教學者同樣感受到快樂和幸福。

適用托嬰中心幼兒教保活動

幼兒園2至3歲幼兒班級，已能實施社區融合幸福教保模式。華愛幼兒園2歲至3歲幼兒有二個班級，每個班級各有15名幼兒，每個班級各有二位教保人員擔任教學及照顧者，應用了「直觀探索」教與學活動，結合「自動的從做中學習活動」及「鷹架支持原理」實施教保活動，發現能讓幼兒獲得快樂與幸福感。當華愛幼兒園劉主任陪同作者進入班級教室，包含劉主任及班級兩位教保員在內，都樂於敘說班級各個學習區情境的生產創作歷程，且幼兒們爭相邀請作者到各個情境角落裡遊玩，幼兒也會解說與示範生產創作方式，這種快樂氛圍，讓作者感受到驚艷，回憶這種幸福感久久。

2018年中，作者曾經協助臺中市一校具有規模的托嬰中心準備評鑑工作，當與園長討論教保活動設計，發現托嬰中心之教保活動，係依據分領域、分科設計實施的教保活動，此舉坊間專書比比皆是；雖然園長試著解說統整課程實施方式，惟作者能夠理解那是教師本位統整方式。作者當時在心中運轉的社區融合幸福教保模式，正思考著課程如何轉化，試圖讓眼前之園長理解。作者自信能夠引導托嬰中心教保員經由觀摩教學演示，以及理論的詮釋，而有效激起教保能力。這個社區融合幸福教保模式必然可

以應用在托嬰中心18個月大或者更早階段，肯定能在自主性發展階段幼兒班級裡實施。

「幼兒園與社區融合」簡稱「社區融合」，至於「幸福教保模式」指「社區融合開放模式」的再建構與精進，以開放教育為根基，係為滿足班級每一位幼兒需求所實施的幼兒本位課程統整活動。據而「幼兒園與社區融合之幸福教保模式」屬於統整課程，這是臺灣學前教育從早期齊一式教學的「分科教學」或「分領域教學」，走向幼兒本位統整方式的幼兒各取所需、發展多元智能、發展六大素養，以及發展自信、自主、自發、進取心人格、六大領域能力之好的教保活動模式。

謝謝好心的教育人

本書能夠出版，須感謝的學者與幼兒教育專業人員非常多，其中有國立臺中教育大學前師資培育暨就業輔導中心主任呂錘卿博士、曾任臺中市教育局長及國立臺中教育大學校長賴清標博士、苗栗縣通霄鎮烏眉國民小學徐永鑫校長及附設幼兒園楊麗娜主任暨教保服務人員、臺中市私立惠華幼兒園陳玉蘭園長及劉姿妙主任暨教保服務人員、國立臺中教育大學幼兒教育學系同仁、國立臺中教育大學教職員登山社夥伴，以及特別感謝出生於苗栗縣通霄鎮五南里的五南圖書出版公司楊榮川創辦人（作者每次前往烏眉國小附幼，都會記起他是傑出校友）等好心的教育人，非常感謝他們的資訊提供、協助、精神鼓舞及支持，感謝為學前幼兒教育的貢獻與努力，畢生難忘。

目錄 **Contents**

幼兒園教育的理想與現實
CHAPTER 1

　　當前我國學前幼兒教育的重要關注點，在於幼兒園教保活動課程大綱規範教保服務人員須「從幼兒園、家庭及其社區選材」，以及教保活動之實施「以幼兒本位精神」之落實，因而涉及幼兒園課程實施模式是否充分應用了社區資源，以及教保方法是否竭力減少教師本位，減低幼兒被動學習等理念與實務問題。

第一節　我國幼兒園教育理想

　　為探討幸福教保模式，發展幼兒本位開放教育，作者從二個層面說明幼兒園教育之理想：快樂幸福是幼兒教育及照顧之目標、全面品質經營體系之幸福幼兒教育及照顧。

一、快樂和幸福是幼兒教育及照顧之目標

　　幼兒園教保活動目標，係為能達成幼兒的「快樂和幸福」（happiness and well-being）。

(一)快樂和幸福曾經是我國幼兒教育目標

　　快樂和幸福曾經一直是我國學前幼兒教育及照顧的目標之一。我國幼托整合政策實施之前，在幼稚園方面，依據教育部於民國18年公布之《幼稚課程暫定標準》，訂定教育目標共有三條，第一條是「增進幼稚兒童應有之快樂和幸福」；其後的21年、25年、42年、64年《幼稚園課程標準》之四次修訂，各次在其數項幼稚園教育目標中分別列有「力謀幼稚兒童應有之快樂和幸福」（民國21年第二條、25年第二條）、「增進幼兒應有的快樂和幸福」（民國42年第四條）、「增進幼兒應有的快樂和幸福」（民國64年第五條）之教育目標。以上都在強調幼兒的快樂和幸福是幼稚教育目標之一。在托

兒所教保方面，內政部於民國62年首度公布《托兒所設施規範》，其第三章內容有「為滿足嬰幼兒生活經驗，教保目標如下：1.增進兒童身心健康，2.培養兒童優良的習慣，3.啟發兒童基本的生活知能，4.增進兒童之快樂和幸福。」以上第四項「增進兒童之快樂和幸福」即在強調兒童的快樂和幸福是教保工作的目標。

(二)我國當代幼兒教育不復見快樂和幸福之教育目標

我國自從民國70年11月6日總統令公布《幼稚教育法》，幼稚教育總目標已不復見「增進（或力謀）幼兒應有的快樂和幸福」教育目標，因而影響民國76年《幼稚園課程標準》之第五次修訂，也不再訂立「增進（或力謀）幼兒應有的快樂和幸福」教育目標。現行民國101年1月1日制定施行的《幼兒教育及照顧法》（本法）也已不再出現「快樂和幸福」字語，當然影響《幼兒園教保活動課程大綱》課程，其幼兒教育總目標不再出現「增進（或力謀）幼兒應有的快樂和幸福」。「快樂和幸福」不見了！現今已訂定「兒童及少年福利與權益保障法」專法積極保護，惟教育仍屬增進快樂和幸福福址最重要的一環，其中影響最大的莫過於實施幼兒本位的教學模式。

現今幼兒園教育及照顧「目標」已不復見「快樂和幸福」名稱，取而代之係以「以幼兒為主體，遵行幼兒本位精神」（本法第七條）、「以幼兒本位發展出合宜的課程」（課程大綱p.2）、「強調幼兒主體」（課程大綱p.5）、「以幼兒為中心，關注幼兒生活經驗」（課程大綱p.5）、「教保活動課程之擬訂要從個體成長的基本需求出發，包括幸福感、歸屬感與健康的生活習慣、食品衛生、疾病預防及安全的知能，以促進幼兒健康安全的成長」（課程大綱p.8）、「有效的學習情境建基於教保服務人員與幼兒間互動與信賴的關係。教保服務人員須對自己有信心，有身為教保服務人員的價值感，喜歡幼兒，願意與幼兒溝通，並致力於促進幼兒心理的健康，以

保障幼兒的學習品質和幸福感」（課程大綱p.9）等等規定。

（三）幼兒本位教育能增進幼兒快樂和幸福

　　幼兒本位的對立面是教師本位，教師本位傾向以「灌輸」實施教保活動。幼兒本位強調課程不是外在「灌輸」的內容（課程大綱p.5）。幼兒本位傾向以「啟發」、「發現」實施教保活動，給予幼兒「選擇」機會，幼兒應用「直觀」、「自信」、「自主」、「自動」、「創作」、「遊戲」、「自發」學習。更明確的說，幼兒本位的實踐就是實施「開放教育」取向的教保活動。本文倡導「幸福教保模式」即屬幼兒本位開放教育的實施，是幼兒追求幸福或是教學者增進幼兒幸福的第三部曲。

　　幸福的感受稱之幸福感，幸福感是一種主觀情緒狀態，它是由：1.「個人正向情感、低度的負向情感」的2.「主觀感受」，以及3.「對生活的滿意程度」等三個向度所構成（Bryant & Veroff, 1982；Diener, 1984）。馬丁‧塞利格曼（Martin E. P. Seligman）是正向心理學領域的專家，被稱為「正向心理學之父」，發現幸福的五元素：正向情感、投入、關係、成就、意義等。他提出一個重要的幸福公式：H=S+C+V，H代表你的持久幸福，S代表你的幸福的範圍（天生的樂觀個性、適應效應），C代表你的生活環境，V代表你自己可以控制的因素。塞氏的幸福三法則：1.過去的就讓它過去；2.未來不全是你想像；3.抓住現在的幸福（洪蘭，2009）。平易的說，學者蘇偉馨（2014）指出「興趣多一點，樂趣多一點，當然開心也會多一點，累積起來就叫做 幸福」（p.9）。這種「興趣多一點，樂趣多一點」即是自己可以控制的因素，可經由教保活動的培養。幸福源自於幸福感，幸福感是個人當下自我滿足的感覺，是真實生活感覺，而不是幻覺或想像，為幼兒本位教育的真諦；因此幼兒教保服務工作就必須實施幼兒本位教育，滿足幼兒需求，讓幼兒主觀上感到高的生

活滿意程度，增進正向情感，減低負向情感。而此一幼兒本位的生活環境，將是增進個人持久幸福的重要環節。

　　幸福感既是一種主觀情緒狀態，強調主觀感受，須在快樂和幸福的情境氣氛裡才能生成，因此要求不快樂的教保服務人員力謀幼兒的快樂和幸福感，這是困難的；反之如果只讓教保服務人員感到幸福卻讓幼兒感到不幸福，或讓幼兒與教保服務人員都不幸福，沒有達成教保任務，這類課程的內容、方法應極力改善。因此僅只單方面感到幸福，都不能稱是個好課程。幼兒園教保服務是一項很特殊的專業，因幼兒尚無法定的行為能力，在邁向成熟的歷程中，當單方面感到不幸福，也必然會受另一方感應。

　　歸結言之，幼兒園設置之目的，主要是為讓幼兒能夠獲得快樂和幸福，是要讓幼兒每一天都能感受快樂和幸福；然而要能確保幼兒的幸福，必須也要能確保教保服務人員在專業工作上的幸福，因為單方面不幸福也將影響另一方的幸福感，因此增進教保服務人員以專業為基礎的人際關係與溝通、能力及素養，當可建立班級教室快樂和幸福的情境氛圍，且透過教保服務人員的全面品質經營，如團隊合作、紀律、領導、專業素養、成長創新及照顧品質，就顯得格外重要與被要求。

二、全面品質經營體系之幸福幼兒教育及照顧

　　幼兒教育及照顧服務是縝密而全方位的關照與全面品質經營的體系（Total Quality Management, TQM）（盧美貴，2013）。幼兒園教保服務所指的品質（Quality），意指持續滿足幼兒的需求，目的為滿足幼兒主觀的快樂和幸福。

（一）全面品質經營內涵意義

全面品質經營理念源自於企業經營理念，有四個意涵：1.員工與團隊合作，指出每一種和組織產品或服務相關的職能都應參與，而非只有製造部門。2.努力品質及關懷顧客，意指品質的努力只有在顧客使用產品或服務感到滿意時才算完成。3.持續不斷的改進與創新，強調組織內每個員工都以品質為目標。4.管理者領導，重視每位員工都為他本身及團隊的工作品質負責（戴久永，2013）。全面品質經營的出發點原本就是在於促進民眾生活更為便利，舒適。戴久永教授更指出當致力於品質和產品，即可獲至財務上的成就；但致力於財務成就，卻不見得就能帶來好的產品和品質。當管理者的精力都放在財務數字上，而不在生意品質時，生意一定會垮。以上從企業經營的觀點，已經明示幼兒園經營，應當致力於教保品質，致力於幼兒的快樂和幸福，經營者不應把精力放在財務數字上。

已知全面品質經營體系內涵，係建立在組織中全體成員的認知（awareness）與團隊發展，過程包含領導者的經營管理，對於滿足顧客需求的「斤斤以貝計較」品質的重視，以及為獲得高品質產品必須不斷的改進與創新努力等；因此高品質的幼教機構應建基於全面品質的經營體系。盧美貴（2013）認為當有一天幼兒園創辦人、園長、教保服務人員及全體員工，都視全面品質經營為理想，如同一種生活方式，而日日求新，不斷力求自己的專業與風格時，那麼幼兒園的組織與成員個人的雙贏便指日可待。（p.34）

（二）高品質幼教機構之條件

幼兒園必須擁有「與時俱進」的專業教保服務人員，增進教保服務的「高品質」，才能夠蘊育高品質的幼兒教育機構；而幼兒教育機構實施「全面品質經營體系」能夠提升教保服務人員的專業能力，二者相輔相成。因此提升教保服務人員專業能力是達成「全面品質

經營」體系之重要因子。林佩蓉（2004）指出幼教機構林立，雖然滿足雙親家庭所需，但如果不是高品質的幼教機構，根本對兒童不但無益，甚至有害。什麼是高品質的幼教機構？茲引用美國幼教協會（簡稱NAEYC, National Association for the Education of Young Children）於1999年的判斷標準（林佩蓉，2004），且與中、臺現況（研究者整理）比較，對應如表2-1：

表2-1　美國NAEYC、臺灣、中國大陸幼兒教保主張之發展高品質幼教機構比較

美國幼教協會標準 1999年	臺灣幼兒教育及照顧 現況標準2016年	中國大陸幼兒園現況 標準2016年
1.幼教機構中的孩子，很享受學習和遊戲的樂趣。	1.法令規範幼兒園教保服務應以幼兒為主體，遵行幼兒本位精神；重視幼兒自由遊戲及在遊戲中學習的價值。	1.幼兒園應當為幼兒提供豐富多樣的教育活動。以遊戲為基本活動，寓教育於各項活動之中。
2.班級規模不大（15-20位），師生比例低（1：7-9）。	2.3歲以上幼兒班級大小不一（30人為限），師生比例1：15。	2.教學者2師與3歲以上幼兒之師生比例：3-4歲1：12.5，4-5歲1：15，5-6歲1：17.5。
3.所提供的活動，皆適合孩子的年齡層和能力。	3.依據幼兒發展狀態與學習需求，選擇適宜的教材，規劃合宜的教保活動課程實施。	3.遵循幼兒身心發展規律，符合幼兒年齡特點，注重個體差異，因人施教，引導幼兒個性健康發展。
4.課程涵蓋幼兒全面性的發展，包括：認知、社會、情緒、動作方面，而且比重相當。	4.課程涵蓋幼兒全面性的發展，包括：生理動作與健康、語文、認知、社會、情緒、美感，必須統整實施。	4.綜合組織健康、語言、社會、科學、藝術各領域的教育內容，滲透於幼兒一日生活的各項活動中。

美國幼教協會標準 1999年	臺灣幼兒教育及照顧 現況標準2016年	中國大陸幼兒園現況 標準2016年
5.幼教人員定期開會、討論、評鑑本身的教保品質。	5.實施「基礎評鑑」要求指標「每學期應至少召開一次全園性教保活動課程發展會議」。已規劃專業認證評鑑。	5.教師定期總結評估保教工作實效，接受園長的指導和檢查。
6.歡迎父母參與，包括：觀察、討論和建議等。	6.規定須舉辦促進親子關係之活動，家長得參與教保活動課程。	6.幼兒園應當建立幼兒園與家長聯繫的制度。接待家長的來訪和諮詢。建立家長開放日制度。
（未提及）	7.教保服務人員須從幼兒園、家庭及其社區選材，提供幼兒多樣的社會文化及自然環境經驗，鼓勵幼兒嘗試與體驗並予以真誠的接納和肯定	7.幼兒園應當加強與社區的聯繫與合作，面向社區宣傳科學育兒知識，開展靈活多樣的公益性早期教育服務，爭取社區對幼兒園的多方面支持。

資料來源：作者參考林佩蓉（2004）研究，以及臺灣、中國大陸現行法令整理。

　　表2-1之內容揭示「高品質幼教機構」必須包含幼兒的快樂和幸福目標、師生的適合比率、教保活動滿足幼兒需求、課程領域全面統整性、定期實施教保品質評鑑、家長有參與權利等等。分析發現美國及中、臺兩岸在幼兒教育及照顧目標具一致性，都是為了讓幼教機構中的幼兒能夠「很享受學習和遊戲的樂趣」，也就是快樂和幸福。另外在教保活動滿足幼兒需求、課程領域全面統整性等的要求也都一致。

　　臺灣和美國、中國大陸比較，如：師生的適合比率、定期實施教保品質評鑑、社區資源應用等方面則顯示出有差異。就臺、中兩岸而言，這些差異對於追求幼兒「快樂和幸福」目標，是否產生影響？關鍵點在於幼兒園經營者能否提升教保服務人員品質，以及能否實施全面品質經營體系。

　　相較於臺灣立法院於2012年實施《幼兒教育及照顧法（本法）》與24個相關子法，其中我國教育部於2012年新制訂規範幼兒園教保活動實施的《幼兒園教保活動課程暫行大綱》，且修訂後於2016年8月1日生效的《幼兒園教保活動課程大綱》，則中華人民共和國教育部於2001年頒布《幼稚園教育指導綱要（試行）》，以及修訂後於2016年3月1日頒布實施的《幼兒園工作規程》，規範幼兒園教保活動及內部管理，包含幼兒園之規模一般不超過360人、戶外活動中體育活動不得少於1小時、注重幼兒的直接感知與實際操作和親身體驗、不得提前教授小學教育內容、保證幼兒的遊戲條件……等等。另依據2013年1月頒布之《幼兒園教職工配備標準（暫行）》，規範幼兒園班級人數小班（3～4歲）20～25人，中班（4～5歲）25～30人，大班（5～6歲）30～35人，混齡班以30人為限。保教人員編制「兩教一保」標準，編制專任教師二人及保育員一人，實際教學者是教師（徐千惠，2016）。許多績優幼兒園在規模上都比臺灣幼兒園大得多，例如襄陽市實驗幼兒園共有19個教學班，在園幼兒700多人；華中科技大學附屬幼兒園共有24個教學班，在園幼兒800多人；如北京市昌平工業幼兒園共有24個教學班，在園幼兒738人（張莎莎，2016）。又如南京攬翠苑幼兒園共有21個教學班，在園幼兒646人；如南京上元幼兒園共有15個教學班，在園幼兒525人；如南京百家湖幼兒園共有18個教學班，在園幼兒660人（李影，2016）。以上張莎莎、李影兩位學者均指出2010年是中國大陸學前幼兒教育的春天，除了起因於政府頒布《國家中長期教育改革與發展規劃綱要（2010-2020）》法令，投入大筆經費挹注硬體、軟體建設之外，幼兒教育被列於政府重要文件中，被重視度已如國民教育；惟也指出軟體的保教品質亟待加強。

　　臺灣當今推動友善校園政策，讓校園透明化，成為社區的一員，為能和社區融合。在幼兒園方面，歡迎父母參與教保活動，包括觀

察、討論和建議等項目，惟僅規定「得參與教保活動課程」，則顯然很不足。理論上讓父母進班觀察、討論，是透明化的教育表現，更能提升教保品質。

(三)實施全面品質經營增進幼兒幸福

　　幸福感與整體大環境密切相關，當比較「低度開發國家、開發中國家、已開發國家」等國民的幸福感，確實有所不同；然而同樣是低度開發國家，或同樣是開發中國家、或已開發國家，其國民也會有幸福感的差異。蘇偉馨（2014）認為「幸福的定義不是一把有標準刻度的尺，幸福的標準，是放在自己心裡的那把尺，其標準，因人而異」（p.13）。幼兒園專業教保活動讓幼兒每日有幸福感，則可奠定國家民族強盛的基礎，除了是可為，且是應為。當我國幼兒園教保服務，能做到以幼兒為主體，遵行幼兒本位精神，秉持性別、族群、文化平等、教保並重及尊重家長之原則辦理（本法第七條第一項）；則幼兒便能夠很享受學習和遊戲的樂趣。欲達成以上任務，就必須要有高品質的教保服務人員及全面品質經營體系的幼兒園經營者。雖然我國和美國之國情文化的確不同，我國幼兒園存在著與美國文化差異的生活環境；然而卻都同屬自由民主社會體系，當經營者有心實施全面品質經營體系，引導教保服務人員提高教保品質，則幼兒快樂和幸福的目標確實可以獲得。

　　要成為一位高品質的教保服務人員並不容易，依據幼兒教育及照顧法之規定，幼兒園教保服務人員指園長、教師、教保員、助理教保員（本法第二條第四項），法令分四類角色，並非四等級。各類角色資格首先必須通過被要求的養成培育（本法第十九條、二十條、二十一條、二十二條）、認證、考用或甄選、在職教育的與時俱進，以及遵守專業守則、專業倫理、職場的人際關係、監督、評鑑、薪資保障、福利、幼兒園法定屬性、法令規章等等，各個環節就變得非常

的重要。現行「幼兒教育及照顧法」設有「幼兒園組織與人員資格及權益」專章規範（第三章），其中第二十三條「幼兒園教保服務人員之資格、權益、管理及申訴評議等事項，於本法施行之日起三年內，另以法律規定並施行」；惟一直到五年後的106年3月31日立法院第9屆第3會期第7次會議，三讀通過《教保服務人員條例》（教育廣播電臺，2017/3/31，18：37），且於同年的4月26日經總統公布施行，才獲得法律保障。法律訂定除了要求教保服務人員達成教保任務之外，應讓教保服務人員感到幸福爲目的。可知培育高品質的專業教保服務人員，係爲了保障高品質教保服務，目的爲能謀取雙方的幸福。

第二節　我國幼兒園教育專業及環境

爲探討幸福教保模式，發展幼兒本位開放教育，從三個層面說明我國幼兒園教育現況，揭示重要性：落實教師專業成長能保障幼兒幸福、專業教師之條件，以及職場工作環境影響幼兒幸福。

一、教師專業成長

教保服務人員的自我認定將影響幸福感。我國幼兒園教保服務人員分四類角色，法令並未分級，都自認爲是專業，惟依據前述之標準，通過教師資格檢定而取得教師證照的教師、園長，或部分教保員符合專業。政府只爲教師訂定專業資格考照，對於教保員與助理教保員僅以學歷認證，並不認定是專業，惟已訂定進修辦法。今部分持有教師證照的教保員，或曾經在托兒所任教之教學者，因升遷及薪資問題，產生很多爭議，且因而引發在職場上擔任適當職務時，必須接受園長、主任、班級主要教師督導的爭議，甚至爭論到凡是班級中有五歲以上幼兒者應否配置「教師」問題，使得幼托整合的師資配置爭議

似乎又回到原點，對於我國幼兒教育發展，看似向前卻是後退，並未符合我國兒童福利法「以兒童最佳利益考量」的兒童人權維護。基於專業考量，立法院於民國104年7月1日修訂第十八條「一、本法施行前已於托兒所任職，於本法施行後轉換職稱爲教保員，且持續任職。二、符合第五十五條第五項規定之代理教師已取得教保員資格，且於本法施行後持續任職」之教保員，「於本法中華民國104年6月15日修正之條文施行之日起十年內修畢幼兒園師資職前教育課程，取得修畢幼兒園師資職前教育證明書者，在依法取得幼兒園教師資格前，得在幼兒園替代五歲至入國民小學前幼兒之班級所需幼兒園教師，繼續擔任教保服務工作；私立幼兒園以其替代教師編制員額者，其待遇應比照園內教師辦理。」依此修訂法令，教育部開辦幼兒園師資職前教育課程，提供進修管道，透過進修管道提升教師專業能力，建立專業制度。

二、專業教師之條件

教師隸屬專業，學者Wise（2005）提出專業的三個條件：1.具有特殊的知識，是該行業的從業人員才能了解的。2.身處於該行業的人除了能了解專有知識，尚能在工作進程中將專有知識付諸實踐。3.具有認證及執照制度。許玉齡與新竹市幼教輔導團（2003）認爲應具備以下專業能力：班級經營、教學前準備、教學、教學後記錄檢討、保育與危機處理、親師溝通與親職教育、專業倫理與態度等。林春妙、楊淑朱（2005）發現七項幼教師必備的專業知能：幼教專業知能、教學能力、保育能力、班級經營能力、園務行政能力、溝通能力、專業成長能力等。林清章（2012）指出，幼兒園教師專業能力在教學層面爲教學準備、教學實施、教學評量、教學態度；在輔導層面爲教室管理、行爲輔導；在服務層面爲園務參與、人際互動；在專

業層面爲專業素養、專業倫理、專業成長等。

　　歸納學者研究，作者主張專業幼兒園教師應具備以下能力：幼兒發展知能、照顧與輔導能力、班級教學能力（包含教學設計、情境布置、實施教學、教室管理、教學評量）、園務行政能力、專業人際關係與溝通能力、專業素養、專業成長能力等。然而以上所列只能算是基本，除此之外，尚須具備大前研一（2009）所提出的「先見力、構思力、議論力、矛盾適應力」等能力。「先見力」指的是可以注意到別人沒有注意到的地方，大膽的做假設，並嘗試的去驗證自己的假設；構思力是指要有能力把你觀察到的東西，具象化成爲有效益的模式（例如商業上的可能賺錢模式）；議論力是指實事求事，遇到不對的事情必須直言不諱，跳脫感情與經驗，運用邏輯去尋找解決問題的辦法；矛盾適應力是指在沒有最佳解答的狀況下，迅速做全局思考，針對狀況提出解決方案。

　　大前研一是日本學者、著名管理學家與經濟評論家，他認爲「專業」（Professional）與「專家」（Specialist）有點類似，卻不盡相同，專家所做的事，是已經知道規則、用電腦就可以完成作業的工作；專業則是在荒野中找出路，在沒有路的世界中觀察、判斷，然後帶領組織步向坦途。依他的觀點，你可能是某一方面的專家，擁有一些資格證書，但是你的客戶卻不覺得你專業。而所謂專業，是要能控制感情，以理性行動；能擁有比以往更高超的專業知識、技能和道德觀念；秉持顧客第一的信念；好奇心和向上心永不匱乏，加上嚴格的紀律，這樣的人就可以稱是專業（2009）。以上大前先生所指的是，在高標準的制度下訓練或磨練出來的人，才是專業。因此教保服務人員爲增進教保效能，在職場上必須終生學習，不斷成長、與時俱進，除了要做爲專家，更要成爲專業。

　　教保服務人員要擔任「教師」職，就必須取得師資培育認證與資格檢定的執照，取得證照之後，仍然需要不斷的在職進修而與時俱

進，必須在教學能力、保育能力、園務行政能力等等專業能力更精進，且應再學習加強先見力、構思力、議論力、矛盾適應的能力，才能夠做為專業的一員，且接受評鑑，成為積極有效能的專業人員，讓受服務者幼兒的代言人認定具專業。可知專業人士必須具備有觀察力、分析力、構思力、整合力，進而做正確解讀、洞察、預測、矛盾適應的能力，以及積極的實踐能力。

三、職場工作環境

政策法令的制定，影響幼兒園教保服務人員與幼兒的幸福。

(一)幼兒園非歸屬學校體系

依據《幼兒教育及照顧法》，目前我國幼兒園隸屬「機構」體系，適用《勞動基準法》（簡稱勞基法），明定教保服務人員依「勞工」晉用，不適用《公立各級學校教育法及私立學校法》（簡稱學校法），惟其特例是公立學校附設幼兒園，明定隸屬「學校」體系，適用「學校法」。《幼兒教育及照顧法》第八條第二項規定「公立學校所設幼兒園應為『學校』所附設……」，據而公立學校附設之教師係依據「公立學校法規」，而私立幼兒園教師則「非」及「不能」依照國小以上學校所依據的「私立學校法」（由教育部主管），而是依據「非學校」的「機構」法規，亦即沒有「學校法」可依靠，他們從事教育部主管的教育工作，卻依靠的是勞動部主管的「勞基法」，因此教師的薪資與福利差異性就很大。

惟該如何落實勞基法而保障教保服務人員權益？多數私立幼兒園當前最大的問題應是工作環境問題，尤其是薪資及工時問題。私立幼兒園工時問題影響深遠，卻沒有完善的監督制度，或其加班辦法沒有強有力執行，或沒有充分的人力調派辦法，例如欠缺採取上班不同

時，不同時下班之跳躍上下班策略。雖然《教保服務人員條例》已於2017年4月26日依總統華總一義字第10600048431號令公布施行，但因缺乏人力調派機制，導致教保服務人員每天工作超工時，加班制度不落實，缺乏合理薪資，更沒有合理休息時間，體力透支，除了工作品質降低，且違反兒童之最大利益之職場規範，更連帶影響教保服務人員家庭子女的養育及生活品質，是亟待解決的嚴重職場服務環境及福利問題，影響幸福感指數。

　　我國實驗教育三法在2014年公布後，復因應時代趨勢，2017年12月29日立法院三讀通過修正學校型態實驗教育實施條例，實驗教育首度延伸到大學實驗教育，規定公立學校委託私人辦理者，各主管機關應該提供同級同規模學校教職員工員額編制的人事費、建築設備費等給受託學校，人事費應逐年依教職員工敘薪情形調整之。修法也解決過去部分非學校型態的實驗教育學生沒有學籍問題及無法轉學的問題。至此，實驗教育自幼兒園而延伸至大學。惟值得注意的是「公立學校委託私人辦理者，各主管機關應該提供同級同規模學校教職員工員額編制的人事費、建築設備費等給受託學校，人事費應逐年依教職員工敘薪情形調整之。」以上訊息透漏，未來要提升幼兒教育品質，人事費的支援與監督是必要的。

　　鄭觀應（2002）的《盛世危言－學校篇》文內指出：「學校者，造就人才之地，治天下之大本也。」漢典（2004）詮釋《學校》旨意指出「教授某一項或一些專門技術的地方」。網路維基百科（2014）對「學校」的界定，意旨是一個按照一定的程序、有一定的場所和時程，專門用來「教育」特定對象人民，傳授知識和價值體系的地方。從學習者的觀點，學校也是專門用來「學習」的地方。學校主要分為四種：幼兒園、小學、中學和大學。然而仔細檢視我國現行《幼兒教育及照顧法》，法令明定「幼兒園」為「指對幼兒提供教育及照顧服務之『機構』」（第二條第二款）。另回顧《幼稚教

15

育法》（現今幼兒教育及照顧法之前身）之《幼稚教育法施行細則》第二條「實施幼稚教育之『機構』為幼稚園」。網路維基百科解釋「機構」的定義「機構是指一般的『工作』部門，指的是機關團體。機構可以是一家公司、慈善團體又或是社區中心都算是機構……。」（維基百科，2014）。教育部編（1994）網路版國語辭典定義「學校」，是指「講學研習的教育機構」。然而就我國教師專業的福祉，在學校與機構不同名稱的場域服務，其福祉是甚具差異性的。可知從過去迄今，我國的學前教育政策係把「幼兒（稚）園」定義為「機構」，而非「學校」名稱，這是價值的問題、社會問題，或是因為國家財政問題而導致的政治問題，很值得深思；因為這將導致無法依據《學校法》規範而實施高品質教保服務工作，將影響幼兒教育之發展。

(二)政策制度之環境影響師生幸福感

從以下兩方面探討我國幼兒園教育的政策，其職場工作環境影響幼兒園教保服務人員與幼兒的幸福：幼兒教保經費補助政策，以及公共化幼兒園政策。

幼兒教保經費補助政策：例如早期實施5歲幼兒教育券，現今已進化為實施「合作園」免學費政策。成為「合作園」的私幼機構，須符合下列規定條件：

1. 依建築物公共安全檢查簽證及申報辦法所定檢查期限內申報公共安全檢查且合格。

2. 依規定辦理幼兒平安保險，且投保公共意外責任險。

3. 載運幼童之車輛確實符合幼童專用車相關規定。

4. 全園（所）師生比低於1：15。

5. 依勞動基準法辦理員工權益事項。

6. 全園（所）教師（教保員）具大學以上學歷者達3/4以上，且

大學以上學歷者基本薪資月薪達2.6萬元以上。

　　7. 無不合理調漲收費或變相調高收費者。

　　以上條件實際包含了學費凍漲、調漲收費需經過經營成本分析後的申請制、收退費透明化、導師費補助等等配套。

　　「5歲幼兒免學費」政策，目的係為了讓幼兒有個快樂學習的啓蒙教育，並減輕家長教養子女的經濟負擔。凡就學於當學年度滿5歲且就讀公私立符合「合作園」要件幼兒園的幼兒，都可以享有免學費的就學補助。唸公立免學費，唸私立每學期補助15,000元。對於經濟弱勢家庭，還可以再申請弱勢加額補助；此外，還有2歲至4歲中低收入戶幼兒就學補助等多項補助措施。

　　公共化幼兒園政策：教育部為推動多樣、優質及友善之教保服務措施，結合縣（市）政府及民間力量，共同辦理「友善教保服務計畫」，而於2007年實施友善教保服務「非營利幼兒園」實驗計畫，且持續於2011年實施友善教保服務「非營利幼兒園」計畫。

　　教育部據而於2012年訂定公布《非營利幼兒園實施辦法》，且於2016年第五次修訂。教育部更於106年12月20日宣布，為「擴大幼兒教保公共化」方案，預估106年（2017年）到109年（2020年）將投入62億元，將增設公共化幼兒園一千班，以非營利幼兒園為主、公立幼兒園為輔的前瞻計畫。在地方政府方面，臺中市實施托育一條龍政策（臺中市政府，2015.1.20），從嬰幼兒出生至進入國民小學之前均獲得補助，吸引育兒父母遷移定居，迄今2017年，臺中市已然成為臺灣第二大人口城市。

　　依據《非營利幼兒園實施辦法》，教保服務人員之薪資，如下規定：

　　新進之教保服務人員、學前特殊教育教師、社會工作人員、護理人員及廚工：依附表及其學歷，按初任第一級之薪資級距計算。幼兒園得參考當地物價及薪資水準，依附表之薪級及各該級別薪資範圍內

訂定教保服務人員薪資，報直轄市、縣（市）主管機關核定後支給。職員依附表及其學歷，按初任第一級之薪資計算。

曾任職類非營利幼兒園工作人員：採計簽訂契約為非營利幼兒園之工作年資及曾任教育部友善教保服務計畫非營利幼兒園之工作年資。依第34條第1項規定辦理之非營利幼兒園，其繼續任職之工作人員所敘薪級，於報直轄市、縣（市）主管機關送審議會審議通過後，至多採五級。

依據「友善教保服務計畫私立非營利幼兒園」人員薪資參照表（最低起薪實領30,600元；具教師證照者加1,500元）。從薪資表中，若與當前社會薪資氛圍，發現大大提升了教保服務人員工作環境及待遇，影響幼兒園教保服務人員與幼兒的幸福，很值得正面看待與肯定，且往後薪資會再提升。

行政院計畫育人政策（自由時報，2018.2.27），增列私立幼兒園公共化方案。為達到2030年總生育率提高到1.4人，政府除了提出新的幼兒照顧津貼獎勵生育外，也將建構多元托育體系，包括109年以前增設1,200餘班公立及非營利幼兒園，以及讓私立幼兒園加入政府公共化方案，藉而減輕家長托育費用負擔，提升幼兒園入園率，也改善私立幼兒園教保服務人員低薪問題，穩定服務品質。

私立托嬰中心公共化政策，已取名為「托育準公共化」名稱。臺中市托嬰中心加入托育準公共化合作單位的期限是107年10月1日止（以郵戳日或社會局簽收日為憑），申請加入者，須檢附「臺中市準公共化托嬰中心收托時間／收費調整個案審議申請檢核表」（表單上網站下載）而提出申請，經審查同意者自次年起生效。（臺中市政府社會局，中華民國107年8月28日發文，文號中市社少字第10700954341號）。

社區融合教保原理及發展現況

CHAPTER 2

　　我國現行幼兒園教保活動課程規範了「幼兒教育是各教育階段的基礎，幼兒園教保服務之實施，須與家庭及社區密切配合，以達成下列目標：（九項教育目標，列於本書54頁倒數第6行）」（教育部，2012）。可知幼兒園與社區密切配合，已經被我國法令規範且強調，也已被我國幼兒園教保活動課程大綱規範須遵行。

第一節　幼兒園與社區融合涵義

　　社區一詞的英譯Community，所指為家庭居住成員包含個人與群體，因食衣住行育樂等生活所需之取得而經常走動的地方，或幼兒園之教保活動因食衣住行育樂等生活所需之取得而經常走動的地方。社群的英譯也稱Community，所指為一群人因共同理念奮鬥而組成之團體稱之。例如為了再造臺中市中區繁榮，產生了下列活躍社群及其關心議題：（何震寰，2017）

- 中區再生基地DRF Goodot Village：中區舊城再生
- 街區實驗室Siacuu Social Lab：都市閒置空間活化實驗
- 東南亞協會：東南亞移工與外籍配偶
- 寫作中區：城市歷史紀錄書寫
- 建國的前半生：建國市場的歷史保存與調查記錄
- 1095：外籍移工與當地之間的交流與融入
- 臺中文史復興與組合Taichu Renaissance Association：舊鐵道再利用
- TC Time Walk 臺中時空漫步：城市街區英文導覽
- 好伴社計：社會創新，青年創業
- 大墩城聲：城市在地聲音與事件的放送
- 角落微光・隱者地圖・臺中浪行：街友

‧SEAT南方時驗室：不同族群

‧綠川漫漫：綠川生態與整治計畫

‧楓樹社區誠實商店-Maple Honest Store：提倡誠實

　　以上列舉之社群名稱及其議題，於當地幼兒園實施社區融合教保活動歷程中，是個重要的教保活動資源，可以經由網路的連結，提供做為加深加廣之資源媒材。幼兒園或家庭之食衣住行育樂等社區分布景點，幼兒或多或少存留有真實的生活經驗；因而選擇社區之景點作為教學主題，實施直觀探索活動及接續的實施一系列之教保活動，非常符合教育原理。例如位於臺中市西區中華路、民生路附近的幼兒園，主題「河川」和主題「柳川」何者較優？當然以富有情感、具體可以直觀探索的「柳川」比較適合幼兒園實施，據而實施加深加廣教保活動。

　　又如主題「商店」較優或下列主題較優？「米樂早餐屋」（食）、「大埔平價鐵板燒」（食）、「六發大賣場」（住）、「全家便利超商」（食、住）、「陽光動物醫院」（育、樂）、「姊妹通訊」（育、樂）、全球影城（育、樂）等等，任何一個都比以「商店」主題來得富有情感及能前往直觀探索，比較適合幼兒園實施，且進而實施加深與加廣教保活動。有此概念之後，那麼存在於該社區的「金記鎖匙店」（住）、「健康護理之家」（育、住）、「加得利加油站」（行）、「國立臺中教育大學圖書館」（育）等，也都可以作為教學主題，建構幼兒本位主題網而實施有趣的教保活動。

　　社區融合名詞，源自於我國幼兒園的前身幼稚園的評鑑用詞「社區融合度」之概念（彰化縣，2001、2002、2003，公私立幼稚園評鑑手冊），包含在以下四大類評鑑項目之一「幼教行政40%，公共安全及教學設備30%，教保內涵20%，社區融合度10%」，而現今已兌變進化。基於歷年評鑑措施與現今法令規定，幼兒園與社區密切配合

對於幼兒教育是一項非常重要的概念，其方式包含支援、附加、融入；惟甚少被提及的做法，卻是最具效益的做法，是採用幼兒園社區的資源或景點做為課程的主題，課程轉化成為教保活動主軸，讓社區資源融入教保活動；而非僅僅支援或附加。

一、社區融合教保意義

幼兒園與社區的關係是否密切，關鍵點在於教學的主題。當教學主題聚焦在社區真實事物名稱，則社區是主角；而當教學主題聚焦在事物名稱，並非以社區真實事物名稱，社區是配角。作者認為教學的主題抽離社區之後，再做統整、再回歸社區，就已經不符合教育須與經驗結合的原理，不如一開始就融入社區，以社區資源作為教學主題，幼兒獲得第一手資料學習。

幼兒因生長在家庭，家庭的食、衣、住、行、育、樂等需求，多數源自家庭及社區，家庭成員每一天都在和社區密切聯繫交流，深入探究，家庭亦屬社區一分子。因此幼兒園課程理應和社區融合，才能夠符合學習上的經驗原理。謝明昆（2004）認為幼兒園教師應了解、調查及組合社區資源，並融入課程設計，才能豐富幼兒的學習。

在幼兒的眼中，社區中的任何人、事務、物、活動，是有趣、想參與學習的；且從適應與學習的觀點，社區生活的一切是值得學習的。因此，幼兒在幼兒園每一天的學習活動，應和社區生活融合。教師的職責之一是做社區調查，了解社區資源，組合社區資源，用以設計有趣的課程，充分運用社區資源，引導幼兒從做中學習，引發生產與創作的學習樂趣（謝明昆等，2009）；幼兒在專注的學習歷程中，「自然而然」、「渾然不知」的已經達成六大領域的學習目標。

鄧運林（1998）提到社區的兩項特殊功能「社區，它是學校最大的校園，它能補足學校所欠缺的兩項功能：一是鄉土的感情，二是

課本教材中所欠缺的多元文化活力。」以上鄧氏對國民教育的觀點，重視學校本位，社區資源是補足學校所欠缺功能、附帶的教材。有識之士，應有更積極的做法，把學校與社區融合，選擇社區資源做為教學主題，社區資源是學校的教科用書，不應僅僅是附帶教材（謝明昆，2005a，頁3）。教保服務人員可把坊間課本、創作繪本、網路資訊等作為教師課前之備課參考資料，或做為加深與加廣教學之選用教材之一，輔導幼兒建構知識，而不應作為幼兒教科書。

二、實施社區融合幸福教保之思考面向

課程組織四個要素：目標、內容、方法與評量。針對課程要素，分析我國幼兒園課程：

1.「目標」方面，已規範了教育目標、領域目標與課程目標。

2.「內容」方面，指的是教材來源，教育部並沒有頒布或審定之教科用書，係依據幼兒園教保活動課程暫行大綱之規範「教保服務人員須從幼兒園、家庭及社區選材，提供幼兒多樣的社會文化及自然環境經驗，鼓勵幼兒嘗試與體驗並予以真誠的接納和肯定」；因此教學者須從幼兒園、家庭及社區選材，自編教材。

3.「方法」方面，總綱規範有「實施通則」，另各個領域訂定有「實施原則」。在「實施通則」中強調以幼兒為主體、幼兒為中心之「幼兒本位」磁場的建立。

4.「評量」方面，各個領域訂定有「評量原則」。

以上我國課程大綱規範教學者須從幼兒園、家庭及社區選材，已規範著幼兒園須與社區密切聯繫、融合，視社區是教室，善用社區資源。

實施社區融合教學，必須要面對四個層面的問題：層面一、何種教學模式能符合幼兒本位精神，且可以達成所謂的幼兒園與社區融

合？層面二、教師如何透過此種教學模式，可以讓幼兒幸福？層面三、教師透過這種教學模式，可以達成幼兒教育目標嗎？層面四、應用此種教學模式，對幼兒教保生態系統之影響？

根據以上須思考的四個層面問題，本書主要目的有四項：其一為探討實施「幼兒園與社區融合開放教學」課程模式；其二為充分與社區融合，讓幼兒每一天滿足需求，獲得幸福感；其三為能達成課程六大領域的教育目標。藉由對社區的探索認識，引導幼兒進行生產創作活動與加深加廣之學習活動，統整課程六大領域學習；為了要達成與社區充分融合，就要充分認識社區資源，真實探索社區景點，有趣的引導幼兒去發現、覺察，返回教室內進行生產及創作活動，以及更多資源介入的加深加廣學習，幼兒從「各取所需」的做中學之學習當中，感受到幸福感，達成學習目標，且認識社區的各個設施與內涵。當以上三者都做到了，很自然的，第四個目的之對幼兒教育與保育的相關環境生態，包括微視系統、居間系統、外部系統、鉅視系統、時間系統等，都將產生正向的影響。

第二節　社區融合之教保原理

幼兒園課程之社區融合或稱幼兒園與社區融合課程，其課程與教保原理包含：社區文化及資源是滋養學校課程的沃土、社區有教室之社區融合理念、課程之理想係基於轉化模式社區融合理念、幼兒幸福是社區融合教育之真義。

一、社區文化及資源是滋養學校課程的沃土

幼兒園既是社區的一部分，成功的幼兒園應實踐「教育即生活」理念，教保活動須反映社區文化，且發展優良社區文化，從而帶給幼

兒及家庭的幸福，以及創造社區文化。陳浙雲、余安邦（2005）指出學校位處社區當中，是社區的一部分，其所從事的教學活動也是社區文化的一部分。今2017年之前的二十年前，我國為了因應現代工商社會所面臨的結構性調整和重建，行政院已於1994年9月成立「教育改革審議委員會」，負責教育改革及教育發展之研究和審議，兩年後提出《教育改革總諮議報告書》（1996）。以下摘錄關於重視本土文化、社區資源的課程要求如下：

1. 「教育現代化的方向」指出，目前社會各階層、各領域都在逐步加強自主能力，主體性的追求成為現代社會的明顯趨勢，這種趨勢使「指導式的教育」越來越不能充分符合需求。「家長、社區」對教育事務要求有更多、更廣泛的參與。為能因應二十一世紀社會的特點與變遷方向，教育現代化更應配合主體性的追求，反映出人本化、民主化、多元化、科技化、國際化的方向。

2. 在「國際化的方向」指出，國際化既促使國民理解、欣賞、尊重各種文化與族群的傳統，也要發揮「本土文化」的優點，建立「對本土的熱愛與珍惜」。

3. 「教育改革理」重視教師專業自主權的維護，指出教師的專業自主除了重視自律外，尤應強調專業的重要性。教師的專業素養應重視培育運用科技知識與方法的能力，也應從「珍視本土文化的立足點」出發，開展國際化的視野。

4. 教育改革的綜合建議關於「保障幼兒教育品質」方面，指出宜設置專責單位，負責規劃、協助及監督幼兒教育的發展；結合「家長、教保機構及社會資源」，共同建構有利於幼兒發展的支持性網絡系統。

符應以上《教育改革總諮議報告書》對於本土文化、社區的重視，余安邦（2005）的研究指出，審視整個世界潮流發展，觀照國際教育哲學脈動，不管是「課程領導」或「課程發展」，毋庸置疑

地，「社區文化」與「在地知識」勢必是其滋養的沃土、豐碩的資源、永遠的朋友。

幼兒是社區的一員，社區生活時刻影響著他，社區生活是真實的、熟悉的、富感情的，社區生活與幼兒的情感關係非常密切；待幼兒長大成人，社區是他的故鄉，這裡有他的原動力，幼兒亦將是社區的未來（謝明昆，2005b）。經驗顯示，家族與父母親常為了孩子健全人格發展，慎選家庭所處社區。

二、「社區有教室」之社區融合理念

我國「九年一貫」的實施始於90學年度的國民小學課程（教育部，2001），國民中學（國中）比國小晚一年實施。「九年一貫課程」強調七大學習領域之課程連貫性與整體性，注重學生十大基本能力的積極培養與健全發展。余安邦指出「讓人可喜的是，最近教育界傳出了不少令人耳目一新的事情，從而讓我們顯見九年一貫課程一條可能的活路。這些事情是，臺北縣若干積極且自發性地推動九年一貫課程的國民中小學……在課程與教學方面，皆已相當能夠把握『社區有教室』的精神理念，落實『社區有教室』的理想目標，洞悉『社區有教室』的實施策略，發揮『社區有教室』的課程特色，抓緊『社區有教室』的教學動向，以及展現『社區有教室』豐富的本土文化意涵」（余安邦，2002；余安邦、林民程、張經昆、陳烘玉、陳浙雲、郭昭燕、劉台光、周遠祁、趙家誌，2002）。

早在89學年度始（2000），學者余安邦在臺北縣輔導國民中小學實施「社區有教室」課程與教學改革，從三所國民中學、四所國民小學共七校開始實驗，陸續有近百所中小學加入的社區融合課程，各校已經逐步開展出不同的風味與格調，呈現出百花綻放、百鳥齊鳴的鮮活景象，成效備受肯定（余安邦、陳浙雲、林民程、王玲、

張淑美、邱惜玄、張益仁、戴允華、張信務、陳虹君、謝素月、邱惠敏、趙景宜、陳江松、劉正雄，2005）。根據研究發現，余安邦（2012）批評我國幼兒教育的「課程發展」，指出當前臺灣學校教育中，尤其是幼兒園教師的生活處境，是如此惡劣，也極爲不堪。苟延殘喘的活著已成常態，所謂「倫理地生活著」簡直成了遙不可及的烏托邦（p.vii）。他認爲「課程發展」要開展它本有的倫理意涵與文化作用，必須採取迂迴的進路，遠離當前主管教育行政機關的慣性思維與保守心態做法。余氏稱這樣一種「迂迴策略」的創造經營，指的是「地方文化課程」或「社區資源融入課程與教學」，是締造教師與學生、家長同感共在及社區認同之連結的情感平臺，也是彼此產生互信與愉悅經驗的接著劑。以上所稱「地方文化課程」或「社區資源融入課程與教學」的開展，必須實踐一種如顧瑜君（2007）所稱的「非囤積式的學習型態」，如此方可能開始冒出青芽，迎向陽光茁壯成長，並指日等待開花結果。可知實施「社區資源融入課程與教學」必須配合「兒童本位」的學習型態，效果才得能彰顯。

　　余安邦基於在臺北縣國中小學推動實施「社區有教室」創新課程與教學理論的印證與經驗，對於幼兒園的課程發展，建議實施的「地方文化課程」或「社區資源融入課程與教學」，指的是他所提的「迂迴進路、迂迴策略」。此一建議直接撞擊教育部國民及學前教育署聘用學者的錯誤認知，學前教育僅認同與六領域名稱相同者爲特色學校之項目，而視「社區融合」課程爲非特色學校發展項目，視「社區融合」課程爲六領域之外的課程，不認同作爲特色學校發展項目（教育部函，2015）。簡言之，由於社區融合並非六領域項目之一，所以不被列入特色學校發展的輔導項目，這是聘用學者的錯誤認知。社區融合課程與教學屬於統整課程的改革項目，而非屬於分領域的課程設計與教學項目。

　　我國實施幼托整合之前，社區融合的觀念在學前教育階段逐年受

重視。民國81年9月1日，教育部根據《發展與改進幼稚教育中長程計畫》，公布《臺灣區公私立幼稚園評鑑實施要點》，出版臺灣省、高雄市評鑑手冊一冊132頁，自82學年度起實施，其追蹤評鑑以五年為一循環。其中出現了「社區資源」細項，內容是「警察局、消防隊、衛生所等附近安全設施之運用」（教育部，1992），項目列在「理念與行政」項下的「園務發展」評鑑項目中，並非列入教保活動項目內。民國90年5月30日，教育部頒「公私立幼稚園評鑑及獎勵實施計畫」，自90學年度實施，追蹤評鑑以三年為一循環，其評鑑內容主要有四項：「幼教行政」、「公共安全及教學設備」、「教保內涵」、「社區融合度」。社區融合度評鑑項目範圍包含下列五項：1.辦理親職教育活動情形。2.幼兒參與社區各項活動情形。3.教師參與社區辦理或學校辦理之促進社區生活成長活動情形。4.辦理幼兒認識社區、保育活動情形。5.教保工作能充分運用社區資源情形。以上第二、四項，多著重在每個學期依節慶安排一至二次非關主題或配合相關主題的社區資源參觀，或者邀請社區資源入園示範、表演與講解，以及開放園區，提供人力、物力、環境等資源給社區使用。以上的做法，社區生活充其量只是附帶性質，不能被稱是充分融合。至於其第五項屬核心，卻僅是宣示，尚待開展。

三、課程之理想係基於轉化模式社區融合理念

93學年度彰化縣實施「幼稚園與社區融合主題開放教學」實驗，有七所國民小學附設幼稚園自願參加教學實驗，縣政府委託曾經協助該縣評鑑工作達三年的作者本人輔導，基於轉化模式（the transformation approach）理念，強調課程結構、本質與基本假設的整體改變，直接以社區資源或景點之名稱作為教學主題實施教保活動，不同於附加模式（the additive approach）。計畫期間舉辦了五次研究

團隊內的教學觀摩與研討會，二十一次的個別訪視討論，以及二次團體外的全縣教學觀摩會。民國94年12月（彰化縣政府，2005）出版成果報告一冊。參與實驗之學校教師均表達出高度效益的肯定（莊尤姿、鄭菁萍，2005；陳美惠、胡珮娟、王莉雯，2005；柯秀芬、蔡明芬、徐玉芳、劉淑美，2005；李佳貞、張選眞，2005；劉汝祝、廖運祥、萬玟妤，2005；施美代、林雪霞、許淑眞、尤玉星、仲偉姜，2005；沈綵淋、阮春花、高祝美、王昭文，2005）。

　　自95學年度開始，教育部推動實施幼兒園入園輔導措施。多校幼稚園主動邀請筆者輔導，實施「幼稚園與社區融合主題開放教學」，均採行直接以社區資源景點之名稱作爲教學主題實施教保活動，包括現今臺中市沙鹿附幼、苗栗縣烏眉附幼，以及96學年度之後的南投縣溪南附幼、南投縣新興附幼、苗栗縣西湖附幼、臺中市地球村幼兒園、惠華幼兒園等，都表現了優良績效（謝明昆、賴素惠、楊麗娜、袁麗珠，2009）。

　　採行轉化模式理念的幼兒園輔導，另有前高雄縣立同心國小附幼於94、95、96學年度實施「社區資源融入方案教學」的研究（鄭束芬、劉燕雯、張碧如，2012）。研究發現有益幼兒之學習、豐富家長及社區人士之知識，也增進教師教學、學術研究、寫作與發表能力。

　　教育部於2015年4月7日頒布《教育部國民及學前教育署補助推動本土語言及在地文化融入幼兒園教保活動課程作業原則》，正是最新的社區融合議題；可知幼兒園與社區融合議題頗受重視，已然成爲時代趨勢。

　　歸納得知我國自民國85年（1996）公布《教育改革總諮議報告書》，重視「本土文化、社區資源」的課程規劃，直到90年度（2001）之後，「社區融合度」受重視，開始作爲幼兒園評鑑的主要項目之一；歷年來部分學校也因學者入園輔導社區融合教學有著豐

碩成果。且自106年8月1日實施的幼兒園教保活動課程大綱，其內容更是強調「須與家庭及社區密切配合」、「本課程大綱同時也著重幼兒有親身參與、體驗各式社區活動的機會」、「建立幼兒園、家庭與社區的網絡，經營三者間的夥伴關係」，並有最新法令頒布為「推動本土語言及在地文化融入幼兒園」教保活動課程。足見社區融合課程已成為未來幼兒園課程發展之重要項目；遺憾的是今教育部聘用學者仍對社區資源的應用有諸多不清楚，多數教師對於社區資源仍採外加方式，且實施教師本位教學，缺乏實施幼兒本位教育能力，或因懷疑社區融合之重要性及教學效益，而難能落實，實須檢討。

四、幼兒的快樂和幸福是社區融合教育之真義

新課程大綱規範「幼兒園與家庭及社區須密切配合」，經深入探討幼兒園社區融合教保實施的相關研究與輔導情形，發現迄今最具影響力的兩項研究，一是謝氏社區融合主題開放教學模式，直接就以社區景點名稱作為教學主題，且圖示明確教學階段與步驟模式。另一是鄭氏社區資源融入幼兒園方案教學。

筆者深入分析發現我國當前幼兒園與家庭及社區密切配合方式，共有六種方式，1.以「坊間教材」為主，附加社區資源的方式實施教保活動。2.依據幼兒生活經驗及在地特色資源，教師自行設計「單元教學」實施。3.以「社區資源融入方案教學」實施，教師主導教學。4.以「社區資源融入方案教學」實施，教師與幼兒共同主導教學。5.以「社區資源融入方案教學」實施，幼兒主導教學，邀請社區人力資源協助。6.以「社區融合主題開放教學模式」實施，幼兒從社區景點直觀探索經驗開始，以及一系列的結合生產創作活動、自由遊戲活動、加深加廣教學活動等學習活動，以幼兒為本位，教師、教保員、助理教保員、校園教職員、家長、社區人士等，都能輔助參與及貢獻。在效益方面，研究發現第5及第6兩種方式都有相當好的成效。

　　從分析及批判的觀點，當前教育行政主管對於幼兒園課程大綱的推動，僅止於宣導教學者採用社區資源，進行自編教材及實施教師本位的單元或主題教學階段，其實施上仍與幼兒本位教學遙遙相望，未臻理想，尚未落實《幼兒教育及照顧法》第七條明定之「幼兒園教保服務應以幼兒為主體，遵行幼兒本位精神，秉持性別、族群、文化平等、教保並重及尊重家長之原則辦理」規定，以及新課程大綱總綱要求之「以幼兒本位發展出合宜的課程」、「強調幼兒主體」、「從幼兒角度出發，以幼兒為中心」規範。較為理想的教保模式實應參考以下理念，且提出實施階段與步驟，比較之下，以第二個理念較為理想。

(一)注重幼兒對議題的探究性與建構性卻忽視生活經驗與周遭環境之角色

　　幼兒園實施社區融合教保活動的目的，並不是表面上的「為融合而融合」，其核心點在於「*教保服務人員安排豐富的情境，提供幼兒直接經驗，並參與幼兒的探索與遊戲，共同享受其中的樂趣。*」（課程大綱，p.6）分析以上課程大綱的規定，包含的四個要項是「豐富的情境」、「直接經驗」、「探索與遊戲」、以及「樂趣」，可歸納為「豐富情境的直接經驗」及「探索與遊戲的樂趣」。

　　當教保服務人員應用了社區資源「提供幼兒直接經驗，並參與幼兒的探索與遊戲」之後，接續如何在教室裡實施，應是關注的重點，涉及能否達成整體幼兒教保活動目標的關鍵，惟絕大多數的教學者僅停留在此步驟，非常可惜。

　　廖鳳瑞（2002）統整克伯屈（Kilpatrick）、凱茲與查德（Katz & Chard）、瑞吉歐艾米利亞（Reggio Emilia）三個有關方案的定義後，歸納如下五個共同點：1.針對一個特殊且有聚焦的議題，進行深入的探究；2.具有明確的目的；3.由兒童擬定活動計畫；4.由兒童進行深入的探究；5.結束活動時進行分享與評鑑。針對以上歸納，鄭束

芬等人（2012）則認為前述方案教學內涵的歸納，忽視社區生活的環境角色，因幼兒生活經驗與周遭環境是方案教學重要影響因素。

幼兒知識的建構源自於直觀經驗，直觀經驗包含身處自然環境中的互動經驗（Piaget知識建構論）與社會文化生活的互動經驗（Vygotsky社會建構論），當教育工作者結合了直觀經驗、從做中學習，以及滿足需求理念，即能產生幼兒本位教育思想與實務運作。學校及教育機構實施幼兒本位教育，應考慮群體中幼兒生活經驗的差異性，而透過直觀教學歷程，即可降低群體中幼兒生活經驗的差異性。當群體中幼兒有了生活主題的共同經驗，在經驗分享時，教師為了協助幼兒深入探索與建構，這種需要擔任引導者角色的緣由「幼兒的想法經常是天馬行空，很少顧及現實的問題點（唐富美、徐德成、吳雲鳳、劉秋燕，2003，頁57）」之現象，即可避免；鄭束芬等人（2012）評論指出四季藝術幼兒園在方案實施中，著重幼兒對議題的探究性與建構性，而非幼兒生活經驗與周遭環境之角色。

臺中市愛彌兒教育機構與林意紅（2002）出版《鴿子——幼兒科學知識的建構》方案教學活動一書，敘述幼兒在學習歷程中扮演著主動、積極和主導的角色，包括引發此主題、逐步拋出問題、設計與執行問題之解決途徑、紀錄與分享研究結果等。分析其歷程，鄭束芬等人（2012）認為其比較強調幼兒對研究議題的深入探索意涵，而較忽視幼兒與周遭環境互動生活經驗之於方案教學的重要性。

(二) 兼注重幼兒生活經驗與周遭環境之角色及對議題的探究性與建構性

幼兒學習活動不能一直停留在直觀經驗的單一學習管道上，忽視接續深入探究與建構；幼兒也不能只顧對議題的探究與建構，卻忽視共同直觀經驗的歷程。幼兒教育專業不應忽視的一點，即直觀經驗是幼兒建構知識的重要因素，惟當班級幼兒有了活動主題的共同直觀經驗，各領域學習與深層概念之教學活動才算開始，接續一連串學習活

動更需要開展，包含主題情境的建構製作、想像創造、應用作品進行
扮演遊戲等，才能更有效率、容易地達成各領域教保活動目標；因此
直觀經驗很重要，惟卻不能一直停留在直觀經驗的單一學習管道上。
社區融合課程之建構與運作，即建基於此一信念。

　　依據人類學暨生態心理學家布朗芬尼（Urie Bronfenbrenner）創
立的人類發展生態學理論（1979），認定人的發展是人與生態體系
中各種環境相互作用的結果，且指出個體發展的生態環境包括：小
系統、中間系統、外在系統、大系統，以及後續加入的時間系統。
此一劃分方式受到許多學者的普遍接受及引用。惟其至今頗受爭議
的是「外在系統」的環境認定，布氏認為外在系統係指個體並未直
接參與之情境，但此情境中所發生的任何事情，都會影響個體（頁
237）。她也認為在現代的工業社會裡，影響幼兒發展的外在系統，
除了家長的工作環境和社會網絡之外，就是社區環境了（1986，頁
727-728）。針對以上論點，持贊同的學者如劉慈惠（2007）、Prior
與Gerard（2007）、吳壁如（2003），以及Santrock（2001）；而持
反對的學者，例如鄭束芬、劉燕雯、張碧如（2012）、Bagin與Gal-
lagher和Moore（2008）、余安邦（2008）、張繼文（2004）、陳浙
雲與余安邦（2003）、Sergiovanni（1994）以及本文作者等人。反
對者的理由一致認為「社區環境」並不是未直接接觸或間接影響個體
的外在系統，而是影響他們學習甚鉅的小系統。

　　綜合歸納以上研究發現，以幼兒本位實施社區資源融入教學之社
區融合教學，其教學效益已是無庸置疑。除了能增進幼兒參與周遭社
區的互動、增進幼兒生活經驗，納入外在系統成為微式系統，擴展幼
兒微視系統之外，也因為教保活動能對主題作深入探究性與建構性，
而達到增能與賦權之發展目標。

　　具體而言，社區融合開放模式教保內涵，係指幼兒園課程融合了
社區資源之教保活動實施，社區就是教室。探究社區融合開放教保模

33

式，目的為更能增進教學者在教學上能有幸福感，讓幼兒在學習上獲得幸福，果真能發現、發展、建構此一模式，更精緻化、更完整性，稱之幼兒園課程之社區融合幸福教保模式。

　　未來應關注的是該如何將此種教學步驟細緻化、具體明確化、幼兒本位教學自明化，而非僅止於方案課程實施步驟的「主題開始→主題進行→主題結束」的概要性說明，或者如單元教學過程步驟的「準備活動→發展活動→綜合活動」的概要歷程，而應參考謝氏社區融合主題開放教學之歷程模式的「直觀探索活動→經驗分享→生產創作活動→經驗分享→加深加廣教學活動→自由遊戲活動→經驗分享→生產創作活動→經驗分享……」，如此才能幫助眾多的教學者學得此一專業能力，更容易推廣且普及化，增進幼兒及教學者之幸福。

第三節　社區融合教保實施之研究與輔導

　　我國現行幼兒園教保活動課程大綱所要求的「幼兒園教保活動之實施須與家庭及社區密切配合」，其配合的方式有哪些？以下分析國內兩項重要研究發現。

一、謝氏社區融合主題開放教學模式

　　彰化縣政府為了落實幼兒園評鑑效益，於93學年度核定「幼稚園與社區融合主題開放教學推廣」實施計畫，包括西港、大城、竹塘、洛津、頂番、北斗、忠孝等七個國民小學附設幼稚園的十一個班級參加推廣教學，實施一個學年，聘請國立臺中教育大學謝明昆副教授擔任輔導教授，輔導計畫包括前往各校園且進班輔導，邀請各校輪流辦理教學觀摩與研討會。計畫結束後，縣政府於民國94年12月出版《幼稚園與社區融合主題開放教學成果》一冊（彰化縣政府，2005）。其課程與教學實施步驟如下：

　　目標（教育宗旨、教育目的、教育目標、教學目標）→**準備活動**（教師畫社區圖、了解社區特色資源、規劃社區資源成為主題、社區探索準備、幼兒與父母的準備）→**探索活動**（每一次有數個探索景點、探索活動要能有趣、教師是個啟發型的導遊）→**經驗分享**（看到、聽到、嗅到、摸到、想到、發表、分享）**與加深加廣**（廣度、深度的發展活動）→**從無到有生產創造**（做中學習、團體合作與個別製作、滿足需求、遊戲互動）→**綜合活動**（連結各個角落、統整活動、多元評量）→**目標檢視→準備活動→探索活動→經驗分享→從無到有生產創造→綜合活動→目標檢視**。以上教學模式之步驟屬於循環性的活動。實施模式如圖2-1。

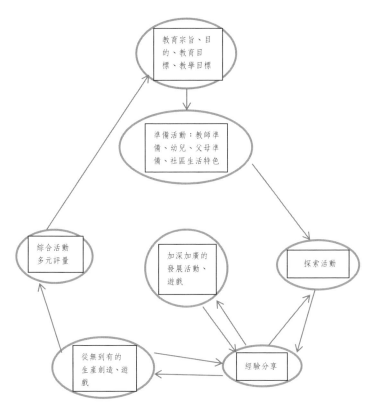

圖2-1　早期社區融合主題開放教學歷程

　　教育部於95學年度開始實施「補助辦理公私立幼兒園輔導計畫」，由各幼兒園聘請教授入園輔導。迄2017年作者獲邀聘入園實施社區融合主題開放教學模式的幼兒園合計十一校，包括臺中市沙鹿附幼、新平附幼、私立地球村、私立惠華、五福附幼，南投縣溪南附幼、新興附幼、私立小森林，苗栗縣烏眉附幼、私立漢金、西湖附幼，彰化縣鹿港鎮幼等等。作者修正了社區融合教保模式實施步驟（謝明昆，2009）如圖2-2之圖示。

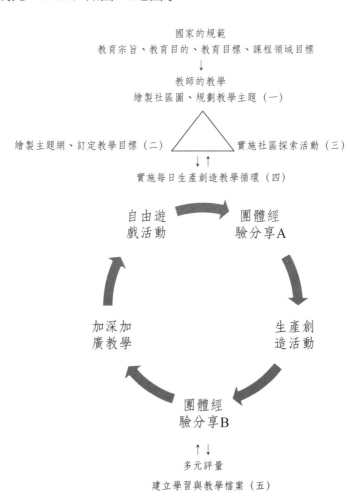

國家的規範
教育宗旨、教育目的、教育目標、課程領域目標
↓
教師的教學
繪製社區圖、規劃教學主題（一）

繪製主題網、訂定教學目標（二）　　　　實施社區探索活動（三）
↓↑
實施每日生產創造教學循環（四）

自由遊戲活動

團體經驗分享A

加深加廣教學

生產創造活動

團體經驗分享B

↑↓
多元評量
建立學習與教學檔案（五）

圖2-2　社區融合開放模式－含教學階段及每日的教學系統循環

　　分析圖2-2內容，其內涵如下：國家的規範（包含教育宗旨、教育目的、教育目標、課程領域目標）→教師的教學（包含一、繪製社區圖、規劃教學主題→二、繪製主題網、訂定教學目標→三、實施社區探索活動→四、實施每日生產創造教學系統循環《團體經驗分享A→生產創造活動→團體經驗分享B→加深加廣教學→自由遊戲活動→團體經驗分享A→生產創造活動→團體經驗分享B→加深加廣教學→自由遊戲活動 》→五、多元評量、建立學習與教學檔案）。實施模式如圖2-2（社區融合開放模式-含教學階段及每日的教學系統循環）。以上教學模式經不斷創新，透過研究之評論、解構、重構歷程而得更完整、更普及化。比較圖2-1與圖2-2最大的差異，在於後者的教學歷程中增加了自由遊戲活動及遊戲後的經驗分享步驟。

二、鄭氏社區資源融入幼兒園方案教學模式

　　學者鄭束芬及研究團隊劉燕雯、張碧如教師（2012）進行了「社區資源融入幼兒園方案教學研究」，主張社區資源融入教學的管道有社區資源進入教室，以及親師生進入社區且運用相關資源（頁337-338）。以下探討鄭束芬等人（2012）針對個案劉老師的社區資源融入幼兒園方案教學之發展歷程（頁289-291），且藉以分析「幼兒園與家庭及社區密切配合」多元模式。

(一)個案劉老師的社區資源融入幼兒園方案教學之發展歷程

　　1. 個案劉老師在任職幼教的第八年，才開始嘗試加入社區環境與特色的單元教學活動，但是課程完全由她主導、幼兒只是被動的學習者，與她的教學信念有所落差。為找到理想教學的可能性，她主動請調至偏遠山區的同心附幼。

2. 劉老師於92學年度任職新學校，和協同教學者自行設計單元教學，依據幼兒生活經驗及在地特色設計活動，並嘗試將社區資源融入教學，皆以教師為主導實施教學。劉老師體認到社區擁有豐富的資源，思索著將社區資源融入教學的可能性。

3. 劉老師於93學年度辦理留職停薪一年，就讀幼兒教育碩士班，不斷與授課教授及同學討論、研讀相關文獻，藉由理論與實務相互印證、檢視及反思教學，且從「心」思考專業發展的心路歷程，提升專業能力及教學自信。在這期間於同心附幼任職的胡老師採用坊間教材。

4. 劉老師在94學年度回到同心附幼任職，開學後前三週繼續沿用胡老師選擇的坊間教材，但發現幼兒主動討論水災後社區的改變，因此透過協商，決定改採以幼兒感到興趣的方案教學。9月中旬胡老師開始請產假，由一位無幼教背景及經驗的教師代課，因此由劉老師及幼兒主導教學，實施「社區探險記」、「同心溫泉」、「同心溫泉會館」之教學，代課老師則協助行政業務。在「社區探險記」中，是由劉老師主導教學，而「同心溫泉」、「同心溫泉會館」中，才在深度覺醒及檢視自己的教學行為後，逐漸釋放教學主導權給幼兒和家長。

5. 劉老師於95學年度第一學期開學後，進行「沙灘車」之方案教學，初期因協同教學的代課楊老師的排斥，兩位教師決定分組教學；後來因為部分家長要求，致有大部分中班幼兒轉入方案組學習。影響所及，之後的「同心愛玉」、「梅子嘉年華」及「飆舟競水」之方案，係由兩位教師協商共同帶領全班幼兒，而且師生共持教學主導權，家長、社區人士及小學部師生亦協助教學活動。

6. 劉老師於96學年度進行「陶藝之旅」及「風情Villa」方案教學。此階段以幼兒為主導的方案教學，劉老師在新進的協同教學者完全支持的情況下，積極邀請校內同事、家長、社區耆老及專業人士協

助教學，經由不斷的溝通協調，形成具有共識的教學團隊。對她而言，教學不再只是唱獨角戲，而是傾聽幼兒的聲音，依循幼兒的想法調整教學，並結合家長、社區人士的力量。

(二)教學者實施幼兒園與家庭及社區密切配合的方式

依據以上列舉的個案劉老師的社區資源融入教學之發展背景及歷程說明，本書分析幼兒園與家庭及社區密切配合的方式有下列數項：

同心幼兒園劉老師實施幼兒園與家庭及社區密切配合方式，發展歷程如下：

1. 教師主導，採用坊間單元教材，社區資源外加。採用坊間教科用書，開始嘗試加入社區環境與特色的單元教學活動，課程完全由教師主導，幼兒只是被動的學習者。

2. 教師主導，採用社區資源自編單元教學。教師自行設計單元教學，依據幼兒生活經驗及在地特色設計活動，並嘗試將社區資源融入教學，皆以教師為主導實施教學。

3. 教師主導，採用社區資源，實施方案教學。實施社區資源融入的方案教學，由一位教師實施，另一位新到職代課教師配合。由教師主導教學。

4. 班級教師理念不合，教學分兩組，其一教師採用漸進釋放主導權方式實施方案教學，其二教師實施單元教學。可知僅一位教師單獨實施社區資源融入的方案教學，該教師在過程中深度覺醒及檢視自己的教學行為後，逐漸釋放教學主導權給幼兒和家長。

5. 師生共持教學主導權，實施社區資源融入的方案教學。經由二位教師協商後共同帶領全班幼兒實施，且師生共持教學主導權，家長、社區人士及小學部師生亦協助教學活動。

6. 二位教師協同合作，實施以幼兒為主導的社區資源融入的方案教學。積極邀請校內同事、家長、社區耆老及專業人士等資源支援

教學，經由不斷的溝通協調，形成具有共識的教學團隊。

在學期進行中，原請假之夥伴教師銷假上班，發生兩位教師教保信念不合，而協議分配半數幼兒彼此採用不同教保模式實施教學。其結局是一個月後，根據幼兒、家長之反應，回歸到滿足幼兒需求模式上，共同採用方案教學。該夥伴教師於下學年度請調他校。

第四節　幼兒園之與家庭及社區配合教學方式

綜合分析「謝氏社區融合主題開放教學模式」與「鄭氏社區資源融入幼兒園方案教學模式」，深入探討「幼兒園與家庭、社區配合」之多元教保方式，依密切層次，分為四類共六種方式：

一、以「坊間教材」為主，附加社區資源的方式實施教保活動（方式一）。

二、依據幼兒生活經驗及在地特色資源，教師自行設計「單元教學」實施（方式二）。

三、以「社區資源融入方案教學」實施，包含：

(一) 教師主導教學（方式三）。

(二) 教師與幼兒共同主導教學（方式四）。

(三) 幼兒主導教學，邀請社區人力資源協助（方式五）。

四、以「社區融合主題開放教學模式」實施，幼兒從社區景點直觀探索經驗開始，以及一系列的結合生產創作活動、自由遊戲活動、加深加廣教學活動等學習活動（方式六）。

歸納以上教保活動之各種源自幼兒園、家庭及社區取材方式，應以社區融合主題開放教學方式或社區資源融入幼兒園方案教學較為適合；至於採用坊間出版之教材再以附加方式實施，或者以社區資源為教材而採用單元教學法實施等，兩者都不符合幼兒發展之最佳利益。

　　由於現行課程大綱特別注重幼兒本位精神，因此即使實施以「教師為主導」的「社區資源融入方案教學」，仍然不符合現行課程大綱須實施以幼兒本位精神教保之要求。再說依據理論邏輯系統內涵，方案教學之實施本質上即是基於幼兒本位精神之教育理論。

　　作者經比較單元教學與方案教學之差異性，如表1-1，說明同心附幼教學的效益係導因於不同的教學模式。

表2-1　單元教學與方案教學之差異性比較

比較	單元教學法	方案教學法
意旨內涵	適用於以一個生活上重要問題為中心的完整學習活動。 最大特色是以「問題探究」代替「教師講述」；透過動態的活動，學習解決問題的能力。理念源自民國48年我國學者專家在原臺北師範大學視聽教育館所舉行的國民教育探究會中，針對當時教師的「逐字講話語句」編寫教案的教學改革。	幼兒對其周遭環境內值得學習的事件或現象進行延伸性及深入性的探究。幼兒從有興趣的實地參訪歷程中，觀察空間設計、設備及感受生活美學，實際蒐集第一手資料；回到教室內，進行情境建構創作，發展想像遊戲、模擬遊戲、認知、語言、社會、情緒管控、繪畫、音樂、美感、文字，以及學習自主與自發性之能力。理念源自教育家杜威的進步主義哲學。
教學歷程	一、準備活動：1.單元目標的擬定，2.探究問題的提出，3.教學資料的準備。 二、發展活動。 三、綜合活動。	一、計畫階段：引發好奇與決定有興趣的主題，擬定主題網，列出問題。 二、發展階段：教師引導幼兒準備及進入環境參與第一手資料的觀察與探索，據而引導幼兒以各種形式建構情境，和專家晤談，在建構情境中表現經驗和理解。 三、回顧或結束階段：舉行高潮活動，將新知識個人化與內化。
獲得能力	教師本位教學，學習解決問題能力，缺乏情境建構學習機會及相關能力。	幼兒本位教學，從建構情境的做中學習，以及學習自主與自發能力。

比較	單元教學法	方案教學法
教學特色	教師主導的問題導向教學，解決問題的短期學習活動，結構性的教學、齊一取向教學活動。	幼兒建構情境，滿足幼兒需求，幼兒各取所需的進行多元創作學習活動，發展統整性、遊戲導向課程。
現況問題	容易被誤用。教學缺乏「問題探究」歷程，以直接講述代替。	行政主管未推展，多數教師認定很難實施，缺乏實施方法之認知。

資料來源：本表由作者整理

　　「主題教學」是當今我國幼兒園普遍應用的教學模式之一，主題教學名稱的提出，主要係為了發展統整性之教保活動，其理念主要係為了改革分科教學的弊端。實施主題教學過程如果採用教師本位，主題由數個單元教學組成，則隸屬單元教學模式系列；惟當採用滿足需求的幼兒本位理念，實施從做中學的教保活動進行深度探究與建構，則隸屬於方案教學模式系列。

　　Chard（1992）指出「方案」是針對一個主題做更深入的探討，方案能與其他教學方式整合成任何課程；從孩子的學習過程中，可以進一步地計畫課程並評估他們的發展。方案教學源自教育家杜威的進步主義哲學，方案的發展有三階段：主題（或論題）的形成、發展階段、結束階段。就內涵而言，「主題」（Topics）通常是較具體的、與日常生活有關的，例如食物；而論題（Themes）則是較具抽象的概念或想法之間的連結，例如營養。（林育瑋、王怡云、鄭立俐，2002，pp.16-60）。

　　謝明昆（2009）研究發現：當教師規劃社區資源，以資源的真實名稱作為主題，由於主題很豐富，卻因受到生態環境不能移入教室內充分探索之限制，而移樽就教，走入社區之中，獲得知識的第一手資料……再以此為基礎，教師展現啟發式問答與「從做中學習」的教學思維與技能，引發幼兒自動學習動機，從事生產創作活動，從中發

展幼兒知覺、生理機能、語言發展、認知、氣質、社會人際能力等，
開啟幼兒多元智慧之門。

第五節　社區融合教保實施效果

學者研究教育成效，會從質性或量化方式實施觀察式研究，質性
方式包含日記法、敘述描述法（或稱樣本描述法）、軼事紀錄法、事
件取樣法等；量化方式包含檢核表法、評定量表法，時間取樣法（分
為時距取樣法、時段連續法）等。以下兩種研究係以質性研究為主，
以量化研究為輔之觀察資料分析成效。

一、針對同心附幼實施社區資源融入方案教學的成效

鄭束芬等人（2012）分析「相關人員的成長（幼兒之成長、家
長之收穫、社區人士之收穫、教師之成長）」，及「學校家庭與社區
夥伴關係之建立（包含積極進駐社區，延展情感教會；建立與協同教
學者之共識，彼此成為合作夥伴；爭取家長之認同，增進彼此之了
解；邀請家長與社區人士參與教學，發展教育夥伴關係；整合教育資
源，持續支援系統）」兩方面（pp.265-328），敘述非常詳實。以下
列舉兩則：

其一在「幼兒之成長」的「提升幼兒基本能力的成長」方面，校
長受訪表示：這邊的孩子是比較「幸福」的。

> 我們幼稚園的小朋友，我自己深深感覺到，如果說用對照組來
> 看，我過去在〔○○國小〕當教務主任還有其他主任，待了五
> 年，如果這樣比較下來，我感覺到這邊的孩子是比較幸福的，
> 因為他們比較會發表，他們來〔辦公室〕邀請，雖然說會很緊

張，他們會好像在背書一樣，這樣唸給我聽：「那個校長，我們甚麼時候希望校長……。」但是他們會把它講完。在以前學校是沒有這樣的。（p.269）

其二在「學校家庭與社區夥伴關係之建立」的「爭取家長之認同，增進彼此之了解」方面。劉老師訪問原希望孩子到幼兒園學習注音符號的閔志媽媽，她因參與諸多教學和實地參訪、體驗社區資源融入教學的價值後，改變了想法；她受訪時，讓人訝異的使用了幼兒園與社區「融合一體」的詞句，貼切的說明幼兒園實施社區資源融入教學的最高意境。家長受訪表示：

我發現妳和胡老師的教學方法不一樣，所以我一直在觀察妳的教學方法及閔志的學習。後來我慢慢發現妳用不一樣的教育方法，讓老師、家長、小朋友和社區居民融合一體，讓小朋友知道自己住的同心有何特色更進一步的參與留下深刻的記憶。（p.299）

以上兩則心得中誠然讓人感到驚奇的是校長會使用「幸福」一詞來形容幼兒的學習發展，且家長會使用「融合一體」詞語來表達對幼兒園與社區融合的概念，因此本書概念「幼兒園課程之社區融合幸福教保模式」內涵，應能夠普遍的被理解與接受。

二、針對社區融合主題開放教學之研究與輔導成效

一項「融合班發展遲緩幼兒自發性學習之課程影響研究」（謝明昆、杜雪淇、楊麗娜、范鈺雯，2012），探討在下列三校幼兒園的教保活動影響：1.上上幼兒園作息表明列採行蒙氏主題課程模式，但

在實務運作上採取完全教師本位的教與學。2.利利幼兒園屬於小單元課程模式，完全教師本位的教與學。3.美美幼兒園屬於社區融合主題開放課程模式，趨向兒童本位的教與學。研究發現美美幼兒園實施社區融合開放模式，採取趨向幼兒本位課程與教學，其發展遲緩幼兒表現出較多自發性行為，且自發性行為比較多元，不會只固定於少數行為種類。

　　另一項「融合班發展遲緩幼兒生活事件情緒能力之課程影響研究」（謝明昆、杜雪淇、楊麗娜、鍾海萍，2014），採用事件取樣法，觀察與紀錄發展遲緩幼兒在幼兒園生活的下列情緒事件：1.利他行為情緒事件，2.衝突行為情緒事件，3.個別需求行為情緒事件。研究者根據對幼兒情緒事件的觀察紀錄資料，分析幼兒的情緒行為事件之質與量，以及教師處理情形，包含幼兒對自己與他人或環境的情緒覺察、情緒表達、情緒理解，以及情緒調適等之教育情形。研究者藉而分析不同教學課程取向，以及教師的情緒教育認知理念等，對發展遲緩幼兒的情緒教育之影響。研究發現不同的教學模式導致融合班發展遲緩幼兒在幼兒情緒覺察辨識、理解、表達與調解等情緒能力上，產生了巨大的差異性。

　　針對幼兒園班級實施社區融合之幼兒本位教學，其整體影響如何？茲列舉2007年沙鹿國小附設幼稚園陳報教育部的輔導前後報告內容，分析其歷年來，原採用坊間教材以及實施大單元教學，而至實施社區融合主題開放教學之改變，得知實施效益如下：

(一) 接受輔導前狀況評估

　　在接受輔導之前，本園是採用大單元教學法，使用坊間的教材，教室裏有角落但是並未落實實施，是屬於很傳統的教學方式。有鑑於教師覺醒，須自我成長及自覺傳統的教學方式不能滿足孩子的需求，加上家長信任我們，將孩子送來沙鹿附幼就讀，我們必須對孩子盡

心，選擇對他們最好的教學方式，以祈對孩子的教育有所幫助。因此，教師們積極尋求改變。

我們於93學年度聘請謝教授指導（按該園自願參加彰化縣的輔導計畫，成為團隊成員），試著從「傳統教學」進入「社區融合主題教學」，剛開始因為老師對於社區融合主題課程模式的不熟悉，也曾有反對的聲音，最後我們協商：願意走社區融合主題課程的老師走主題課程；若不願意走主題課程的老師則還是走大單元。經過教授指導社區融合主題課程的模式，老師們彼此分享教學經驗，慢慢的，對主題課程模式有一些概念，那些原本決定走大單元的老師也漸漸覺得社區融合主題課程很不錯，願意投入。就這麼與孩子教學相長，慢慢了解社區融合主題課程教學的精神所在。

直到知悉教育部補助公私立幼兒園輔導計畫，我們提出申請，老師們經過園務會議決議：當初是謝教授帶領我們從傳統走向開放，因此，會中老師們表決通過，聘請臺中教育大學幼兒教育學系謝明昆教授擔任這次輔助計畫的指導教授。

（二）受輔後園所執行及改善情況

一個年度的輔導計畫內容包含熟悉社區融合主題課程規劃→建立社區融合主題教學作息表→進入班級實際看老師教學→召開教學檢討會→建立學習檔案與方法→熟悉系統化的教學評量→熟悉生產創作的實施過程與目的→熟悉探索活動景點的規劃與行前的教學活動→熟悉滿足需求教保哲學信念與應用→熟悉加深加廣的教學與規劃→熟悉幼兒行為輔導信念與技巧→觀摩其他幼兒園（臺北佳美及新佳美幼稚園、烏眉國小附幼、洛津國小附幼）→本園自辦教學觀摩等，讓我們成長很多。

每次的研討會，教授不厭其煩的對我們所提的問題，一一釐清觀念，並把學理課程帶進來，讓我們更能了解。例如：「滿足孩子需

求」與「滿足孩子合理需求」的不同，前者是符合兒童本位的課程模式，滿足孩子需求並非100%的滿足而是可以透過協商、討價還價、代償的方式，讓老師及幼兒雙方都能同意，以滿足孩子的需求，或許這個需求可能只有滿足30%。

實施主題探索的直觀經驗活動之後，實施每日主題課程的教學模式：「經驗分享A+生產創造活動+經驗分享B+加深加廣」，因爲有了加深加廣的活動，我們把一般性的傳統課程與主題課程結合，解決了家長覺得幼兒需有一般性課程的疑慮及我們所擔憂的招生問題。

主題教學檔案的建立，它的內容包含：1.繪製幼兒園社區圖。2.敘述主題緣由。3.建立課程作息表。4.了解班級幼兒的文化背景。5.建立幼兒本位的主題教學網。6.規劃主題願景與教學目標。7.規劃與準備社區探索。8.實施社區探索活動。9.每日實施生產創造活動。10.每日實施加深加廣教學活動。11.建立學習檔案與實施多元評量。12.教師教學省思。

雖然我們在每個主題教學的進行後，每班都會建立教學檔案，即主題教學成果冊，但是各班沒有一個依循的標準，從謝教授所提的12步驟建立教學檔案，讓我們更能豐富教學檔案的內容。

從傳統走向開放，老師的工作量增加了，但是我們沒有抱怨，從摸索階段到歷經教授指導後觀念的釐清，我們不敢說我們做的有多好，但我們肯學習，全園老師有一份向心力，老師都很盡心，我們有一個信念：只要是對孩子好的教學方式，我們要堅持，要一直走下去，給孩子好的教學品質及好的受教環境。

分析以上沙鹿附幼接受輔導歷程與心得，發現最有效益的轉變是從原屬於很傳統的教學方式（採用大單元教學法，使用坊間的教材，教室裏有角落但是並未落實實施），轉變爲幼兒本位的開放教學方式（主題探索的直觀經驗活動後，每日實施經驗分享→生產創作→經驗分享→加深加廣→自由遊戲活動等循環）。這是千金難能買到的帶得

47

走的專業能力。迄今十餘年來，該校持續秉持此一共同辛勤開拓的教
學及照顧模式。

社區融合教保之幸福哲學基礎

CHAPTER 3

父母親感受最幸福的時候，

其一是當孩子張開雙臂，奔向媽媽爸爸懷裡的時候；

當時父母親與孩子彼此是完全信任的關係。

幼兒教保服務人員感受到最幸福的時候，

是當教保服務人員與幼兒彼此是完全信任關係，

幼兒純真自由的任何場景。

幼兒本位教育發展幼兒自信心與信任感，

在這樣完全信任關係的環境裡，

幼兒表現自主性，發展自發性，感受到幸福。

生活在這樣幸福的環境裡，幼兒自由，

勇於發光發亮，努力發光發亮，得以發光發亮。

　　國際知名「家族治療」先驅薩提爾（Virginia Satir,1916-1988）之嫡傳弟子貝曼（John Banmen, 2008）認為，在健康的家庭環境裡，個人會表現出下列的五種自由：

1. 自由地看和聽，來代替應該如何看和如何聽。

2. 自由地感覺自己所感的，來代替應該感到的。

3. 自由地說出自己所感和所想，來代替應該如何說。

4. 自由地要求自己想要的，來代替總是等待對方允許的。

5. 自由地根據自己的想法去冒險，來代替總是選擇安全妥當這一條路，而不敢興風作浪搖晃一下自己的船。

　　每一位幼兒都是獨特的個體，幸福幼兒的學習環境是自由的，以統整性的方式學習，內心充滿自信、自主、自發能量。在人性觀點方面，教學者必須創造這樣的教學情境模式，滿足幼兒幸福學習需求，契合我國幼兒園教保活動課程大綱的人性觀點：1.幼兒的生命本質中蘊涵豐富的發展潛能與想像創造的能力，他們喜歡主動親近身邊的人、事、物並與其互動，喜歡發問、探索並自由遊戲，也喜愛富有秩

序、韻律及美好的事物。2.成長中的幼兒在身體動作與健康、認知、語文、社會、情緒和美感各領域的發展彼此連結且相互影響。每位幼兒都是獨特的個體，他們沉浸在各種不同的文化內涵、社會習性與生活經驗中展現其個殊性。（p.2）本研究全力追求與創造這樣的教保活動學習模式。

　　幼兒園教保服務人員務必惦記之事，在於幼兒的信任、自主、自發等自我概念發展最為重要，影響著幼兒六大領域學習及未來一生的身、心、靈發展；也須惦記著幼兒階段幸福的成長深受家庭、幼兒園及社區等生態環境系統影響。幼兒園與家庭關係的角色（盧美貴，2013）屬「彌補家庭教育的不足，藉教保人員的專業促使父母成為更好的父母」（頁33）。因此教師之專業教保服務角色位處關鍵地位，須不斷追求專業成長，落實教保活動，保障幼兒快樂和幸福之福祉與權益。本章探討幸福幼兒的內涵、幸福感的形成因素，以及幸福感的教保應用。

第一節　幸福幼兒內涵與重要性

　　日本作家村上春樹（1984）出版的彩圖隨筆集《蘭格漢斯島的午後》（《ランゲルハンス島の午後》，安西水丸彩圖）（張致斌譯，2002），其中第19篇名「小確幸」，敘述生活中微小但確切的幸福稱之小確幸。他說「沒有『小確幸』的人生，不過是乾巴巴的沙漠罷了」。至今「小確幸」一詞在社會生活中廣被引用。

　　就幼兒發展階段，作家村上春樹所指的日常生活「小確幸」之累積，是幼兒發展積極正向人格、奠定幸福生活的要件。幼兒身處人生最純真的階段，幼兒教育學者蘇偉馨（2014）認為幸福是正向情緒的累積而得，指出「興趣多一點，樂趣多一點，當然開心也會多一

點，累積起來就叫做‧幸福」。所以幼兒的課程設計，在達成教育目標的過程中，應該重視學習的興趣、樂趣，以及開心。且依據她的幸福哲學定義，幸福具有主觀性，因「幸福不是一把有標準刻度的尺，幸福的標準，是放在自己心裡的那把尺，其標準，因人而異。」（pp.9-11）。為了增進幼兒的幸福，認識幸福的內涵及其形成因素將有助益課程之規劃。

一、幸福內涵意義

從教育和訊息網站（2014）的漢語辭典，定義「幸福」是「一種持續時間較長的對生活的滿足和感到生活有巨大樂趣並自然而然地希望持續久遠的愉快心情」，其同義詞有快樂、美滿、甜蜜。探尋幸福語詞的古典意義，教育大辭書（國家教育研究院，2012）指出幸福一詞的英文「Happiness」衍自希臘文Eudaemonia，「Eu」是美善之意，「daemon」是守護神靈，合而言之，即受善神守護、長處快樂之謂。教育大辭書對於相關名詞「幸福感、安適感、福祉」並未作解釋，僅指出其英文是well-being。關於二者的關係，Wilson（1967）指出幸福感（well-being）就是快樂（happiness）。因此，幸福幼兒即指具有幸福感的幼兒。

幸福感的研究，常因研究目的及探討內容的不同需求，學者有不同見解，目前常見的三種主流取向為：1.情緒取向，如Veenhoven（1994）強調幸福感是一種正向的情緒反應，反映在個人對其生活的喜歡程度，透過正負情緒消長的情形分析以了解幸福感的高低。2.認知取向，如Diener（1984）認為幸福感是一種對生活評估後之結果，因此生活滿意度為個人主觀對幸福感的認知，以反應出個人對生活整體層面的評價。3.情緒及認知雙重取向，如Andrews與Withey（1976）；Diener（1984）；Argyle（1987）；陸洛（1996）；

施建彬、陸洛（1997，譯自Argyle,1987）；Diener, Lucas, & Oishi（2005）；郭俊豪（2008）等。情緒及認知雙重取向學者所提幸福感內涵意義，均指一種主觀的個人經驗，有生活滿意、正向情感、負向情感三個成分，係依認知及情感兩向度對生活整體的滿意度進行評估所得之結果。因此，幼兒教保哲學應在情緒及認知上讓幼兒滿足需求，進而讓幼兒在感覺動作上滿足需求，非如成人本位為了滿足幼兒合理需求。

　　關於健康與幸福感的關係，Argyle（1987）指出健康是整體幸福感的一個重要來源，實際上是幸福的客觀層面之一。針對幸福與健康之間的關聯研究（Tessler and Mechanic, 1978; Burchfield, Holmes and Harrington, 1981），指出負向感受、挫折感或煩惱的量，以及不良健康之間，存在一個極強的關聯。林志哲（2011）指出現今心理學家及社會學家常常使用的快樂（happiness）、幸福感（well-being）、主觀幸福感（subjective well-being, SWB）、心理幸福感（psychological well-being）、生活滿意度（life satisfaction）等詞彙，所隱含意義是從個人正負向情緒、主觀認知層面，以及身心健康等方面來評估個人整體的幸福感情形。

　　歸納學者對於幸福感研究，皆強調幸福感並不是任單一向度所得的結果，而是由對生活的滿意程度，以及主觀感受到的正、負向情感等三個向度共同得到的結果。因此，定義幸福感係來自個人的主觀經驗，並可分為情感（affective）及認知（cognitive）兩向度。情感方面包含高的正向情感及低度負向情感，認知方面即指生活滿意度。以上所提生活滿意度很容易能被理解，惟其情感方面同時須兼有高的正向情感及低的負向情感，則易生疑惑。關於此點，學者Diener、Emmons、Larsen和Griffin（1985）研究發現，正向情感和負向情感的關聯主要受時間的影響，在產生情緒的當下，兩者之間的負相關最強烈；然而隨著時間的流逝，兩者之間的負相關呈現對數性下滑。

二、幸福感的重要性

幸福感已受我國兒童福利工作人員重視，仍亟待加強。我國兒童福利聯盟基金會曾於2008年進行「兒童快樂國跨國比較研究」，比較臺灣兒童與21個經濟合作組織會員國兒童在經濟力、健康力、教育力、幸福力、安全力之福祉，發現我國「幸福力」整體表現在22國之中排名第19，只贏過16%的國家，因此相較之下，臺灣兒童的幸福感明顯偏低（兒童福利聯盟基金會，2008；兒福聯盟、李宏文，2015）。以上「幸福力」的研究係以兒童主觀幸福感為主，根據兒童主觀陳述，分析兒童幸福感，包括生活滿意度、喜歡上學與否、家庭與同儕關係等。得知我國兒童幸福感偏低，包括教育項目上的各項兒童福利工作均亟待加強。

生活點點滴滴的需求滿足累積生成幸福，幸福感是個人身心健全發展的重要因子，是幼兒園專業教育及照顧服務的重要要求，不應該被政策及教保服務人員忽略。我國自從民國70年11月6日總統令公布《幼稚教育法》，幼稚教育總目標已不復見民國18年制定以及經由民國21年、25年、42年、64年所修訂《幼稚教育法》強調的「增進（或力謀）幼兒應有的快樂和幸福」教育目標，影響民國76年《幼稚園課程標準》之第五次修訂，也不再訂立「增進（或力謀）幼兒應有的快樂和幸福」教育目標。現行民國101年1月1日制定施行的《幼兒教育及照顧法》第十一條「幼兒園教保服務之實施，應與家庭及社區密切結合，以達成下列目標：1.維護幼兒身心健康，2.養成幼兒良好習慣，3.豐富幼兒生活經驗，4.增進幼兒倫理觀念，5.培養幼兒合群習性，6.拓展幼兒美感經驗，7.發展幼兒創意思維，8.建構幼兒文化認同，9.啟發幼兒關懷環境」；其中也已不再出現「快樂和幸福」字語，當然影響民國101年8月30日制定施行的《幼兒園教保活動課程暫行大綱》課程，其幼兒教育總目標不再出現「增進（或力謀）幼

兒應有的快樂和幸福」。

　　檢視現今我國《幼兒園教保活動課程暫行大綱》（教育部，2012）之幼兒教育總目標，係依據《幼兒教育及照顧法》（立法院，2011）之第十一條幼兒園教保服務實施目標而訂定，其第一項均規定「維護幼兒身心健康」。其核心目標「身心健康」是客觀要求，並未明示「增進快樂和幸福」之幼兒的主觀感受需求，看似缺乏幼兒本位的思維；然而發現已在《幼兒教育及照顧法》第七條第一項，有明確規定「幼兒園教保服務應以幼兒為主體，遵行幼兒本位精神……。」以及在「幼兒園教保活動課程大綱」總綱，對於「怎麼看幼兒教保活動課程」也有明確規定「……本課程大綱強調幼兒主體，也重視社會參與。從幼兒角度出發，以幼兒為中心……」（p.2）。據而可知，雖然現行我國幼兒園教保活動課程之幼兒教育總目標不再列有「增進（或力謀）幼兒應有的快樂和幸福」，實質上仍然存在著為達成幼兒的「快樂和幸福」潛在目標。幼兒園教保服務，唯有落實「以幼兒為主體，遵行幼兒本位精神」哲學，以及「從幼兒角度出發，以幼兒為中心」實務，幼兒的「快樂和幸福」才有可能實現。因此倘若實施以教師為本位的教保活動，卻聲稱達成九項幼兒教育總目標，則純屬教保服務人員個人的評估，因為在教保歷程中或許已造成顧此失彼的幼兒內在損傷效應，卻未被覺察。

　　課程組織的四個基本要素包含目標、內容、方法與評量（Tyler, 1979），當幸福沒有被列入幼兒教育及照顧的課程目標中，且在課程內容的學習上缺乏幼兒本位理念與方法，代表著幼兒的快樂和幸福主觀感受不被教保服務人員重視，將不能每天給幼兒快樂和幸福，幼兒每天生活也就沒有幸福感，教保工作將產生問題。幼兒教育及照顧屬於我國兒童福利政策的一環，必然係為了「促進兒童身心健康、保障其權益、增進其福利」（《兒童及少年福利與權益保障法》第一條），且「政府及公私立機構、團體等在輔助父母或實際照顧兒

童之人處理兒童及少年相關事務時，應以兒童最佳利益為優先考量」
（《兒童及少年福利與權益保障法》第五條）。學者詮釋「以兒童
最佳利益為優先考量」的內涵，指的是「極大化有利於兒童健康成長
的各種條件，和極小化可能對兒童造成傷害的所有效果」（鄭鈞元，
2009）。因此當沒有標示出幸福這一目標，教保服務人員也未遵行
幼兒本位精神實施教保活動，必然會在教保服務歷程中讓幼兒沒有幸
福感，則達成身心健康與身心健全發展的目標將不易落實。

　　基於教保服務人員是課程實施成功與否的重要變項，如果他們沒
有體認到課程目標懸缺「增進兒童之快樂和幸福」教保活動目標，也
缺乏認知到幼兒教育及照顧法規範的「幼兒園教保服務應以幼兒為主
體，遵行幼兒本位精神」哲學與熟練其實施方法，以及欠缺認知我國
幼兒園教保活動課程大綱的「強調幼兒主體，也重視社會參與。從幼
兒角度出發，以幼兒為中心。」理念與熟練其實施方法，則難免會在
教保服務歷程中讓幼兒沒有幸福感，幸福就被忽略了。因此探討教保
服務人員秉持「從幼兒角度出發，以幼兒為中心」的幸福幼兒開放教
學與照顧取向及實施方案，勢必顯得重要，將能夠增進教保目標的充
分達成。幸福是幼兒園教保工作的核心目標，是幼兒教學及照顧存在
的意義。

第二節　幸福感的形成因素

　　個體產生幸福感之因素為何？教保服務人員能認識幸福感產生因
素，且應用在實務中，將可增進教保活動的效益。心理學家研究發
現，產生幸福感因素很多元，諸如：需求滿足、人格特質、多重比
較，以及長期人格特質與短期事件的交互作用等因素；從而發展出幸
福感的下列理論：需求滿足理論、人格特質理論、判斷理論、動力平
衡理論等不同觀點的幸福感理論。茲依其各自觀點敘述如下：

一、需求滿足因素

認為幸福感來自個體對「需求」滿足的感覺，當個體的需求獲得滿足，將可產生幸福感。需求滿足觀點源自人本心理學家馬斯洛（Abraham Maslow, 1908-1970）提出的需求滿足的五個層次理論，發現個體有生理、安全、愛與隸屬、尊重、自我實現等不同層次上的需求。晚期研究增加為八層次理論如下：生理、安全、愛與隸屬、尊重、認知、唯美主義、自我實現、高峰經驗等（Gleitman, H., 1991;洪蘭譯，1995）。需求滿足理論應用在幸福感的研究，則發展出以下三種幸福感理論：

(一)需求滿足的目標理論 (Telic Theory)

理論主張幸福是目標和願望的完滿達成，目標的達成是個體獲得和維持主觀幸福感的主要來源（陸洛，1998；Diener, 1984; Holahan, 1988; Omodei & Wearing, 1990）。

(二)活動理論 (Activity Theory)

理論主張幸福是個體專注地參與任何活動時所產生的附屬品，個體透過有意義健康的活動參與過程中，滿足人際互動、社會支持的需求，進而促使個體感到成就感與幸福感（Diener, 1984; Argyle, 1987;巫雅菁，2000）。個人的幸福感來自於參與社會活動，當活動和個人的能力相當時，便可帶來幸福感。

(三)苦樂交雜理論 (Pleasure and Pain Theory)

理論主張快樂和痛苦來自同一根源、相伴而生，有痛苦才會有快樂；當個體常常感到痛苦，需求卻突然被滿足時，反而會有幸福的感受；因此，無所匱乏者無法體會到真正的幸福。當一個人長期陷於需求被剝奪的不幸福之中，一旦需求得到滿足時，所獲得的幸福感將會越加強烈（Houston, 1981; Diener, 1984; 施建斌，1995；陳麒龍，

2000）。換言之，幸福與不幸福是相對循環存在，二者的總加量值為零，因此又稱零和理論。

二、人格特質因素

(一)連結理論（Associationistic Theory）

理論從認知及記憶的觀點解釋某些人特別容易感到幸福的原因。指出是因為透過認知系統的運作，與過去經驗的幸福記憶產生連結，藉以解釋生活事件並獲得意義。因此幸福感較高的人，可能擁有一個以幸福為核心的記憶網絡，當生活中有某一事件發生時，他會透過幸福記憶網絡提取資料，所以比較容易誘發幸福感的發生（施建彬，1995；Diener, 1984; Stone & Kozma, 1985）。

(二)人格特質理論（Trait Theory）

理論從人格的角度解釋幸福感的形成，幸福感是一種穩定的人格特質。其產生原因可能有二：一為先天遺傳因素，二為後天學習結果（Veenhone, 1994）。相關研究發現，外向性人格特質者擁有較高的幸福感（陸洛，1998；Headey & Wearing, 1990）。

三、判斷因素

(一)社會比較理論（Social Comparison Theory）

理論主張幸福感的形成是透過與他人比較，比較「我是否比你好」是個體能否感到幸福的關鍵。當個體的狀況比他人好時，便會感到幸福；反之則幸福感下降（施建彬，1997；陸洛，1997）。社會比較中的「向上比較」與「向下比較」，可有效預測幸福感的提升或下降（Diener & Suh, 2004）。

(二)適應理論（Adaptation Theory）

理論主張幸福感的形成是個體透過內在與自己的比較，與自己過去的生活經驗比較，比較「我是否比過去好」是個體能否感到幸福的關鍵（施建彬，1994）。

(三)期望水平理論（Aspiration level Theory）

又稱抱負水準理論。主張個體感覺幸福與否，決定於個體理想期待和實際所處遭遇的差距（陳郁茜，2008；施建彬，1995；Wilson,1967）。自省「我是否有我想像中的好？」的認知差距結果，是個體能否感到幸福的關鍵（林志哲，2011）。

(四)多重差異比較理論（Multiple Discrepancies Theory）

主張個體某個生活層面的幸福感形成，是個體在內心經過多方比較之後所產生的結果，包括和他人比較（社會比較理論）、和自己過去比較（適應理論）、和自我期待比較（期望水平理論）等層面。若差異越小，則幸福感越高（Michalos, 1985）。賴建志（2005）提出在多重差異法中，用以衡量幸福感的層面包含：1.有關他人所擁有的，2.過去擁有過最好的東西，3.現在希望得到的，4.期望將來獲得的，5.需求以及目標。

(五)修正理論（revision theory）

理論基於整合情緒與認知的判斷過程，來評估幸福感。判斷理論從認知的角度衡量幸福感，修正理論則是整合情緒與認知判斷。任一生活事件發生，個體會先利用認知功能判斷，分為整體幸福感與特殊領域幸福感。若屬於整體幸福感，則以認知評判，進而評判是否與情感有關，若無關，則從記憶中提取相關線索，建立新的參照標準評估（Diener & Eid, 2004）。

59

四、動力平衡因素

動力平衡理論（Dynamic Equilibrium Model）主張幸福感不僅受到穩定的人格特質因素影響，同時也受到突發的短期正、負向生活事件的影響，從而改變個人幸福感（施建彬，1995；Headey & Wearing, 1990）。

前述幸福感產生的因素，包含需求滿足、人格特質、判斷、動力平衡等四種幸福感理論，學者將其歸結分類為「下而上」、「上而下」、「上下交互作用」等三種鉅觀角度思考模式（Emmons, 1991）。其中「下而上」思考模式，指的是從生活事件的觀點解釋幸福感之形成，以正向事件及負向事件出現的多寡、質量，來決定個體的幸福感形成；需求滿足理論即強調來自生活事件對個人需求的滿足。另「上而下」思考模式，指的是由個體特質的觀點解釋幸福感形成之原因（Veenhoven, 1994），人格特質理論即屬由上而下的思考模式（李素菁，2002）。至於判斷理論及動力平衡理論，則屬於「上下交互作用」的思考模式，則是一種整合的觀點。

以上經由學者多元角度的探討，窺見到幸福感的完整面貌。本研究經由：1.訪談探討教師在幼兒園的幸福狀態，著重教學模式影響幸福感情形；2.訪談教師關於幼兒在園的幸福感狀態，著重團體生活之學習活動影響幸福感的情形，因此取用「下而上」思考模式的整合觀點。就幼兒發展階段而言，研究者認為「需求滿足」因素是幼兒幸福感的基礎，將會特別予以強調。

第三節　幸福感的教保應用

幸福感係指一種主觀的個人經驗，依認知及情感兩向度對生活整體的滿意度進行評估所得之結果，內涵包含生活滿意程度，以及正向

情感、負向情感等成分。至於教保活動如何引發幼兒高的生活滿意程度，以及高正向情感、低度負向情感，就必須在教保活動實施時掌握幼兒幸福感形成的因素，從需求滿足的因素做起，也考慮特質因素、判斷因素，以及動力平衡因素。至於如何充分應用幸福感形成的因素，藉以累積幼兒在園生活的「小確幸」？歸結以下教保實施理念：

一、幼兒不應被視為是一塊白板的教育哲學觀

幼兒園課程發展受到教保服務人員「怎麼看幼兒」價值觀之影響。現今教保服務人員有從行為主義觀點，主張幼兒是一張白紙的哲學，應調整為從人本主義觀點認定「發展中的幼兒不能被看作是環境對其任意施加影響的一塊白板，而是一個不斷成長，並且時時刻刻重新構造其所處環境的動態實體」（盧美貴，2013，p.24）。我國幼兒園教保活動課程大綱（教育部，2016）之訂定，從人本主義觀點已要求教保服務人員務必認知「幼兒生命本質中蘊含豐富的發展潛能與想像創造的能力，他們喜歡主動親近身邊的人、事、物並與之互動，喜歡發問、探索並自由的遊戲，也喜歡富有秩序、韻律及美好的事物」（p.4）。況且從日常生活中，我們確實可以處處發現幼兒本質上不是「空空」的，而是有「實物」在其內的，教育及照顧者倘若看不見幼兒內在的動態「實物」正不間斷地與外在社會文化互動成長，則應積極了解社會建構互動論內涵，積極增進專業能力。

二、滿足幼兒需求教保信念

滿足需求教保哲學的應用，符合開放教育原理，確實能夠有效增進幼兒幸福感。「滿足需求」的教育目的論，早在桑代克（E. L. Thorndike, 1874-1949）的教育學說中就已提出。理論指出教育及學習的目的「在於把原本的結合或永久保存，或清除，或改變而利導」

（智庫百科，2015），使能滿足需求。「人類因為有需要，才會有活動的導因，如無需要，則人類將缺乏活動的誘因。教育的最大目的，在於求得個人最滿足的需要，也在減少妨害他人的需要，也在於滿足人類的需要，進而增進人類的幸福。」（雷國鼎，1996）

　　與「滿足需求」相對應的概念是「滿足合理的需求」，研究發現有高於97%的母親採取「滿足孩子合理需求」的信念教育與保育自己的孩子（謝明昆，2002）。「滿足需求」是兒童本位的教保概念，而「滿足合理的需求」則秉持成人本位的教保概念。研究得知採取「滿足孩子合理需求」信念的母親，在其腦海裡時常想起孩子的行為，有75%的母親持有「負向的不良好行為習慣」的行為描述，只有25%的母親持有「正向的良好行為描述」。可知當前有大部分的母親擔心孩子的不良行為表現，是事出有因的，問題出在「滿足孩子合理需求」的教保信念，因此，應做調整。

　　理想的兒童教保工作，應從人性化或兒童本位的角度思考，實施「滿足孩子的需求」教保活動，成人擔負的角色是「輔助者」。據而教保專業的基本信念是「對於孩子的教保，其成功於否繫於教保服務人員滿足孩子需求的程度」。

　　下列從事人類發展研究的教育家與心理學家，在認知發展與社會發展領域的研究方面，均強調「滿足需求」對各個發展階段的影響，亦即前一個階段的需求滿足與否，會影響下一個發展階段的是否順利發展：皮亞傑認知發展理論的階段觀、佛洛依德（S. Freud）的性心理期發展論、艾里克森（E. H. Erikson）的心理社會期發展論、郭爾保（L. Kohlberg）道德認知發展論、馬斯洛（A, H. Maslow）的需求層次發展論等。

三、結合直觀探索與生產創作及自由遊戲活動

　　幸福幼兒教保活動的基礎，是依循幼兒發展特徵實施教保活動。遊戲在幼兒發展階段，是最被認可的心理發展特徵。教育家福祿貝爾（F. Froebel, 1782-1852）的名言「遊戲起於快樂而終於智慧的學習」（林盛蕊，1975），詮釋了遊戲對於幼兒智慧發展的重要性。教保服務人員應以滿足幼兒的遊戲需求實施教保課程，讓幼兒在深富樂趣的學習過程中，自然而然、渾然不知的達成教育目標。

　　直觀、做中學、自由遊戲等活動，在幼兒發展階段亦是很被認可的心理發展特徵。福祿貝爾認為「遊戲」、「恩物」是兒童「自動直觀」的基本要素；而「自動直觀」乃是發展兒童內在性質的有效方法（劉美淡，1985）。教育家裴斯塔洛齊（J. H. Pestalozzi, 1746-1827）倡導直觀教學法，即應用感官，直接去與實際事物接觸，而獲得直接經驗，學習「數（number）、形（form）、名（name）」；教育的實施，如果從具體確定的事物入手，求個別的了解，然後及於一般的觀念，則可得事半功倍之效（盧美貴，2013）。本文研究認為裴氏的直觀教學法，在教學實務上仍然停留在認知性的教師本位教學活動，直到教育家杜威倡導「做中學」教學法，二者才整合成為開放教育之理想教學模式。

四、實施幼兒本位開放教育

　　幼兒本位開放教育是幸福幼兒教保活動的基本條件，相關開放教育的教學模式很多元。茲以「方案取向」（project approach）教學為例，教學模式源自美國學者克伯屈（William Heard Kilpatrick, 1871-1965）於1925年出版之教育代表作《教學方法原理》，闡述教育理念和設計教學法的思想，理論基礎係依循杜威（John Dewey, 1859-1952）進步主義教育哲學。當學生把這個設計（方案）當作

自己的工作，教學過程分爲四步驟：決定目的（purpose）、擬定計劃（planning）、實施工作（executing）及評論結果（evaluating）（Katz, L. G. & Chard, S., 2000）。這一方法的提出，是應了杜威實用主義教育的急需，既是杜威教育思想的產物，又是普及杜威教育思想的最有效的方法，是杜威做中學思想的具體化（楊漢麟，2005）。由於方案取向之發展，其原始教學對象係針對小學兒童以及中學、職業學校學生，當要轉換應用於學前幼兒，就必須依據「增進幼兒的智能」理論、「增進幼兒的人格發展」理論，配合幼兒身心發展階段做調整。爲增進「幼兒」智能發展及人格發展，其感官探索必須強調更多的樂趣，每天要有足夠實施生產及創作的「做中學」時間，藉以刺激腦部各個運動中樞的發展，且其產品亦必須能夠在自由遊戲時間可以遊玩，引發學習興趣。以上關鍵點因常爲幼兒教師們忽略，結果除了負面影響智能、人格發展之外，也導致課程統整性不足，過程中幼兒缺乏幸福感。

　　幼兒本位開放教育目的，在於達成幼兒主觀幸福感，指的是「幼兒會對其幼兒園生活做整體性的認知評價，感受其高滿足度，且當幼兒感受到的整體正向情感多於負向情感時，幸福感油然而生，表現出對學習的樂趣與興趣，自信、自主、自發行爲增加。」據而幼兒在園的學習活動，對學習產生興趣與樂趣，有高的正向情感，較低的負向情感，生活感到開心，時常出現有「小確幸」，其生活滿意度高，自主性及自發性行爲增加，稱是幸福幼兒的表現。幼兒欲獲得以上幸福生活，教保服務人員就必須充分應用產生幸福感的因素，秉持滿足幼兒需求之教育哲學，基於幼兒本位精神實施課程統整之教保活動。

社區融合之課程理論與實務基礎
CHAPTER 4

　　本章探討社區融合幸福教保之課程基礎，包含課程涵義與形成之根源、課程理論、學前幼兒教育課程理論模式及其重要元素等，是幼兒園教育及照顧的基礎，且藉以作爲接續深入分析我國現行幼兒園教保活動課程大綱精神及內涵基礎。

☺ 第一節　課程涵義與根源

　　現今我國教師專業對於課程的理解，不再停留在僅認爲「課程」即指「課程標準」，已能認知政府頒訂「課程大綱、課程綱要」、「學習指標、能力指標」的意涵。教師專業已能認知課程之設計及其發展不再只是中央的威權，乃是中央與地方教育行政主管機關、專家、社會、學校、教師等共同的職責。既然課程已經是相關教育人員共同的責任大事，則必須確實認清課程的內涵爲何，對於各年齡層對象，何者才是適切有效益的課程？學者探討課程，有從字義辭源詮釋，有從決定課程之基礎的探究，深入釐清概念。

一、課程涵義

　　中文字「課程」一詞，始見於唐宋年間，其中宋代朱熹已清楚指出「課程」是學生功課及其進度和進程（施良方，1999）。唐朝（西元618-907）孔穎達在爲《詩經‧小雅‧小弁》中的「奕奕寢廟，君子作之」辭句作疏：「維護課程，必君子監之，乃依法制。」文中「課程」乃指宮室宗廟工程的進度和進程。之後宋代（西元960-1279）朱熹在《朱子全書‧論學》中有多次提及課程，有「寬著期限，緊著課程」，「小立課程，大作工夫」等（陳俠，1989，頁12-13）。文中「課程」所指的是學生功課及其進度和進程。

　　課程的英譯字「curriculum」一詞，最早出現於羅馬時期的學者

希塞羅（M. T. Cicero, 106-43 B.C.）的演講辭中（林永喜，1971。
頁1）。近代「課程」一詞的使用，出現在1860年英國教育家斯賓
塞（H. Spencer）發表的《什麼知識最有價值？》論文（楊龍立、
潘麗珠，2005，頁17）。在美國則首見於1918年由學者鮑比特（F.
Bobbitt）著作出版的《課程》（*The Curriculum*）一書（王文科，
2007，頁7）。考據「curriculum」一詞是從拉丁語「currere」一詞
衍生出來的，意指跑道（race course），故被引申為學程、學習的進
程（course of study），簡稱學程。以上詞義如英國牛津字典、美國
國際教育字典，都是做這樣的解釋（施良方，1999）。

　　針對「課程」詞義的文獻發現，當看重的是過程，則強調動詞意
義；當看重的是結果，則強調名詞意義。中國與西方國家傳統的課程
的界說，看重的是名詞意義，已不符合當代對課程發展的需求（施良
方，1999）。當代教育專業受到歷史上西方思想家與教育家影響較
為深遠，考究拉丁語的「currere」作為名詞，意為「跑道」，重點在
「道」，指軌道；而當作為動詞，意為「奔跑」，重點在「跑」，
意指活動（林永喜，1971）。傳統上單純採用「名詞的課程內涵」
界定，認為課程是靜態和封閉的，強調目標先於行動，規劃和執行往
往被視為單向、序列與步驟化的，其結果是可預期的；且用於教師
為不同類型學生團體規劃課程與問題探索，屬於傳統的課程體系，
實施傳遞層次（transmission level）和對話層次（transaction level）
的學習；而動詞「奔跑」課程，認為課程是非線性典範多元、複雜不
可預測的網絡，強調目標產生於行動之中，規劃和執行是相互聯繫
的一體化活動，它是開放而具轉變性的，用於轉化層次（transforma-
tion level）的學習，在問題探索歷程中，將創新包含在問題解決的歷
程，教師必須允許學生將資訊放在較大社會情境或脈絡中作學習，超
越學科或非學科的學習，由師生共同或學生擔任課程規劃者（陳伯
璋，2003）。可知動詞「奔跑」的課程能更寬廣的涵蓋計畫之外的

學習經驗，具有後現代課程特色。以下列述兩種極端的課程定義（方德隆，2004，頁19-20）。

前一端課程可以被廣泛地定義為學習者的經驗。它是起源於杜威（John Dewey, 1859-1952）對經驗與教育的定義。課程定義偏向教育現場參與者的主觀性而非設計者的客觀性；課程不再是拉丁文原意的跑馬道，而是跑馬道裡的活動（Cay, 1966）。課程定義指出任何的學習或知識內容能夠擴展兒童的經驗，而體驗（experiencing）是教育兒童的歷程（方德隆，2004，頁144）。當課程被視為是學生的真實經驗時，重視的是經驗的創造、流暢與主體之和諧（楊隆立、潘麗珠，2005，頁52）。這個觀點幾乎考慮學校裡的每件事情，除了是實施的運作課程（operational curriculum）與學生經驗課程（experiential curriculum），也包含了所謂的懸缺課程（null curriculum）及潛在課程（hidden curriculum）的概念，即使在學校之外，只要它是與學習方案相關的，也是課程的一部分。此一課程定義，主張真實經驗，屬於動詞界定。

後一端課程可以被定義為一項行動計畫或一份書面的文件，包含達成預期目的或結果的策略。例如J. Galen Saylor（1981）的定義「為使人們接受教育而提供一套學習機會的計畫。」或如David Pratt（1980）的定義「課程是一套有組織的正式教育及（或）訓練意圖。」更有學者Jon Wiles及Joseph Bondi（2002）將課程視為包含四個步驟的計畫「目的……設計……實施……評鑑。」以目的來決定重要的課程內容。此一課程定義，主張書面計畫文件，屬於名詞界定。

其它課程定義類型，則落在以上兩個定義間。歐利佛（Oliver,1978）歸納課程範圍由廣義至狹義方向界定，有如下概念：（王文科，2007，頁7-8）

1. 兒童不論在何時，採用任何方法所獲得的一切經驗。

2. 學習者在學校輔導之下，而獲得的一切經驗。如美國堪薩

斯州《小學課程指南》（*Kansas Curriculum Gide for Elementary Schools*, 1958）所揭示的內容（Cited in Oliver, 1978,頁15）。

3. 學校提供的一切學習學科。

4. 為協助某些兒童（學習者）達成目標，而作有系統安排的若干學習學科，如「大學預備課程」屬之。

5. 某學科領域提供的學習學科，如「科學課程」、「語文課程」屬之。

6. 特別的專業學校所規劃的方案／學程，如「兩年制護理課程」屬之。

7. 個人修習的學習學科。如甲、乙二生均修習大學預備課程，但甲生修習英文，乙生修習法文；或甲、乙二生選習由不同教師講授的英文。（頁7-8）

以上課程定義第二項「學習者在學校輔導之下，而獲得的一切經驗」，符應開放教育的觀點、符合幼兒教育及照顧法律的內涵、符合幼兒園教保活動課程暫行大綱總目標的「幼兒教育是各教育階段的基礎，幼兒園教保服務之實施，須與家庭及社區密切配合，以達成下列目標：（九項）」之要求，也符合幼兒教保活動是彌補家庭教育不足的信念，也包含所謂的潛在課程概念。且基於生命階段幼兒身心發展特徵，學前幼兒教育及照顧課程，重視幼兒的興趣、樂趣、開心的生活經驗，發展自主性與自發性學習的心理特質是必然教保法則，因此課程除了是書面計畫，且是動態的活動課程定義。

社區活動及種種景物，是幼兒每一天食、衣、住、行、育樂之所繫，身處情境中的幼兒，倘若獲妥善引導，直觀體驗社區環境、資源，進而善用好奇心及感官的發展特性從事學習，就能順勢達成事半功倍的學習效果；且教保服務人員輔以加深與加廣教學機制，則能順理成章的達成教保目標。因此幼兒園以社區設施、景物、人文、活動等資源做為主題，進行系統性課程規劃，實施體驗活動及做中學的活

動課程，非常符合教育原理。

二、課程之根源

從課程的名詞及動詞意義可得理解課程之最基本內涵，為更深入探究課程內涵，應再理解建構課程的因素，亦即課程之來源、根源，或稱課程之基礎。美國教育家及課程理論家泰勒（Ralph Winfred Tyler, 1902-1994）被尊稱為「近代課程理論之父」及「教育評鑑之父」。泰勒在其名著《課程與教學的基本原理》（*Tyler's Basic principles of curriculum and instruction*），提出引導課程發展的四個問題架構：1.學校應該達成什麼教育目標？2.為了達成那些目標，學校應該提供學生哪些教育經驗？3.如何有效組織那些教育經驗？4.如何評量教育目標是否已經達成？（Tyler, 1949）此即現今所稱構成課程的四大要素：1.目標、2.內容、3.方法（或歷程）、4.評價；迄今無論正規教育或非正規教育的課程發展，都離不開該架構所揭示的範圍。而所謂課程的根源，是指影響課程目標、課程內容、課程實施、課程評價的一些基本領域（施良方，1997，p.29）。

探討課程之根源，應涵蓋課程目標、內容、方法、評價等要素，四個要素彼此關係密切不可分。泰勒（Tyler, 1949）的研究「課程目標來源」已隱含指出課程的五個根源：1.研究「學習者本身」；2.研究「當代的校外生活」；3.學科專家的建議；4.利用「哲學」；5.利用「學習心理學」（頁5-43）。卡爾（Kerr, 1973）從研究「課程目標來源」也隱含指出課程的三個根源：1.「學童」；2.「社會」；3.「學科」（頁185）。塔巴（Taba, 1962）是泰勒之嫡傳弟子，在其著作《課程發展之基礎》裡，指出課程的五個根源：1.「社會分析」；2.「文化分析」；3.「學習理論」；4.「發展之概念」；5.「知識之性質」（頁31-192）。彪強普（Beauchamp, 1968）的研

究「課程系統的輸入（來源）」，指出課程的六個根源：1.「教育之基礎」；2.「社區特徵」；3.「有關的人類性格」；4.「學校在課程事務方面的經驗」；5.「學科知識」；6.「相關的社會和文化價值」（頁114）。謝拉和亞力山大（Saylor & Alexander, 1966）在「課程設計歷程的一種模式」論文中，指出課程的五個根源：1.「學生」；2.「社會價值、結構和需求」；3.「學校的功能和目標」；4.「知識的本質」；5.「學習之歷程」（p.7）。勞敦（Lawton, 1973）在其著作《社會變遷、教育理論和課程設計》書中，指出影響或塑造課程的三大根源：1.「知識之結構與組織」；2.「社會因素」；3.「心理學之理論」（頁22-75）。塔納（Tanner, 1975）在其著作《課程發展──理論與實際》書中，指出課程之來源有三：1.「社會」；2.「知識」；3.「學習者」（頁100-141）。傑伊斯（Zais, 1976）在著作《課程之原則及基礎》書中，也指出課程之基礎包括四大領域：1.「哲學和知識之性質」；2.「社會和文化」；3.「個體」（即學習者）4.「學習理論」（頁15-16）。麥克唐納（Macdonald, 1975）也明確指出課程理論必須關心三件事：1.屬於「本體論」者，亦即人性問題；2.屬於「價值論」者，此即社會及文化價值理論問題；3.屬於「認識論」者，即知識的性質問題（頁8）。歐恩斯坦和漢金斯（Ornstein & Hunkins, 2004）指出課程的主要基礎理論是：哲學、歷史、心理學及社會。我國學者黃炳煌（1984）研究課程理論之四大基礎為「心理學」、「社會學」、「哲學」和「知識之結構」；他同時認為「知識之性質與哲學領域中的認識論有密不可分的關係，把兩者併在一章討論，在理論上亦無不可。」（頁6）王文科（2007）指出課程的基礎包含哲學（如知識論）、心理學（如學習理論和認知形式等）、社會學（如文化政治、社會價值、意識形態、後現代主義等），且因受到時代的影響，課程是「不斷發展的過程」。

　　綜合學者對「課程之根源」的研究，得知「社會」領域是課程

71

的重要根源之一。彙整前述學者在「社會」領域的不同名稱，包含「當代的校外生活」（Tyler, 1949）、「社會」（Kerr, 1973；Tanner, 1975）、「社會分析」與「文化分析」（Taba, 1962）、「社區特徵」與「相關的社會和文化價值」（Beauchamp, 1968）、「社會價值、結構和需求」（Saylor & Alexander, 1966）、「社會因素」（Lawton, 1973）、「社會和文化」（Zais, 1976）、「價值論」（Macdonald, 1975）、「社會學」（黃炳煌，1984）等。以上名稱，從平實的話語稱呼「當代的校外生活」，以及每一天面對的「社區特徵」名稱，而至學術用語「社會和文化、社會因素、社會學、價值論」等名稱，都強調社區在課程領域中應有的角色地位。

社區已是「課程之根源或基礎」的重要領域，社區在幼兒生活世界裡，是僅次於家庭生活的生態環境。從生態學觀點，經由中間系統家庭與幼兒園照顧者的帶領，擴展幼兒的社區生活經驗成為微系統，陪同幼兒充份經驗而納入微系統，即把外系統逐漸納入微系統內，增進幼兒成長。幼兒園教保服務人員擔負著幼兒教育及照顧之重任，從社會領域層面觀點，實施社區融合教保活動課程即是在擔任中間系統的聯繫工作，對於幼兒的身心發展擔負著關鍵功能的角色。

第二節　課程理論

學者陳伯璋（2003）研究近百年的課程發展，分為三個時期：1.科學實證典範研究時期。以學科專門知識的選擇為依據，其目標是可預期的、可控制、掌控的，可量化評量的。布魯納（J. S. Bruner）教育的過程及「泰勒模式」為此時期之代表。2.再概念化運動時期。提出「質」的研究方法論。注重從學習的過程中把握學習者和教師的關係，把握意義或價值的形成與創造，重視課程本身性質和基本問題

的理論分析，注意概念在教育實踐中的意義等。擺脫了「技術」、效率模式的研究朝向意義和價值創造的開展，且批判和檢視課程發展背後的基本假設和特殊的意識形態。其主要派別歸納為兩大陣營，其一是「現象－詮釋學」取向，注重人的價值、情感、直覺和意義的創造；另一是「批判意識」取向，強調批判解構。3.後現代多元文化時期。對於去中心化、反體制、反權威、非連續、非線性、多元化的解構精神相當明顯，對於同一性、普遍性和「巨型敘述」（meta narrative）提出挑戰，且宣示「再建構」，屬於課程研究的第三勢力。

　　學校課程是「不斷發展的過程」，課程理論必須與實務相連結。實務工作者在實地探究與教學過程中，會重新檢視自己對課程理論與實務議題的認知，藉由辯證反思得以不斷地修正自己的課程理解與詮釋。從回顧過往的研究心得與論述內容，會驚覺自己課程知識的生成經驗，其實也就是一種不斷「解構」與「重建」的動態發展過程，因此可以追溯成長軌跡的脈絡與方向，然而卻無法限制後來發展的各種可能（甄曉蘭，2004，pp.2-3）。理論因實務而生成，實務因理論而堅實擴展。黃光雄（2004）認為理論與實務是一體的兩個面，課程實務需要課程理論的支持，而課程理論需要課程實務的印證，兩者透過互動，理論變得更堅實、而實務變得更有效。余安邦（2005）推動實施「社區有教室」課程改革，發現「課程發展」是一個動態循環的辯證過程，也是一個肯定、否定、再肯定、再否定的變遷過程，更是一個建構、解構、與再建構的歷史過程。王文科（2007）分析課程理論的六大功能：描述、解釋、探究、預測、批判及指引實際課程現象，從中得知課程理論與實務關係的互惠與互濟。（p.133）

　　課程理論因為學者的不同觀點而有不同分類，因而在實施上會形成不同的取向。例如：1.麥可尼爾（McNeil, J. D., 1985）的軟性課程與硬性課程理論，前者有如派納爾（Pinar, W. F., 1975），後者有如瓦克（Walker, D., 1990）。2.艾斯納與范蘭絲（Eisner, E. W. &

Vallance, E., 1974）的五種課程取向：認知過程觀點、課程即技術取向、自我實現觀點、社會重建-關聯取向，以及學術理性觀等課程理論。3.休尼珂（Huenecke, D., 1982）結構理論、批判理論、實質理論的課程理論。

除了以上三種理論觀點，美國學者葛拉松（Glatthorn, A. A., 1987）則創見的提出以下四種課程理論觀點：（參考王文科，2007，頁131-163）

一、結構取向理論（structure-oriented theories）

在於分析課程的組成因素及其相互之間的關係，以及描述與解釋課程的諸因素在教育情境內交互作用的方式。結構取向理論者或採鉅觀層次，如課程決定的層次（Goodlad ed., J. L., 1979）；或採微觀層次，如發生在學校與教學層級的課程內容排列（Posner & Strike, 1976）。鉅觀層次的四個課程決定的領域：社會的領域或層級（國家政治、社會時事）、機構的領域或層級（課程標準或大綱）、教學的領域或層級（教室裡的教學決定）、個人或經驗的領域或層級（學習者的經驗發展）。微觀層次特別關注發生在學校與教學層級的課程現象，其排列課程內容順序的五項原則：與世界有關的原理、與概念有關的原理、與探究有關的原理、與學習有關的原理、與效用有關的原理等。

二、價值取向理論（value-oriented theories）

強調「教育意識」的顯現，探討教育上知識傳遞的意識形態，目的為讓教育工作者對存在於課程中的潛在價值與明顯價值能夠有敏銳的感應，被稱為「批判論者」或「再概念論者」。價值取向理論有以探討個人者，以麥唐納（MacDonald, J. B., 1977）為代表，有以探

討環境者，以艾波（Apple, M., 1977）為代表。

　　艾波（1979）認為，學校機構不是一個中立的企業，教育和經濟結構之間的關係，是一種結構性的問題。教育除了是意識型態再製（ideological reproduction）的力量，也在社會的經濟部門中扮演著「再製不平等」的功能。他指出在談論共同文化時，我們不應該談論某一些「一致、統一」的東西，或是一些大家都應該「遵從」的東西，所有的學生都學習「特定團體」的價值，這就是所謂的意識型態的霸權（hegemony），或稱政治上同化的霸權作為。

　　陳伯璋（1985）引述學者Illich在《Deschooling society》論文中提到的「學校像教堂、材料像聖經、老師像傳教士，學生是迷途的羔羊，透過儀式化的教學活動，使學生社會化成功，成為政治上的順民、經濟上的工人、文化上的消費者。」據而批判「教育看似使人解脫，實則束縛人性，教育不是中立的，而是權力的競技場。」以上為艾波價值取向的批判思維，很值得幼兒教保服務人員深度省思，警惕切勿停留在教師本位教保模式，應以幼兒為主體，實施幼兒本位課程，避免再製不平等。

三、內容取向理論（conten-oriented theories）

　　關注的重點在於探討影響課程內容選擇與組織的主要來源，包括有兒童中心課程（區分有情意教育取向、開放教育取向、發展教育取向）、知識中心課程（如學科的結構、認知方式），以及以社會秩序作為決定課程的起點與基本因素的社會中心課程（區分如順從者的觀點、改革者的觀點、未來者的觀點、激進者的觀點等）。

四、過程取向理論（process-oriented theories）

　　關注課程發展的過程，對課程計畫過程詳予探討，做有系統的

探究。葛拉松（Glatthorn, A. A., 1987）提出檢核課程過程的分析系統，包含以下十四個描述因素：

（一）在發展期間應由什麼團體或支持者代表參加？

（二）在發展期，建議採用哪種參與結構 —— 獨白式的、參與式的、對話式的？

（三）在整個過程中應考慮哪些形成的因素？

（四）在實際的思考過程中，應以哪項課程要素作為起點？

（五）哪些課程要素須特別予以考慮 —— 以及此種考慮應採什麼順序進行？

（六）哪些組織結構須特別予以考慮 —— 以及其順序 —— 課程結構、單元、各課、各課的成分 —— 如何？

（七）從元素進展至元素，或從結構進展至結構，須採直線式的或遞歸式的？

（八）什麼課程意象與隱喻，似乎會對該過程產生影響？

（九）一般解決問題的方式如科技的、理性的、直覺的或協商的，哪一種在該過程中運用？

（十）有關課程成品的形式與內容，提出什麼建議？

（十一）有關課程成品的實施，提出什麼建議？

（十二）有關課程成品的評估，提出什麼建議？

（十三）參與者使用什麼規準評估該過程的品質與效能？

（十四）發展者對於課程的政治層面的敏銳感，應達到什麼程度？

基於描述、解釋、預測、批判課程現象與引導課程發展之目的，以上列舉五種課程專家的理論觀點，其中以葛拉松的課程理論分類，最為明顯，葛氏把課程理論區分有結構取向、價值取向、內容取向，以及過程取向等類別，概念清晰明確，列為本書立論參考。很顯然的，我國幼兒園教保活動課程大綱因為特別強調幼兒主體、幼兒本位精神，以及幼兒生活經驗，因此係採取內容取向為主發展而成，密切

配合家庭與社區，以統整方式實施的統整課程建構。

☺ 第三節　學前幼兒課程實施模式

　　學校課程實施模式，意指教育計畫中的基本哲學、行政與教育等之成分概念性表徵；此一概念包含內部一致性的理論前提、行政政策，以及教學秩序等，據以達成所預期的教育成果；其概念模式可以做為教育決策時的基礎，當決策轉換成為行動時，就稱之為模式的應用（Evans, 1982）。簡楚瑛（2002）指出每一種課程模式都應有其理論上之心理學、社會學、哲學和知識論基礎，以及課程本身所包含的四個要素：教育目標、課程內容、教學方法與評鑑。

　　先進國家之學前幼兒教保課程模式如美國，已由國內學者介紹者有包括：1.廣泛模式：針對父母親與嬰幼兒的課程之家庭中心模式、艾力克森模式、行為分析與原理模式、建構主義模式、方案教學模式、蒙特梭利教育模式、混齡教學模式；2.特殊模式：波堤區方案（The Portage Project）、河岸教育學院發展互動模式、高瞻幼兒教保課程模式、歐蘇貝利安學前班級課程模式、培育幼兒成為思想家的教育模式、瑞吉歐艾米利亞模式；3.整合性議題：融合教育模式、21世紀文化相對及多元文化及反偏見的教育模式等（蔡明昌、陳若琳、賴碧慧、范仲如、楊慧美、林鴻瑜、陳秀玲、陳真真合譯，2001；Roopnar & Johnson 原著）。

　　我國常見實施的幼兒園教保活動課程模式包括：單元教學實施模式、學習角與大學習區教學實施模式、開放角落+主題+情境教學實施模式、人文主義課程實施模式、華德福幼教課程實施模式、方案教學實施模式、蒙特梭利課程實施模式、皮亞傑建構理論課程實施模式等（簡楚瑛、盧素碧、蘇愛秋、劉玉燕、漢菊德、林玉珠、吳嬿華、張孝筠、林士真、鄭秀容、幸曼玲，2002；盧美貴，2013），

以及經由實驗發展的多元智能取向之幼兒適性教育模式（鄭博眞，2008）。

　　主題課程是目前我國最常被聽到及實施的模式，然而主題課程的內涵是統整，主題課程應依附在以上任何課程模式之中，或屬於統整了以上所有的課程模式的實務應用。茲介紹我國常見幼教課程教保實施模式及其核心元素如下：

一、單元教學實施模式

　　單元教學法是我國在民國48年爲改革當時教師以「逐句講話語句」教案教學，爲學者專家所建議的教學方法（瞿述祖，1961，頁2-7；饒朋湘，1961，頁5-7）；且於民國50年9月頒布《國民學校充分利用學校場所充實教育設備改進教學方法實施辦法》推行單元教學法，更利用所謂的「重點輔導學校」方式，透過當時的教育廳行政命令大力推廣（朱匯森，1963，頁6；饒朋湘，1966，頁204）。單元教學法適用於以一個生活上重要問題爲中心的完整學習活動（盧素碧，2002；任慶儀，2013）。以「問題探究」代替「教師講述」是單元教學法的最大特色；透過動態的活動，學習解決問題的方式是它的基本模式；因此在實施單元教學法的時候，問題的提出是最重要的工作（任慶儀，2013）。

　　幼稚園於民國54年至59年間開始做實驗，於是才有現在的大單元教學活動設計及單元教學活動設計之分別（盧素碧，2002）。大單元教學活動設計是把相關的數個單元構成一個大單元，活動的時間較長，約四到六週。單元教學法包括三項前置作業與三階段主要教學活動（任慶儀，2013）。三項前置作業分別爲：1.單元目標的擬定，2.探究問題的提出，3.教學資料的準備。其三階段的主要教學活動分別是：1.準備活動，2.發展活動，3.綜合活動。

二、學習角落與大學習區教學實施模式

　　學習角落、學習區，不等於「角落教學」。角落教學一詞被解讀成爲老師帶領幼兒在學習角從事教學的代名詞，把在學習區所陳列的教具，誤解爲每日帶一組幼兒在進行教學。學習區（角）真正的意義，專指提供幼兒自我探索，依幼兒個人自由選擇嚮往的教具或玩具，充分發揮自我學習的本能，同時培養自我糾正的能力，有時各自操作，有時是與同伴合作，並不需要老師從旁指導，否則就變成干擾（蘇愛秋，2002）。強調開放教育的實施。

　　各學習區布置係依幼兒成長過程中「全面發展需要」取向來充實內容，包括小肌肉操作練習、大小肌肉協調發展練習、視聽能力發展的培養、音樂戲劇的陶冶、探討科學的學習態度、認知發展的基本概念之吸收等（蘇愛秋，2002）。例如畫到區、「聊天區、獨處區、隱密區」、閱讀區、積木區、科學區、美勞區、玩具操作區、拆卸區等（蘇愛秋，2002）。以上學習區之規劃猶如蒙氏教具的放大版。

　　大學習區教學模式已靈活運用以下多個教育家理論：1.布魯納（Bruner）理論主張由內在動機引起的學習動機，以及學生「學習如何發現」的「過程」的學習，以及發現的本身便是獎賞的增強與回饋原則。2.盧梭以兒童爲本位及因材施教的教育思想。3.福祿貝爾主張應注重幼兒的本性需要，循序漸進地獲得均衡發展，以及注重幼兒本能的自我活動，注重人不能脫離社會生活的社會參與等教育思想。4.蒙特梭利的兩項教育原則：尊重幼兒的學習自由，自動去發現的學習，指出幼兒的學習應以感官爲基礎，以思考爲過程，以自由爲目的；以及教師的義務原則，幼兒的責任原則。5.杜威的人本主義思想。6.皮亞傑建構主義。7.英國不拘形式的教育理念（蘇愛秋，2002）。

三、開放角落+主題+情境教學實施模式

　　教學模式起源於佳美幼兒園的創新教學，其幼兒園辦學從初始設立的實施教師本位教學，到實施幼兒本位教學，歷經四度轉換如下：傳統教學期（民國54年～63年）→開放角落前期（民國63年～69年）→開放角落後期（民國69年～78年）→開放角落+主題+情境（民國78年～目前）。

　　以上，1.「傳統教學期」指的是全班排排坐，單向灌輸，沒有學習角落。2.「開放角落前期」指的是兩個班共用一個大教室的學習角落，教師被要求要多補充角落材料，教師只是把原來單向授課的注音符號、算數、寫字等內容轉換成角落的教具，或是將這些教學轉變成以遊戲的方式來教導，也就是只是在將「教學遊戲化」而已。3.「開放角落後期」指的是全校所有的班級教室都改成角落教室，每個班都是角落教學，不再有排排坐的教學形式了，致力於怎樣讓「角落反映單元主題」，完整的角落至少要包含圖書、美術、創作、科學、玩具、裝扮、音樂、生物等。4.「開放角落+主題+情境」指的是教學強調統整性，每個角落就是一個情境，如同攤位般的可以扮演的戲劇情境，或是可以遊戲的攤位，重視從無到有的生產創造活動，須運用專業人士資源（劉玉燕，2002）。「開放角落+主題+情境」模式重視開放與統整的歷程，是本土教育發展出來的幼兒園開放教學模式。

四、人文主義課程實施模式

　　課程發展的哲學為「全人教育觀」，指的是良善與以「仁」規範個人行為，重視知、情、意合一的完整教育，尊重及滿足兒發展需求。其生命哲學背景包含：1.從生命的起源看過程與創造，指出當生命演進到進入人類之前的那一刻時就是「人類的轉捩點」，稱之「萌發點」，這個點是創造的契機。2.從生命的目的看創造的基礎-

「仁」，指出人是「天」的兒女，天以「仁」創育了人、作育萬物，就是「創造的愛」，這是積極而健康的愛，譬如尊重、關心、責任、知識，不是占有而是付出；不同於有傷害的愛。人要主動的率「性」而行，實踐「天道」運行的原始動力-仁」，「仁」是兩人以上才會產生的，也就是愛。論語中提及「仁」一百多次，都不是單指某一種德行，而是指至善-一種整體的表現，一種圓滿而完美的行爲表現。儒家的「天」、「仁」是人文主義的，要得「仁」不靠祈禱，直接靠個人的身體力行，目的不再爲「原罪」贖罪，而在實現人性「眞我」。創造的愛是順其眞我而行的，不是求自外在的權威、教條（漢菊德，2002）。

　　課程實施基於皮亞傑建構理論，包含方案教學、資源探索、學習區活動、感性活動四大項。實施方案教學，師生透過探索、體驗、討論、計畫、行動……等歷程。資源探索安排校外實地參訪活動，如：探索周遭龍山寺廟宇建築、窗花、圖騰、敬拜神明……等，爲擴展生活經驗及建構基本的生活知能。

　　學習區活動強調自主學習，學習區是園內資源探索的一部分，是刻意布置的場景，設計適合幼兒、可實際操作又具引導作用的學習區活動，開放幼兒自我選擇與參與，增進學習興趣與技能，爲的是幼兒興趣的培養和基本能力的建構，也是方案教學的另一種補強。感性活動爲培養良好的人格教育。

五、Waldorf（娃得福、華德福）幼教課程實施模式

　　華德福教育的創始人魯道夫・史代納（Rudolf Steiner, 1861-1925）是一位奧地利科學家、思想家和教育家。華德福教育理論基礎在於三項主張：「人智學」（Anthroposophy）的哲學基礎、「人的七年發展週期觀」的心理學基礎、「三元社會秩序說」（Threefold Social Order）的社會學基礎（張淑芳，2005）。

(一)人智學

探討的是人的本質，人與宇宙及自然世界互動的關係。人的本質指的是：人是由身體（body）、心靈（soul）、精神（spirit）三方面結合而成（Almon, 1995；Maher, 1995a: 12；林玉珠，2002；張淑芳，2005），哲學觀點如表4-1。透過教育可以促進個人的身體、心靈、精神之和諧開展。

表4-1　史代納主張人智學對人的三元組成之觀點

身體（body）	心靈（soul）	精神（spirit）
頭（大腦）：神經／感覺系統	思考 （thinking）	意識：清醒 （waking）
心（胸部）：韻律／節奏心肺系統	感受 （feeling）	半意識：夢幻 （dreaming）
手（四肢）：新陳代謝／四肢系統	意志 （willing）	無意識：睡眠 （sleeping）

資料來源：張淑芳（2005）；張淑芳整理自Childs（1998: 38）、Steiner
　　　　　（1996b），和Steiner（2001b: 37-52）。

(二)人的七年發展週期觀

指的是Steiner從時間的向度來分析人的結構，認為人由四種元素所組成：身體、生命體、感知體、自我；人的這四種元素組成，並不是在一出生時就全部顯現與運作，而是在不同階段執行不同的發展任務。0至7歲為幼年期，7至14歲為童年期，14至21歲為青少年期。0歲身體出生至7歲，為培養意志力，養成「善」；7歲生命體出現至14歲，為培養感受力，感受「美」；14歲感知體出現至21歲為培養思考力，追求「真」；21歲自我出現自我教育人格形成（張淑芳，2005；柯勝文譯，2002: 23；黃曉星，2002: 3-7；Childs, 1998:

30-50; Rawson & Richter, 2000: 14-19; Steiner, 1995a: 97-127, 1996a: 1-39; Trostli, 1998: 4-10, 11-43; Steiner, 1997b）。其觀點如表4-2。

表4-2　史代納主張人的不同成長階段與身心靈發展之重點

生命成長階段	活躍的身體結構	活躍的心靈能力	精神意識狀態
幼年	身體／生命體	意志	睡眠
童年	生命體／感知體	感受	夢幻
青少年、成年	感知體／自我	思考	清醒

資料來源：張淑芳（2005）；張淑芳修改自Schwartz（1999：125）。

（三）三元社會秩序說

　　指的是人類健全的社會生活主要原則必須顧及三方面：在文化、知識、宗教等精神靈性領域上的自由；在政治、法定權利上的平等；在經濟事務上互助的博愛。國家不是一個單一體，而是一個靈性、權利、經濟的三政共和體（Childs, 1995: 4; 林玉珠，2002）。

　　華德福學校是一種實現「人智學」理念的教育機構，目的在於引導孩子成為一個身、心、靈完全自由的人。國家是一個大環境，大環境的文化自由、政治平等、經濟博愛必然影響教育的發展。學前教育應依循個體身心發展特徵實施，協助幼兒身心健全發展。學前課程模式，從依循哲學、心理學、社會學基礎所安排的每日作息表活動可得知。課程包含上午八時歡迎小朋友到校→接續實施晨頌、早點心（有一天安排烹飪）、主要課程係每天安排不同的創意遊戲（水彩畫與創意遊戲、蠟捏塑與創意遊戲、日文與創意遊戲、手工與創意遊戲、英文與創意遊戲、其他）、送玩具回家、團聚或故事、午餐與午睡、午點心、大班戲劇（或混齡班故事、布偶戲、大班數學或故事）→下午四時放學（林玉珠，2002）。

六、方案課程取向（The Project Approach）實施模式

一個方案（project）是將一個主題做擴展的深度研究，方案應用在教學上係指課程裡融入主題的深度調查學習活動，方案教學的提出即在反對傳統上以「科目（subjects）」型態為本位的課程組織。1918年方案教學倡導者克伯屈（William H. Kilpartrick）發表The Project Method著作，指出最先的靈感來自於杜威（John Dewey）的「問題解決法（problem solving）」觀點，但他認為杜威的「問題解決法」過於侷限思考層面，而忽略行動，所以另外擷取杜威「做中學」的見解，主張只有在行動中才能求得知識，知識唯有依賴行動方能完成，因而提出「方案教學」（黃昆輝，1986）。方案教學在進步主義時代經由克伯屈加以倡導，之後就被視為「方案教學法（project method）」，其基本假設是「當孩子充分投入他們的興趣並以他們的興趣為中心時，孩子學得最好」（Tanner, 1997；陳秀玲，2001）。

「方案（project）」的定義，克伯屈的界定係指「一個有目的的活動或經驗；在活動中學生內心為此項目所驅策，而決定其活動計畫以及進行的步驟，學生有學習的動機。」（黃昆輝，1986，p.252）。簡言之，方案是「對一個主題（topics）或論題（themes）做更深入的探討」；「主題」通常是較具體的、與日常生活有關的；而「論題」則是較抽象的概念或想法之間的連結。Chard（1998a）指出對年幼的孩童來說，具體的、當地的、現代的和小範圍的主題較適合，因為那能夠與他們的先前經驗結合。方案工作的實施分三階段：1.開始階段的主題形成，包含選擇主題、考慮學生的異質性、為參與民主社會做準備等，2.方案進行中，包含田野工作、回到教室工作等，3.方案總結，指的是完成個人和團體的作品，並且摘要和檢視學習的情形（Chard, 1998b; 陳秀玲，2001；蔡慶賢，2003；林育

瑋、王怡云、鄭立俐，2002）。以上三個階段經歸納成方案教學的五個結構性要點：1.團體討論，2.實地參訪，3.發表，4.調查，5.展示（Chard, 1998b；蔡慶賢，2003）。以上三個階段與歷程中的五個結構性要點，說明方案教學是一種屬於課程融入深度調查方案的學習活動；從其歷程中的五個結構性要點觀察，就幼兒園實施而言，雖然聲稱以幼兒本位實施，卻因為缺乏遊戲活動，整體上仍然傾向於認知領域的學習活動，幼兒園教師應用時需做適當的調整。

Katz和Chard（2000）指出方案取向（The Project Approach）的理論基礎，係建立於能夠滿足每個教育階段學生的四種型態學習目的：1.有意義知識（knowledge）的建構，2.獲得心智動作和社交技能（skills）的發展，3.加強所欲的意向或性情（dispositions），4.激發個別學習和團體學習參與者的正向情感（feelings）。以上性情和情感是伴隨知識的建構與獲得，以及技能的的學習過程而來的。知識可被廣泛地定義為意見、概念、認知基模、事實、資訊、故事、神話、傳說、歌曲和其他心智的內容等。技能被定義為小的、分開的以及比較簡單的行動，例如剪、畫、數一堆物體，和同儕協調的活動、精細和粗略的運動技能等。性情被定義為比較持久的心智習慣，或反應不同情況經驗的獨特方式，例如工作的持續力、好奇心、慷慨或貪婪、研究或解決問題的傾向等。情感指的是主觀的情緒或感情的狀況，例如擁有、自尊、信心、適當或不適當、有能力或無能力、焦慮等感覺等。以上可歸類為知識與技能、情感與意志、社會能力的發展。

一個方案可以和正式的系統教學互補，能補充和支持較正式的系統教學。Katz和Chard（2000）指出，一個方案是一個主題的擴展的深度研究，通常由整個班級，有時是由一個班級內的小團體，偶而會由個別兒童來進行；即使方案是由整個班級來進行，兒童通常會以小團體和個人的形式來進行和這個較大的研究主題相關的特定次主題。

當方案教學做為3歲至8歲幼兒課程的「一部分」時，方案工作與學校課程的其他方面是處於互補的關係，而不是整個教學方法或典範，因此不需要放棄很多支持幼兒發展和學習的其他教育機會。這種學習方式，不僅讓兒童與幼兒對校園的學習變得有趣，對教師也是（陳秀玲，2001, p.8-23）。

方案教學在我國的發展，起始於民國81年簡楚瑛教授在新竹市舉辦的「方案教學」第一次講座及接續的推廣計畫（吳嬿華，2002），包含輔導國立新竹師院（現今新竹教育大學前身）附設幼稚園「方案教學」及發表教學心得於《幼教資訊》。民國83年新竹師院辦理「方案課程發展模式研討會」，在簡楚瑛教授的引介下，會中邀請義大利瑞吉歐艾米利亞（Reggio Emilia）教育工作者以及國內四所幼稚園分享教學經驗，影響國內對方案教學正向發展，因而瑞吉歐艾蜜莉亞學前教育機構被歸類為方案課程。簡教授稱方案課程不屬於課程模式的一種，卻是國內討論甚多的一種教學方法與課程（簡楚瑛，2002，序言頁9）。迄今方案教學法應用在社區融合課程，已有甚多論文研究與實務，已然受到重視。

七、蒙特梭利課程實施模式

教育家蒙特梭利（Montessori, 1870-1952）從觀察兒童活動中產生新的教育思想，名之「科學教學法」（Method of Scientific Pedago），後被各國稱為「蒙特梭利教學法」（Montessori Method）（盧美貴，2013）。1896年蒙特梭利於羅馬大學修習完成精神病學有關「對抗的幻覺」博士論文畢業，成為義大利第一位女性醫學博士。畢業的前兩學年，她在羅馬一家心理專科醫院擔任助理，特別專注兒童醫學，並且在兒童醫院的兒童心理部門擔任助理醫師，她將智能遲緩教育的先驅加斯帕爾‧伊達（G. Itard）和愛德華‧塞根（E.

Seguin）關於「心理學方法」的教科書翻譯成義大利文，因而對他們的教育理論和教具有了深入研究，逐漸發展出她的教育理論和方法（維基百科，瑪麗亞‧蒙特梭利，頁面最後修訂於2015年10月3日，03：29）。

　　根據蒙特梭利及其追隨者著作，蒙氏課程模式的理論基礎包含：1.「兒童發展」之論點，2.「兒童學習」之論點，3.「自由觀」之論點（Montessori, 1964; 1966; 1967; Standing, 1957; 相良敦子，1991；岩田陽子，1991；石井昭子等人，1991；簡楚瑛，2002）。以上理論基礎說明如下：1.兒童並非成人的縮小，蒙氏的「兒童發展論」指出兒童與大人有完全不同的心智，兒童仍在不停地成長與變化，而成人已經成長到一個一定的標準了；因此在教育過程中，就不應以大人的價值觀與行事原則來約束幼兒，不應忽視兒童內在生命力的步調、節奏、需要與價值意識。蒙氏指出人類到了24歲左右才算是真正完成成長階段，而兒童期之發展階段約到18歲結束，分成三個階段：0至6歲、6至12歲、12至18歲。以上0至6歲屬於幼兒階段「吸收性心智」時期，是語言、秩序、感官和良好行為的敏感期，可分為0至3歲的無意識吸收期，以及3至6歲的有意識吸收。2.蒙氏的「兒童學習論」指出教育必須順從生命的法則進行，協助兒童逐漸地展開其內在的潛能。兒童產生學習與持續學習的動力來源，是藉由自發性重複的操作四周物品之行為來開發心智活動，透過本身的力量來而提升自我，此即學習。0至3歲幼兒毫不費力地自其周遭環境攝取成長所需資訊，3至6歲則從自我有意識地引導學習。幼兒的學習應順應且多加利用語言、秩序、感官和良好行為發展的敏感期，這是個最佳的學習契機。3.對學習的「自由」觀點，當實際觀察蒙氏教學時，都會發現教師要求兒童須依一定的程序來使用教具；另一方面蒙氏卻強調兒童應有權利選擇自己要做什麼和決定自己工作要做到什麼程度的權力，重視兒童學習的自由，強調是以自由為基礎的教學法。以上產生

教學實務上「太壓抑兒童自發性學習」與理論上「太放任兒童」的相互矛盾之批評。對此蒙特梭利的解釋「一般人認為兒童進到教室裡，可能是出於好奇心而選擇某樣工作；事實上，激發兒童學習的不是好奇心，而是當他對某一件事了解後，會自動地開始廣泛地活動，此時活動的目的是為了心智上的成長。當兒童對某項工作有了認識後，他就可以隨著自己的喜好來進行工作。」（簡楚瑛，2002，p.388）意指兒童並未被允許去做「任何他喜歡的事」，他只能「自由選擇好的與有用的工作」。

　　蒙特梭利的教育模式，其內容有五大課程，即日常生活訓練、感覺教育、數學教育、語言教育、文化教育。感覺教育以日常生活訓練為踏板，而為其餘三個課程的基礎，她深信各種感官的訓練，可以促使兒童智慧上發展（盧美貴，2013）。蒙氏之教育思想具體呈現的媒介就是「教具」，稱之「蒙特梭利教具」，蒙特梭利教具的主要意義在於藉著外在刺激物激發幼兒內在的生命力，其特性包括：性質的孤立化讓幼兒單獨學習某一概念、被具體化的抽象、自我校正與控制錯誤的功能、可移動性，以及符合兒童身心發展的教具（簡楚瑛，2002）。蒙特梭利教具的提示方式包含：團體提示（給全體兒童的提示）、小組提示（給二人以上的提示）、個人提示（對一個孩子的提示）（岩田陽子，1991）。蒙特梭利教學評量是以教具為中心，依據教具的系統性，教師觀察幼兒教具的操作，從示範、正確的模仿、錯誤的訂正、多次練習開始進行教學評量。觀察時應注意以下五項要點：1.設定明確的觀察目標，2.明確地列舉觀察項目，3.做好周全準備、決定時間、持續地觀察，4.配合觀察項目，做出客觀的摘要記錄，5.與其他觀察者比較與檢討，做出綜合性的判斷（岩田陽子，1991；簡楚瑛，2002）。

八、皮亞傑建構理論課程實施模式

　　瑞士哲學家皮亞傑（Jean William Fritz Piaget,1896-1980），被世人尊稱是近代最有名的發展心理學家。他的認知發展理論已成爲發展心理學的典範，其理論內涵基本上分成結構論和建構論二部分。前者係爲探討發展了「什麼」（what）；後者在詮釋「如何」發展（幸曼玲，2002）。就發展「什麼」而言，他眞正關心的是一般人普遍性（universal）的發展狀態，稱之爲普遍性的建構觀點（universal-constructivist perspective），皮亞傑研究個體心理結構的發展分爲四個階段，依年齡的發展順序分別是感覺-動作期、運思預備期、具體運思期，和形式運思期等（Cole & Cole, 1993）。就認知結構「如何」發展而言，皮亞傑指出知識是經由個體透過與環境的互動，因個體對外在環境行動而建立、建構而成。此一知識建構的過程，必須包含三層要素：1.個體必須要有先前知識（按此不同於行爲主義對孩子的假設稱孩子生來是一張白紙，致環境可以將孩子塑造成任何人）；2.個體必須主動地對外在環境產生行動（按此屬主動的互動論者）；3.知識的建立、建構是一點一滴透過個體反思（reflect）的結果（Inagaki, 1992）。幸曼玲（2002）指出一般發展心理學理論在討論認知結構「如何」發展時，總是簡單地以「同化」（assimilation）、「調適」（accomodation）、「平衡」（equilibram）三個概念來說明個體建構知識的過程；但是事實上，皮亞傑的想法卻遠比這些概念複雜得多。

　　實務上依據皮亞傑理論所實施的幼教方案，教育目標的設定有強調結構論者，也有強調建構論者。強調結構論者認爲教育目的就是利用練習的方式，採用皮亞傑測量階段的工作項目作爲訓練的素材（如一對一的對應、數的保留……等作業項目），利用練習的方式培養幼兒從運思前期進步到具體運思期的思考方式，如Lavatelli幼教方案；

或者以「皮亞傑式的技巧」為主要目標（如分類、序列、時間關係和空間關係等），因為這些技巧與學科知識的獲得有直接關係，藉以獲得學科好成績之學業成就目標，如早期高瞻遠矚（High Scope）幼教方案（Hohmann, Banat & Weikart, 1979）。

至於強調建構論者的幼教方案，認為教育的目的不僅是豐富孩子的心靈，並且幫助孩子形成理性的思維能力。為達成以上目的，並非直接教孩子思考，而是提供一個讓孩子自由探索的環境，孩子在與環境直接互動的過程中促成了智能、道德和情感的發展，非常強調社會互動（DeVries & Kohlberg, 1987；幸曼玲，2002）；歷程中讓幼兒能自己尋找有趣的點子，願意自己發現問題，能夠自己尋找事物間的關聯性，並能注意到事物間的相同點與相異點，如Kamii和DeVries的幼教方案（Kamii & DeVries, 1975, 1977），如後期的高瞻遠矚（High Scope）幼教方案（簡楚瑛、鄭秀容，2002）。

皮亞傑主張的建構主義（constructivism）是指一種知識是由學習者建造，而不是由教師所提供的知識理論。此種知識理論經由薩摩爾‧帕巴特（Seymour Papert）的詮釋，替代以建構式主義（constructionism）稱之，特別強調這個建構過程「正在進行」之意義，這個過程特別巧妙地是發生在「學習者正在參與某些外在事情的建構過程……」（Harel, 1990）。比較「建構式主義（constructionism）」和「教學主義（instructionism）」的差異，帕巴特認為教師們不需要發現更好的教學方法，但是的確需要給予學習者更好的建構機會（楊慧美、林鴻瑜，2001）。

針對皮亞傑理論幼兒教育課程內容的研究，大致分為四個領域（幸曼玲，2002, pp.564-568）：1.幼兒物理知識活動（Kamii & DeVries, 1993），2.幼兒數活動（Kamii, 1982），3.幼兒團體遊戲（Kamii & DeVries, 1980），4.幼兒道德教育活動（DeVries & Zan, 1994）。

　　綜合學者對於皮亞傑建構理論的研究，發現學前幼兒教學方案在於提供素材，讓孩子有意願去思考，有目標去解決；希望透過素材的安排與提供，培養孩子成為自主的個體；且透過道德上的自主和心智上的自主，孩子才能發展成為全人，也才能逐步地往具體運思期發展（幸曼玲，2002）。Kamii和DeVries（1993）稱皮亞傑的各個階段所描述的認知結構是個體建構知識的「結果」，強調我們應該把「建構過程」作為個體發展的「過程」，主張「行動」、「主動」原則，包含對物體直接操弄的「物理行動」與內心產生的「心理行動」。DeVries和Kohlberg（1987）認為要發展孩子自發性的主動活動，教學應注意三項原則：孩子的興趣、容許犯錯的實驗機會，以及合作的機會等。且指出要了解孩子的興趣，就要到孩子的遊戲中去找尋；且指出教學不應讓孩子如看食譜般地依訂好的步驟照章行事，完全忽略了主動、建構所代表的意義；也指出透過社會關係的建立能達到合作目的，「社會情境」提供了孩子產生衝突、盡力協商的可能機會，也間接促進了孩子情感和道德的發展。因此皮亞傑建構理論課程模式，強調社會建構課程方案。

九、多元智能取向實施模式

　　美國哈佛大學教授迦納（H. Gardner, 1943-）從發展心理學與神經心理學領域，深入探究人類智能，於1983年完成《心智架構》（*Frames of mind*）一書，創立多元智能理論（Multiple intelligence theory）。理論主張智力是基於某種社會和文化環境的價值標準，個體能解決遇到難題的能力或生產及創造出某種產品所需要的能力。理論也指出如果我們堅持只用一張濾光板觀看心靈，原本像彩虹般那七彩繽紛的智能光譜，就會變成索然無味的白光。迦納不斷地與其他學者聯合發表論文，投入長達十年的光譜計畫研究（Gardner, 1999）。

依據多元智能量表丙式指導手冊（吳武典，2008）內容，迄今發現人的智力結構至少由九種智力要素組成。包含：語文智能、數學／邏輯智能、音樂智能、空間智能、身體動覺智能、知己（內省）智能、知人（人際）智能、知天（自然）智能、知道（存在）智能。

國內應用多元智能理論於國小教育方面，梁雲霞（2002）係在學校整體課程規劃中，畫出一個固定的時段，讓學生可以選擇學習內容，並且以自己的學習方式學習，規劃出「自主學習時間」。至於應用於學前幼兒教育方面，鄭博真（2008）依據幼兒年齡、特質、社會文化環境因素之適性教育，建構多元智能取向幼兒適性教育模式，提出六項原則與策略：1.營造尊重與關懷的社群，2.規劃個別中心的課程，3.實施多元方式的教學，4.實施智能公平的評量（檔案評量），5.設置多元的學習環境，6.建立親師協同的關係。其實施五個步驟如下：1.運用多元智能統整課程教學（包含下列計畫程序：選擇主題、設計學習活動、擬定學習目標、準備教材資源、安排教學流程及時間、決定教學評量、實施教學、評鑑教學），2.運用多元智能規劃學習區（包含下列計畫程序：學習區規劃階段、學生適應階段、活動實施階段、迷你課程實施、小老師協助學習、學生分享階段），3.評量幼兒多元智能發展，4.透過多元智能評量幼兒的學習理解，5.設計培育幼兒多元智能的活動。

十、直接教學實施模式

1981年在美國奧瑞根大學（University of Oregon）定名的直接教學模式（Direct Instruction Model，簡稱DI模式），係源自1960年代美國伊利諾大學（University of Illinois at Urbana）的貝瑞特（Bereitor, C. A.）和英格曼（Engelmam, S.）教授的推動，理論基礎係基於行為學派理論，據而強調學生的行為改變和個別差異並非來自於發

展，而是刺激與反應之間聯結的學習活動。其哲學觀點為（簡楚瑛，2002）：1.學習中的學生是接收體而非參與者。2.教保服務人員可以透過事先周詳的設計，使學生與環境互動來增加學生的學習。3.應用行為學派理論中的增強、塑造、懲罰、消弱等方法促進刺激與反應之間的聯結，使得學習行為產生（頁577）。據而得知DI模式係採行教師本位的教保活動取向。其長期目標，在於經由補救教學培養文化不利、低成就學生獲得基本的學習技能與競爭力，達成教育機會均等目的；進程目標為幫助五歲幼兒到三年級學生，達到各年級須具備的學業水準，進而提升積極的自我概念。教育目標強調以學業目標導向，其核心科目是閱讀、語言和算數（Becker et al., Bereiter & Engelmann, 1966; Goffin, 1994）。

　　以上介紹我國幼兒園常用十大課程模式，各有其哲學、心理學、社會學基礎，研究者歸納特徵如表4-3。

表4-3　我國幼兒園常用十大課程模式之特徵

課程模式	教保活動特徵
單元教學實施模式	取用問題探究、解決問題活動，代替教師講述法。
學習角落與大學習區教學實施模式	教師提供幼兒教具或玩具操作，幼兒自由選擇，發揮自我學習才能。
開放角落＋主題＋情境教學模式	重視從無到有的生產創造活動，每個角落就是一個情境，由幼兒生產創作逐漸完成，是可以遊戲的攤位，重視開放與統整的歷程。
人文主義教學實施模式	課程基於皮亞傑建構理論，課程實施包含方案教學、資源探索、學習區活動、感性活動四大項。其中資源探索、學習區活動、感性活動係為補強方案教學的不足。
華德福課程實施模式	依循個體身心發展特徵，協助幼兒身心健全發展，引導孩子成為一個身、心、靈完全自由的人。課程包含晨頌、早點心、主要課程、送玩具回家、團聚或故事、午餐與午睡、午點心、大班戲劇。

課程模式	教保活動特徵
方案取向教學實施模式	一個方案可以和正式的系統教學互補，能補充和支持較正式的系統教學。方案工作的實施分三階段：1.開始階段主題的形成，2.方案進行中，3.方案總結。三階段的五個結構性要點：1.團體討論，2.實地參訪，3.發表，4.調查，5.展示。
蒙特梭利課程實施模式	蒙氏之教育思想具體呈現的媒介就是「教具」，稱之「蒙特梭利教具」。蒙氏課程模式的理論基礎包含1.「兒童發展」之論點，兒童並非成人的縮小。2.「兒童學習」之論點，教育必須順從生命的法則進行。3.「自由觀」之論點，激發兒童學習的不是好奇心，而是為了心智上的成長。教育五大課程含日常生活訓練、感覺教育、數學教育、語言教育、文化教育。
皮亞傑建構主義課程實施模式	幼教應注意三項原則：幼兒的興趣、容許犯錯的實驗機會，以及合作的機會。學前幼兒教學方案在於提供素材，讓幼兒有意願去思考，有目標去解決，不應讓幼兒如看食譜般地依訂好的步驟照章行事，完全忽略了主動、建構所代表的意義；透過社會關係的建立能達到的合作目的，「社會情境」提供了幼兒產生衝突、盡力協商的可能機會，促進幼兒情感和道德的發展，強調社會建構課程方案。
多元智能取向實施模式	幼教歷程偏重教師本位教學，包含規劃多元智能統整課程教學、規劃多元學習區、評量、設計培育幼兒多元智能的活動。
直接教學實施模式	常用於補救教學，非常強調閱讀、算術、語言課程，運用增強原則，教師主導教學。

資料來源：本表由研究者整理

　　學者研究指出我國幼兒園教保活動，多數幼兒園依賴坊間教材，在教學方法上沒有依照各個教學模式的原理原則實施，導致教師本位主導教學。甚多教學者分不清楚實施對象與時機採用了直接教學課程模式，或者誤用了單元教學模式。兩者之教學內涵差異性比較，詳見附錄9。

　　依據表4-3內涵，並未列述有「全語文課程」與「沉浸式課程」。考述「全語文課程」內涵（Lonigan, C. J., Farver, J. M. & Phillips, B. M., 2011; Heydon, R., Crocker, W. & Zhang, Z., 2014），

係由於該項課程發展屬於哲學信念，應用於母語或第一語言教學，而「沉浸式課程」應用於第二語言教學，兩者都不符合教學模式之規範，實施上尚僅附屬在前述十大課程模式，且實施「沉浸式課程」目標，在於期望學習者能達到50%-60%的精熟度。

現今幼兒園教保活動當務之急，在於須輔導教學者熟悉各自選擇的課程及教保活動實施模式，且建議教育主管單位能依據現行課程暫行大綱，基於幼兒本位精神釐清課程內涵，引導教保服務人員實施相關幼兒本位之課程模式。

第四節 幼兒園課程教保模式實施要素

依前述我國常見幼教模式實施內涵，歸納理想幼兒園教保活動實施核心要素如下：直觀經驗與從做中學習、滿足需求與幼兒本位、遊戲中學習、多元文化與價值澄清教學、創造思考教學，以及課程統整等。茲深入探究其哲學及實務內涵如下：

一、直觀經驗結合做中學教保

距離現今400多年前，捷克人、被尊稱平民教育家、泛智主義（Pansophism）者、幼兒教保改革的先驅柯門紐斯（J. A. Comenius, 1592-1670）於1632年出版《大教育學》（*Didactica Magna*；*The Great Pedagogics*）一書，即已主張幼兒學習應以感官為媒介的直觀經驗，注重實地觀察之所得，因為實物教學比文字教學有效（Comenius, 1632；盧美貴，2013，p.207）。130年之後的1762年，自然主義教保思想家盧梭（J. J. Rousseau, 1712-1778）出版著作《愛彌兒》（*Emile*）和《民約論》（*Social Contract*），也主張直觀教保原理，他認為幼年時代是人類理性的睡眠時期，他們只有依據具體的事實去

了解直觀事物的能力（李平漚，1989；盧美貴，2013）。1780年貧民教育家培斯塔洛齊（J. H. Pestalozzi, 1746-1827）出版著作《隱士的黃昏》（*The Evening Hours of A Hermit*），闡揚了盧梭自然主義的教育思想，孕育了直觀教學法教育原理；1799年他擔任教職，主張教育應以實物講授，之後創辦學校倡導直觀教學法；他認爲直觀的三要素是數（number）、形（form）、名（name）；指出一切教學均須從這三方面開始，從實物的數目、形狀、名稱三個要素入手，最後綜結到抽象的概念與文字；意指應用感官，直接去與實際事物接觸，而獲得直接經驗，然後及於一般的觀念，則可得事半功倍之效（盧美貴，2013，p.221）。美學是研究知覺的一門學問，身處後現代哲學的當今教育，學者林逢祺（2015）即主張美學是教育學的核心。

柯門紐斯被尊稱幼兒教保改革的先驅、盧梭被尊稱教育界的哥白尼、培斯塔洛齊被尊稱貧民兒童的導師，三位教育人典範秉持的是「幼兒本位」、「兒童本位」理念；卻在「直觀」實物之後，接續實施認知教學，可知其思想與方法未完全契合，在「實務教學上」仍然傾向「教師本位」的方法；其當時所欠缺的，正是100年之後另一位教育人典範杜威（J. Dewey, 1859-1952）倡導的「做中學」理念。教育家杜威的教育哲學施用對象，研究上仍以學齡後的兒童及青少年爲對象，至於在學齡前實施以「教育即生活」理念的幼兒教育，則應屬同爲義大利的教育家蒙特梭利（D. M. Montessori, 1870-1952）與馬拉古齊（L. Malaguzzi, 1920-1994）兩人；惟這已是自盧梭及培斯塔洛齊以降200年以後的發展。

杜威（J. Dewey）是美國著名的哲學家、教育家、心理學家，主張教育活動要「從做中學習」，其意義在於從做中去經驗，從經驗中去學習，進而獲得知識。雖然並非一切經驗都具有眞正的或同等的教育性質，但是杜威相信一切眞正的教育來自於經驗（鄭世興，

1967）。他指出有一種永久不變的東西可以做為我們的借鑒，此即教育和個人經驗之間的有機聯繫。因此，教材組織要注重活動性，教育是「在經驗中」、「由於經驗」和「為著經驗」的一種發展過程，愈是明確地和真誠地堅持這種主張，對於教育是什麼的概念就愈是清楚與顯得重要。

結合杜威「從做中學習」觀點與皮亞傑的「建構論」觀點，個體的「同化」、「調適」與「平衡」係透過感官的運作而不斷進行，感官的操作刺激了大腦皮質的發展，增進了個人的智慧能力，可知杜威的「從做中學習」實踐了皮亞傑的理論。而且因為主張「學校即社會，教育即生活」觀點，係從社會學的角度，加深與加廣的拓展了皮亞傑的理論領域。教師須在授課歷程中，轉換教材教法為探索活動與生產創作活動，並透過經驗分享與加深、加廣的教學活動串聯，才能符合杜威教育哲學的精神。許多教師認為只要指定操作性的家庭作業，就是做到了「從做中學習」的教育精神；這是不足夠的，因為忽略了「學校即社會」、「教育即生活」、「教育即經驗的改造」當中的「社會」與「即」（as、is）字的內涵。

實施「社區探索活動」、「戶外大肌肉活動」與「生產創作」的學習活動，即是「做中學習」理念的應用，除外，教師在加深、加廣的教學活動中，當有任何理念要傳遞給學生時，也要轉化為自主性與自發性「從做中學」的活動。因此，「從做中學習」的教育哲學是重要的立論基礎。

社區中的資源有些能夠被移動帶進教室，惟大部分是無法被帶入學校教室內作為直觀學習教材的。社區的各項資源有的屬於存在的實物、有的屬於象徵、歷史精神，因其時空背景讓其存有；卻因選材容易，取材便利，教師們應善用存有（to be）概念，帶領幼兒前往探索。學者余安邦（2005）、盧美貴（2013）稱之「踏查」社區資源，顯示社區資源直觀經驗的重要性；惟多數學者仍稱謂「參訪」或

「探索」社區資源，係基於尊重、敬重資源的心理。教師除了重視社區資源「探索」的「直觀」歷程，更應重視社區資源「探索」之後返回教室裡的「幼兒本位」教保活動歷程。基於安全考量，社區資源「探索」的次數有限量，惟教室內的一個月、兩個月、一個學期的統整性「幼兒本位」教保活動，才是教保專業能力的挑戰。自教育家盧梭之後都已主張「兒童本位」教育，那麼在學前幼兒教育階段實施社區融合課程與教學，應以身心發展特徵為基礎，重視幼兒本位理念，實施開放教育，其相關社區的各項資源均屬於教學材料。據而當教師在應用社區資源歷程中，倘若全然實施「教師本位」教學，除了不符合時代發展、不符合幼兒發展的最佳利益，且會減損師生幸福感指數。

二、滿足需求與幼兒本位教保

(一) 滿足需求教保

教育心理學之能夠從教育學和兒童心理學裡分化出來，成為獨立學門，其創立者心理學家桑代克（E. L. Thorndike, 1874-1949）成為教育心理學的奠基人；其教育理念被尊稱「滿足需求」教育目的論（雷國鼎，1996）。

兒童的行為與他的每一天食、衣、住、行、育、樂等需求滿足，密切相關。新聞報導（TVBS，2014年9月30日），身穿粉紅色上衣的8歲女童，緊盯娃娃機裡頭的芭比，視線捨不得移開，任憑員警怎麼勸就是不走，好不容易將他帶回警局，這才發現原來她因為想多看幾眼夢想中的玩具，才在賣場遊蕩。

「滿足需求」理念之實務應用，係本研究者整合人本心理學家馬斯洛（Abraham Maslow）「需求層次理論」（Maslow's hierarchy of needs）（Gleitman, 1991），以及諮商與心理治療學家羅吉斯（Carl

Rogers）「個體中心理論」（person-centered therapy）（Corey,
2001）的產品。心理諮商與治療歷程非常重視無條件積極接納、同
理心、真誠的助人態度與知能，這三項係組成滿足需求的元素。「滿
足需求」內涵，指的是個體所提出的需求，其主觀上都自認是合理
的，個體因為有需求的動力，而努力在其生活周遭環境裡積極追尋以
獲得滿足。一個需求的提出，會包含有物質、心理與精神的層面，需
求滿足程度可能是全無、少部分、普通、大部分、全然滿足等，或
從0%、0.01%、0.5%……1%……20%……70%……98%……100%滿
足等直線上無數點上的任何一個點；需求滿足的程度和其所處生活周
遭環境、教保態度等息息相關。基於以上的認識，在教育上，兒童本
位的需求滿足觀點和成人本位的需求滿足觀點不同。依兒童本位的需
求滿足觀點，成人（教育及保育者）尊重兒童所提的物、事務需求，
但是基於現實環境，包含成人的能力及意願，成人會和兒童協商，所
謂的討價還價或稱加加與減減，取得「你（妳）同意、我也同意」
的那個點，有可能是物、事務滿足度30%的那個點，或90%那個點，
稱之為需求的滿足點。俗稱「囝仔怨無、不怨恨少」，當成人懂得兒
童發展心理學，必然容易和兒童協商，會在數量上、時間上、替代品
上……等，或多或少滿足兒童某種程度上的需求。孩子的每日生活，
會有許許多多、大大小小的需求，包含品質的或數量上的，如果滿足
的量或品質比較不滿足的多，那麼這一天他的生活是趨向快樂的。如
果這一周每天都是滿足的量或品質比較不滿足的多，則這一周是快樂
的；如果這一個月每天滿足的量或品質都是比不滿足的多，這一個月
的生活是快樂的。以此類推，一年、兩年……，那麼這個孩子的人格
發展是趨向身心健康的；反之則是趨向負向的人格特質。

　　與「滿足需求」理念相對應的概念是「滿足合理的需求」，因為
兒童需求的「合理或不合理」係由成人判斷，由照顧者做出「准許」
或「不准」的決定，屬於成人本位的需求滿足觀點；由於欠缺協商歷

程，成人不了解兒童需求的背景，兒童不了解成人的困難與辛苦，而影響兒童需求的滿足，因而產生彼此生氣、兒童怨懟，最終影響兒童各個層面的發展。謝明昆（2002）研究發現有高於97%的母親採取「滿足孩子合理需求」的信念實施教育與保育孩子。「滿足需求」是兒童本位的教保觀念，而「滿足合理的需求」則秉持成人本位的教保觀念。謝氏研究也發現採取「滿足孩子合理需求」信念的母親，有75%的母親在其腦海裡時常想起孩子的「負向的不良好行為習慣」的行為描述，只有25%的母親時常想起孩子的「正向的良好行為描述」。可知當前有大部分的母親擔心孩子的不良行為表現，是事出有因的，問題癥結出自「滿足孩子合理需求」的教保信念。

普天下父母親或照顧孩子之人，都會發現平常孩子的需求有兩種，一為「我要……」的需求，另一為「我不要……」的需求（至於沒有需求者則已然嚴重）。研究者觀察發現當孩子提出「我要……」的需求時，教保態度與方式包含下列數種：

1. 孩子要求什麼就給什麼，都完全准許。

2. 認定生活三餐有得吃、有得住就足夠了，其它要求，一概不准許。

3. 對於孩子的要求，准許的比不准許的多。

4. 對於孩子的要求，不准許的比准許的多。

5. 總是不想理會孩子的需求。

6. 心情不好時，就不想理會孩子的需求。

7. 總覺得孩子很吵。

8. 工作太忙，沒有時間理會孩子的需求。

9. 明確告訴孩子准許或不准許，堅持原則。

10.對於孩子的某個需求，一旦不准許，一丁點也不讓步。

11.不可以和孩子討價還價，以免大人威信受損。

12.每一個需求都會透過討論，有些滿足的多，有些滿足的少，

但都會多多少少滿足他。不會出現完全都不滿足的需求。

13.孩子提出的需求，您有能力也願意准許的，就會很快給予滿足；至於您沒有能力或沒有意願准許的，仍然會和孩子協商，或多或少滿足孩子需求。

14.孩子提出的兩個同樣的需求，有時候會准許，有時候不被准許，您的標準不一致，孩子要看您的心情臉色。

15.長輩或父母之間想法不一致，為了是否准許孩子的需求，經常起爭執。

至於當孩子提出「我不要……」的需求時，教保態度與方式有下列數種：

1. 採用堅持、堅定語氣、二選一的強迫選擇方式，要求孩子去做。

2. 採用命令、威脅、責罵、處罰方式，給孩子更大壓力，強迫孩子去做。

3. 採用誘導、協商、尊重方式要求孩子去做。包括給予獎品的誘導、和他討價還價的協商，也配合口頭解釋、說明重要性、訴諸情感、訴諸責任、三選一 的自由選擇等等方式。如果孩子仍然表示不要，則尊重孩子。

4. 不再多做說明，任由孩子自己做決定。

以上所列舉教保態度與方式的選擇，將會因成人所持「滿足需求」與「滿足合理的需求」信念的不同而產生差異。基於人格是一個人每天生活的產品，簡言之是「內在自我」的對外表現（余昭，1981）；而每天生活需求的滿足與否就是累積人格的重要因子。因此調整每天每次需求的「滿足需求」的教育與輔導過程，所產生的效應，一段時間之後，當可以引發身心發展的正向改變。

(二) 幼兒本位教保

人們稱呼自己「我」，當被問及「你是誰？」亦即自問「我是誰？」時，所做的回答，初次回應多數為姓名的如「謝○○」，倘若再被追問「你是誰？」才會回答所擔負各種角色的「○○人的兒子、女兒、父親、母親、學生、老師、職員、主任、主管、市民、國民等」。接續再被問到「你是誰的？」的問題時，回答者答案分岐，包含有「自己的、父或母親的、太太或丈夫的、孩子的、家庭的、社區的、國家的……。」經過討論，在比率上屬於「自己的」所占的比率居多數。這時候當再問他「孩子是誰的？」（如果對方是父母親）或者問他「班上的幼兒是誰的？」（對方是老師）問題的時候，多數人會直接回答「孩子是父母親的」！這是個多麼矛盾的答案啊！相當具「成人本位」的答案！主張兒童本位教育的學者、教育人員、社會工作人員、諮商心理師，多麼渴望對方的初次答案會是「孩子是他自己的」。當然孩子並非完全屬於他自己的，其在情感上、權利、責任義務上，有屬於家長的部分，也有屬於社會、國家的部分。然而在民主社會體制裡，如同採取兒童本位教育的課程，這個「孩子是誰的？」的問題，引發深刻省思。孩子絕大部分（90%）應屬於「自己的」、是「孩子自己的」，非屬於「他人的」，這是實施「幼兒本位」教育的基礎概念。

黎巴嫩籍的著名中東詩人紀伯倫（K. Gibran）的著作《先知》（*The Prophet*）（1923），對幼兒個體的真義，有著醍醐灌頂的敘述（王季慶譯，1996）：

你的孩子並非你所有。

他們是生命的子與女，來自生命對它自身的渴慕。

他們經你而生，卻不是你所造生，

他們與你同住，卻不屬於你。

你可以給他們你的愛，卻非你的思想。

因爲他們有他們自己的思想。

你可以供他們的身體以安居之所，卻不可錮範他們的靈魂，

因爲他們的靈魂居住的明日之屋，甚至在你的夢中你亦無法探
訪。

你可以奮力以求與他們相像，但不要設法使他們肖似你。

因爲生命不能回溯，也不滯戀昨日。

你是一具弓，你的子女好比有生命的箭借你而送向前方。

射手看見了在無限的路徑上的標記，而用祂的臂力彎曲了你，

以使祂的箭射得快而且遠。

愉快的屈服在祂的手中吧：

因爲正如祂愛那飛馳的箭，同樣它也愛強固的弓。

　　哲學家紀伯倫看到眞實生命中父母和子女的關係，子女是屬於他（她）自己的，父母是陪伴，父母須聽從至高無上的神（射手）的旨意，在神的愛裡，愉快地陪伴子女發展。

　　幼兒園實施「社區融合」教學活動，總是被忽略的一個觀念是「幼兒本位」，以及欠缺以「孩子是他自己的」理念設計教學活動，總是以「教師本位」設計課程與實施教學，這可從主題網之論理組織設計與教學歷程得知。「社區融合」課程與教學，總是被偏頗的認知在「社區的知識」內涵（What）上面，忽略了「幼兒本位」之熱中參與生活及做中學習歷程（How）。林妙眞與林育瑋（2015）發表「幼兒園在地文化課程初探」一文，於說明「幼兒園在地文化課程之內涵」文中，指出諸多學者對「幼兒園在地文化課程詮釋」的三個共同要素：1.幼兒生活周遭環境的資源；2.各地域獨特性的事物；3.視課程的需要加入當地資源（包含參訪活動或家長、當地耆老之參與）。從以上第3個要素，可知其課程中所強調的當地資源是外加

的。至於如何實施在地文化課程？蔡寬信、鄧莉莉（2013）針對國小兒童，認為教師必須跳脫出把教科書當作唯一教材之思維，主張以主題的方式呈現兒童生活的脈絡，讓兒童從與自己密切相關的社區資源教材中獲得更有意義的學習；黃麗鳳（2014）針對幼兒園幼兒，認為當老師只要了解幼兒的學習型態後，及自己（老師）對當地感到好奇，便可以開始著手進行在地文化課程。以上學者對於「社區融合」課程與教學的實施，重視課程知識內涵，其歷程策略則屬於外加性質與教師本位，並未強調幼兒本位與課程統整性教保活動。

當教師擁有「孩子是他自己的」信念，那麼在設計課程時，就會基於「滿足需求」理念，認真思考孩子的覺察需求（看到、聽到、觸摸到、觸壓到、溫度覺察到、聞到、嚐到、玩到、經驗到、想到……）與興趣需求，安排提供孩子充分覺察的機會、滿足孩子的興趣、啟發孩子的興趣，且提供多元選擇機會，問問孩子喜歡學習什麼，孩子喜歡怎麼學習；充分認識孩子喜歡學習什麼、孩子喜歡怎麼學習，孩子是因感受到學習樂趣而喜歡上學的。當前學者對「社區融合」課程與教學實施，都偏頗的認知在「社區的知識」內涵（What）上面，忽略了「幼兒本位」的實施歷程（How）。本書之社區融合幸福教保實施，則相當重視「幼兒本位」與課程統整之實施。

三、遊戲中學習

遊戲活動是任何幼兒教育理論與實施的基礎，幼兒遊戲是課程與教學的歷程策略，是幼兒本位教保活動的動能。在幼兒期，遊戲是一種學習、活動、適應、生活，也是一種工作，遊戲是人類的天性，更是幼兒的基本需求（郭靜晃，1992）。學前教育之父福祿貝爾（F. Froebel, 1782-1852）的名言：「遊戲起於快樂而終於智慧的

學習。」（盧美貴，2013）福祿貝爾的觀念深深影響後世的幼兒教育。心理學家維高斯基（Vygotsky, 1976）主張：「遊戲為孩子創造了最近發展區」（古瑞勉譯，1999），「扮演遊戲提供了獨特且影響廣泛的最近發展區，可以使兒童進一步地發展心裡功能至更高層次」，且指出「遊戲可以直接促進兒童的發展，在遊戲中，孩子總是表現超越他的一般年齡，超越他的每日行動；在遊戲中兒童似乎比自己高出一個頭。」（廖信達，2003）。盧美貴（2005）認為幼兒的世界是個充滿遊戲的世界，孩子是從遊戲中學習的，遊戲對幼兒來說，它是一種工作，是一種學習，也是他生活的全部。本研究者認為當教師規劃以「遊戲導向的課程」為主，以「課程導向的遊戲」與「遊戲治療」為輔，則幼兒在遊戲中自然而然、渾然不知的學習到與學會了許多發展上的能力。

有正式規則、規則嚴謹程度高、規則數量豐富且複雜、過程競爭有輸贏、不易展現想像創造機會的games，稱之對賽遊戲；相對的，沒有正式規則，或是有正式規則，而其規則嚴謹程度低、規則數量少或簡單且較有彈性、過程競爭沒有輸贏、參加玩的人容易展現想像創造思考的plays，稱之遊玩，也稱幼兒遊戲（梁培勇，2006）。學者的研究，發現幼兒遊戲的六個特徵如下（柯華葳，2004；廖信達2003; Van Oers, B., 2015; Rubin, Fein, Vandenberg, 1983）：

1.遊戲由內發的動機引起。2.看重遊戲的過程，而輕遊戲的結果。3.兒童在遊戲時的玩法是主觀的，對於玩具沒有固定的玩法，兒童自己決定怎麼去玩它。4.遊戲的當下，該遊戲對兒童是真實的，是歡樂的。5.遊戲沒有僵化的外在規則，沒有外在強加的規則，規則是有彈性的，是可自行訂定的。6.兒童是主動、自願參與遊戲的。

分析以上遊戲特徵，學前幼兒玩的遊戲，是屬於沒有正式規則的遊戲（plays）；然而學前幼兒也會玩有正式規則的遊戲（games），惟均基於好玩心理，其規則嚴謹程度低、規則數量少或簡單、過程競

105

爭但沒有輸贏、參加玩的人容易展現想像創造能力，不守規則是玩的一部分，且不會被罰；遊戲規則是允許成員做改變的。

針對幼兒遊戲的詮釋，美國學者Johson, etc.（2008）的遊戲理論研究，分類如下：古典理論，包含精力過剩論、休養論、複演化論、練習論；現代理論，包含心理動力論、社會學習論、Piaget遊戲理論、Vygotsky遊戲理論、Bruner遊戲理論；後現代理論，包含社會文化觀點、批判性理論、混沌理論。Johson etc.（2008）認為遊戲可以讓孩子在複雜、快速變化及混亂無秩序的世界中茁壯成長。因為孩子在團體生活中有自己獨特的一系列網路路徑，如果團體生活是遊戲性質的、開放的、多元選擇的，孩子會綻放創造力，會在複雜、快速變化及混亂無秩序的世界中茁壯成長；如果孩子的團體生活屬於非遊戲性質的、封閉的、整齊劃一的，孩子將缺乏創造力，將難以在複雜、快速變化及混亂無秩序的世界中茁壯。

現行幼兒園教保活動課程暫行大綱之「總綱」列有「實施通則」，其中第四點「重視幼兒自由遊戲及在遊戲中學習的價值，讓幼兒得以自主的探索、操弄與學習」，據此得知遊戲在幼兒學習上的重要。

針對幼兒遊戲研究，從認知層次上，皮亞傑遊戲理論指出遊戲發展的三個時期為：練習遊戲、象徵遊戲、規則遊戲。史密蘭斯基（Smilansky）研究皮亞傑遊戲理論後修改發展次序為：功能遊戲、建構遊戲、規則遊戲（廖信達，2003）。從社會發展觀點，Parten社會發展理論指出孩子遊戲發展依序為：無所事事行為（約0-2歲）、旁觀者行為（約2.5-3歲）、單獨遊戲（約2.5歲）、平行遊戲（約2-4歲）、聯合遊戲（約5歲）、合作遊戲（約5歲）階段。（吳凱琳，2002）

熟悉以上遊戲理論，教師基於幼兒發展特徵，藉由遊戲課程設計與教學，培養身心健全幼兒。幼教老師若能意識到遊戲理論，當在觀

看孩子遊戲時，會提醒自己該注意的重點；會覺察自己的教學方式是否結合了遊戲的信念，這將對教育生涯產生正向改變。

幼兒園課程教保活動，基本上可以區分為課程導向的遊戲、遊戲導向的課程，以及遊戲治療等三種。課程導向的遊戲，係以課程目標為依據，設計遊戲活動，變「教學為遊戲」，化「教具為玩具」，以達成該預定課程目標。至於遊戲導向的課程，係以幼兒本位的「直觀教學結合做中學」教學歷程，幼兒在「做中學」的學習活動中自然而然、渾然不知地達成課程目標。研究者認為最為理想的方式是以幼兒本位之遊戲導向的課程為主軸，結合加深加廣之課程導向的遊戲實施教學。在幼兒行為輔導方面，則很重視遊戲治療的應用。

有些教師發現幼兒在自由遊戲時間，仍然專注在生產或創作、不會遊玩，而心生困惑。在幼兒時期，如果生產創作的作品不能用來遊玩，即已失去其生產創作的意義，也將減低生產創作的動機。遊戲是需要學習的，許多文化刺激不足的幼兒，因而缺乏與他人互動的遊戲能力；從「工作就是遊戲」的觀點，一旦孩子喜歡工作、樂在工作，則當在工作時，就是在遊戲了，只是在層級上可能停留在「單獨遊戲」或「平行遊戲」的階段；當幼兒會和其他人玩扮演遊戲時，就能提升遊戲層級到「聯合遊戲」或「合作遊戲」階段。因此，當發現某個幼兒在自由遊戲時間，並沒有很自由自在的和他人玩扮演遊戲時，可以透過觀摩同儕的遊戲玩法，或者給予個別教導的方式，教導他在學習角落裡，如何使用同學們每日生產創作所製作、所累積之作品，參加有趣的遊戲，或串聯各角落作品的人際遊戲。

四、多元文化與價值澄清教保

教育與心理輔導重視生活經驗，其中除了認知與技能的教學重視生活經驗，情緒的輔導也重視生活經驗。教育家如皮亞傑、蒙特梭利的研究已經證實兒童認知的成長源自感官經驗。俗云聰明不聰明並

不倚靠「補腦丸」的功能，兒童的聰明不聰明，倚賴的是感官的統合應用學習，依年齡發展而有所強調，其中學前幼兒階段最被重視。情緒的輔導也重視生活經驗，得知經驗是情緒的故鄉、經驗是情緒的水庫；因此實施「以生活經驗為中心」的多元文化教學，成為幼兒教育的圭臬。多元文化教育重視認識、了解、給予每個人公平的機會，以及增能。

學習階段的各個年齡層，尤其學前幼兒教育實施「以生活經驗為中心」的多元文化教學很重要。實施「以生活經驗為中心」的多元文化教學內涵，價值澄清法原理（Raths, etc., 1978）的詮釋很貼切，指出進行價值澄清的重要步驟，首要是要能進入「個體的生活經驗」之中，其特徵是「個別化」。價值澄清教學的四個步驟如下：1.教材內容以生活為焦點，2.教師以不批判的態度接納學生表達的生活事實，3.教師邀請學生深入省思所表達的生活事實，包括認知、情意、行為表現，4.教師衡鑑（Accesment）學生是否已透過教與學之歷程而達到其滋潤內在力量的目標。以上第一與第二步驟是教師態度的表達，其第三與第四步驟是教師的教學智慧與專業能力的表現。教師可以透過活動設計及問答技巧，協助學生深入省思所表達的生活事實，且評量其是否已經達成滋潤內在力量之目標，培養幼兒自主性與自發性帶著走的特質與能力。

五、創造思考教保

什麼樣的學習對幼兒的成長是重要的？由於幼兒很容易對很多東西感到興趣，何況老師的導引更是左右幼兒興趣的因素，當幼兒的興趣被引發出來了，接著出現的關鍵問題是「什麼樣的學習對幼兒的成長是重要的？」學者劉玉燕（2001, p.141）認為在教學過程中「有沒有讓孩子從無到有的生產創造，是一個重要的判準。」由於創造力是

一個人一生的資產，據而，作者認為一個能讓幼兒持續投入學習環境的判準，是在學習過程中有否讓幼兒「從探索活動的直觀經驗，到生產創作的活動過程」。

　　如何激發幼兒創意？發展創造力？心理學研究發現創造能力不須從零開始，想像出或建構出前所未有的創意，是人們原本就已經擁有的，可以經由練習而生成；然而，除非個人勇於實踐，否則創意無法產生真正的價值。想法與行動的結合才能產生出創意自信，產生出新創意的能力與付諸嘗試的勇氣。（林玉如，2014）創造力並非無中生有，任何創作活動必須依照個人特質與能力、過去的經驗，藉由客觀條件，經由觸發、交會、組合、融貫等等思考程序而表露出來（彭振球，1991）。依據創造思考理論，創造力豐富的人是指一個人面臨生活問題時，在思考認知能力上，具有思考力流暢、獨特、敏銳、變通、計畫細密與工作精緻的個人；在情意能力上，具有想像、挑戰、好奇、冒險的個人；在批判能力上，具有分析、綜合、評鑑能力的個人（陳龍安，2014）。以上創造能力需倚靠後天的學習，依據研究發現，智能中等以上的個人，都可以經由環境情境的規劃與教學，顯著增進個人的創造能力。

　　如何實施富有創造思考的教學？如何激發創意？教師除了要設計「開放教學」的環境，給予「從做中學習」的學習機會之外，教師須要運用創造思考問答策略，在「團體經驗分享」的時間，善於發問下列有關增進創造思考的問題：假如、列舉、比較、替代、除了、可能、想像、組合、六W（What，Who，Where，When，Why，How）、類推與分類等等問題（陳龍安，2008）。

六、課程統整方式教保

　　俗云「大自然能夠讓人誠實」。大自然環境裡的學習情境能夠在

教室裡重現嗎？當一個人投入崇山峻嶺的大自然懷抱中，會自覺很渺小，讓人陷入省思，會誠實面對自己，待人也會更加親切。

教育家們主張幼兒能力的發展不是教出來的，而是啓發出來的、激發出來的，是自主性的從做中學習得來的。我們要培養幼兒學得能夠有帶著走的能力，例如在面臨相對情境下能夠做良好判斷能力，在社會生活中能夠表現良好適應性的自主能力、創造能力、問題解決能力、良好人際互動能力、良好生活習慣、大小肌肉的協調能力、謀生技能（較大的孩子）等等；那就要發展出教室裡的「大自然」環境，一種讓孩子能夠誠實的環境，一種能夠發展孩子「內在道德」的學習環境（謝明昆，2009）。那是一種什麼樣的學習環境運作呢？那是個滿足需求、各取所需、統整性的開放教育。例如課程進行幼兒在角落自由遊戲後的經驗分享時間，教師依據幼兒的建議，板書記述將在「學習角落」持續工作的項目共有11項。當教師接續說明工作分配，請幼兒選擇今天想要工作的項目，每一組不能多於四人。在教師問到有誰想要製作金錢時，有一位小朋友提議還要製作裝錢的皮包，因此教師徵得全體同意，又在板書記述的工作項目上增加「皮包」一項（pp.2-55）。

幼兒依序把自己的名條放置在其意願工作的項目下面，之後即刻進入角落進行「生產創作」活動。在進行生產創作活動時間裡，每一位幼兒都非常專心工作，有增量工作者，也有品質維護與創新工作者，工作進度有快有慢與精益求精者。當「生產創作」活動時間結束，接著實施作品「經驗分享」，每一位幼兒都很樂趣的參與發表、分享、讚美及建議（批判）活動。

以上的歷程，教室裡的環境就像是「大自然」的環境，每一位幼兒的選擇很自然、工作很自然、經驗分享很自然。幼兒從「生產創作活動」與「經驗分享活動」中很自然的學習。整個主題經過數十次的「生產創作活動」與「經驗分享活動」，這種「社會建構」歷程，結

合著「加深、加廣」之配合教學活動，幼兒獲得統整六大領域的知識與帶著走的能力，也符合多元文化學習情境。

　　我國幼兒園教保活動課程大綱的「實施通則」第一條規範「根據課程目標編擬教保活動課程計畫，以統整方式實施。」所提的統整方式，包含兩種觀點，第一種是從巨觀的角度思考幼兒園的全部領域，第二種是從微觀的角度思考各個領域各自課程。前者係從巨觀的角度統整幼兒園的六個領域的課程，要達成這種統整性課程有兩種實施方式，其一採自然方式的統整，屬於幼兒經驗組織的統整，實施開放教學模式；其二採教師「灌輸」的統整，係由教師安排教學內容，惟這種教學是論理組織的統整，因為教學時間被分割，幼兒感受到的是學了這個之後再學另一個，就幼兒而言仍然是一種分科、分領域的教學。至於從微觀角度的各自領域統整，在於進行各個領域能力與學習面向的統整，以達成領域目標，屬於分領域教學。

　　當代教育的主流──我國幼兒園教保活動課程大綱即已規範須採幼兒本位哲學及幼兒統整學習的理念，學者們都不主張分科教學或分領域教學，因為分科或分領域教學不符合學前幼兒的發展特徵，且亦非基於幼兒最佳利益福祉，其基礎上已經喪失幼兒主動、積極發展特質的福利與權益理念。

第五節　課程理論實踐

　　經探討「學校課程涵意與形成之根源、課程理論」內涵，得知廣義的課程是「兒童不論在何時，採用任何方法所獲得的一切經驗。」或是「學習者在學校輔導之下，而獲得的一切經驗。」以上廣義課程定義符合開放教育理念，惟雖然有這樣的課程涵意，仍有教學者終其一生未能領悟「開放教育」的動力歷程。

　　本節也從探討「學前幼兒課程理論及其重要元素」內涵，得知開放教育是幼兒本位教保活動的動力，「開放教育」係基於發展需求，基於滿足幼兒自信心與自主、自發性需求，教學者在同一時間裡提供多樣選擇及自由選擇機會，在人本氛圍的學習環境中，幼兒「從做中學習」獲得統整知識與能力。因此「開放教育」不應只是一個抽象概念，必須落實於教保活動實務。幼兒園實施「開放教育」，應從直觀探索活動開始，幼兒從有趣遊戲的直觀探索活動中，獲得直觀探索經驗，且結合開放式生產創作活動，以及開放式自由遊戲活動，則幼兒本位的教保精神乃得以實現。

　　經由前述「學校課程涵意與形成之根源、課程理論、學前幼兒課程實施模式」等內涵，歸納幼兒園課程教保模式六項要素。據以建構之幸福教保模式，其理論架構詳如圖4-1。

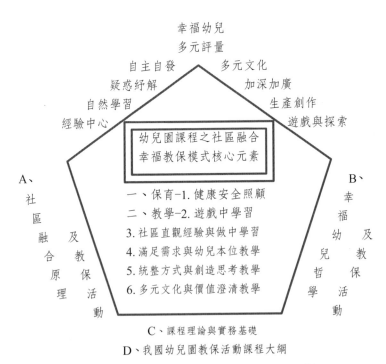

幸福幼兒
多元評量
自主自發　　　多元文化
疑惑紓解　　　　加深加廣
自然學習　　　　　生產創作
經驗中心　　　　　　遊戲與探索

幼兒園課程之社區融合
幸福教保模式核心元素

A、
社區融合及教保原理活動

一、保育-1.健康安全照顧
二、教學-2.遊戲中學習
3.社區直觀經驗與做中學習
4.滿足需求與幼兒本位教學
5.統整方式與創造思考教學
6.多元文化與價值澄清教學

B、
幸福幼兒哲學及教保活動

C、課程理論與實務基礎
D、我國幼兒園教保活動課程大綱

圖4-1　幸福教保模式之教育理論架構

　　盱衡我國現階段幼兒園教保服務人員，其教學活動包含在下列型態之一：

　　1. 仍然停留在柯門紐斯（1670年去世）之前，即距離現今三百多年前，缺乏直觀經驗之教保型態。

　　2. 停留在培斯塔洛齊（1827年去世）時代，距離現今近二百年前，已實施直觀教學卻仍以認知為主的教保型態。

　　3. 誤解杜威（1952年去世）哲學，實施從做中學習活動卻欠缺實施直觀教學。

　　4. 誤解杜威（1952年去世）哲學，實施直觀教學也實施從做中學習活動，卻缺乏規劃自動學習情境的教保型態。

　　5. 符合杜威哲學，實施直觀教學，也規劃有自動學習情境，且實施從做中學習活動。

　　6. 實施直觀教學，也規劃有自動學習情境，且實施從做中學習活動等為主體，更以此為基礎，教師設計相關學習主題之加深及加廣知識，以及相關技能學習活動為輔。

　　凡是屬於以上1至4點之教保型態，都將不符合幼兒最大利益，不符合開放教育理念，不利於幼兒幸福的追求，值得深思，亟須努力尋求改善。據而一個理想的幼兒園教保型態應該是根據以上的第5點及第6點，最理想的是第6點，亦即「實施直觀教學，也規劃有自動學習情境，實施從做中學習活動等為主體；更應以此為基礎，教師設計相關學習主題之加深及加廣的生活知識與技能學習活動為輔助。」此一教學型態，既符合發展中的幼兒需求，也順勢激發幼兒最近發展區之學習潛能。

　　臺灣實施民主制度，人民享有自由，致力於教育機會均等，學前教育機構蓬勃發展卻良莠其間，仍然存在著很傳統灌輸式教學的幼兒園；存在著想要脫離傳統教學卻害怕招收不到學生而茫然與忙碌的幼兒園；存在著嗅覺敏銳而隨波逐流投機的幼兒園；存在著積極追求

開放教育卻無力達成開放教學的幼兒園；也存有因實施開放教育而享受教學喜悅的幼兒園，只是這種開放教育的幼兒園爲數不多，多數幼兒園的教保工作仍然存在著「教師是多數時間或全時間的主導者」的教學活動。以上教學場景何以致之？探討的核心點的應是課程建構問題。

　　課程建構如何從巨觀的角度思考幼兒園的六個領域課程並做統整？而且是採取自然方式的統整？就必須從幼兒本位觀點出發，把感官還給幼兒，重視幼兒自信心、自主性與自發性，重視身心發展與個別差異，且以幼兒深富生活經驗的社區資源素材做爲教材，獲得第一手資料，滿足每一位幼兒的興趣需求，滿足感官操作需求，滿足遊戲需求，且應用價值澄清與創造思考教學活動，配合「加深、加廣」活動的實施，藉以激發認知發展與健全人格發展，將能達成動態的課程統整活動實施目標，以及統整性的幼兒自己建構知識的統整課程之學習目標。

我國現行幼兒園教保活動課程大綱基礎

CHAPTER 5

　　我國現行幼兒園教保活動課程大綱，是社區融合教保活動最重要的基礎及實施依據。回顧我國學前幼兒教育的發展，始自民國18年教育部制訂公布我國教育史上第一個《幼稚園暫行課程標準》，經過三年的實驗以及檢討、修訂，教育部於民國21年10月訂定《幼稚園課程標準》，25年7月再予修正。政府遷臺後，復於民國42年11月、64年12月、76年1月三度修訂，修訂的過程皆由諸多幼教專家組成修訂委員會分擔工作，並由會議通過完成。

　　相較於民國101年10月5日教育部新制訂公布我國教育史上實施「幼托整合」改革政策之《幼兒園教保活動課程暫行大綱》，並回溯自101年8月30日生效，經過四年實驗、檢討、修訂，於105年12月1日公布，自106年8月1日生效的我國《幼兒園教保活動課程大綱》，其對照表如表5-1。

表5-1　我國「幼稚園課程暫行標準、正式課程標準」與我國「幼兒園教保活動課程暫行大綱、正式課程大綱」發展對照

課程法令	課程法令發展沿革
民國18年8月教育部制定公布「幼稚園暫行課程標準」	→民國21年10月教育部修訂公布《幼稚園課程標準》。民國25年7月第二次修訂、民國42年11月第三次修訂、民國64年11月第四次修訂、民國76年1月第五次修訂。
民國101年10月5日教育部制定公布「幼兒園教保活動課程暫行大綱」，並自101年8月30日生效	→民國105年12月1日教育部公布修訂「幼兒園教保活動課程暫行大綱」，名稱修正為「幼兒園教保活動課程大綱」，並自106年8月1日生效。

資料來源：作者整理

🐣 第一節　幼托整合政策與幼兒教保發展

一、舊制法令衍生幼兒教保機會不均等

　　幼托整合之前，在幼稚園方面，政府於民國70年公布實施《幼稚教育法》，據而於76年修訂《幼稚園課程標準》（第五次修訂），招收滿四足歲至進入國民小學前之幼兒，教育部為中央主管機關。在托兒所方面，政府於民國68年公布《托兒所教保手冊》，之後配合92年公布施行之《兒童及少年福利法》（現今法令為《兒童及少年福利與權益保障法》）修訂，於93年公布《兒童及少年福利機構設置標準》；托兒所屬於「兒童福利機構」之一，招收自出生滿一個月至未滿6歲兒童，內政部是中央主管機關（現今主管機關改換為《衛生福利部》）。

　　現行《幼兒園教保活動課程暫行大綱》係依據《幼兒教育及照顧法》之第十二條第二項條文制定（屬於新制訂），由中央主管機關教育部制定，於中華民國101年10月5日公布，並追溯自民國101年8月30日生效（教育部，2012）。距離前身第五次修訂的《幼稚園課程標準》公布實施，已25年後。民國105年12月1日教育部公布修訂《幼兒園教保活動課程暫行大綱》，名稱修正為《幼兒園教保活動課程大綱》，並自106年8月1日生效。由而得知在民國101年1月1日幼托整合所依據的《幼兒教育及照顧法》施行以前，我國處於一種幼稚園與托兒所並存，且由不同主管機關管理而分治的年代。

　　教育部（2006）幼托整合政策規劃專案研究發現，因為二者之主管機關、法令依據不同，除了幼兒年齡重疊問題之外，已經衍生下列嚴重問題：

　　1. 師資標準方面：同屬培育4歲至6歲幼兒，惟幼稚園係依幼稚教育法及師資培育法相關規定聘任教師，托兒所則依兒童及少年福利

機構專業人員資格及訓練辦法遴用教保人員或助理教保人員，二者師資標準並不相同。

2. 課程及教學方面：幼稚園係依教育部訂定之幼稚園課程標準實施統整課程，托兒所則係由直轄市、縣（市）主管機關自行規範，其多沿用幼稚園相關課程及內容，二者已漸難有所區分。

3. 輔導管理方面：因幼稚園及托兒所適用之法規不同，致行政輔導及管理方式有異，迭有就評鑑、獎勵、輔導等事項之建議，希訂立一致方案及措施之建言。

4. 設立要件方面：幼稚園依教育部訂定之幼稚園設備標準辦理，托兒所係依兒童及少年福利機構設置標準有關托育機構之規定辦理。二者立案標準顯然不同（如使用樓層、室內外面積等），致在公共安全、消防安全、建築結構及設施上，是否符合幼兒安全及學習之目的，學者專家及各界見解分歧。

分析以上發現，同樣是四歲至進入國民小學之前的幼兒，因為不同主管機關的不同體制，導致師資與行政辦學要求的不同，已讓幼兒接受差別的照顧品質。

(二) 舊制法令產生之幼兒教保問題嚴重

由於我國學前幼兒教育，教育部並沒有頒布教科用書，沒有「部」編教材與審定本，基於幼兒發展特徵，學者及政策均主張教師自編教材，實施活動課程。從學者的現場研究發現，許多幼稚園採用坊間出版教材作為主要課程內容（邱志鵬，1995；陳淑敏，1993）。另也發現幼兒班級人數過多、師生比偏低、環境設備資源不足，且包含教導美語、電腦、美術、音樂等各種才藝充斥，更提前教導注音符號、國字、數學計算等主導課程發展，比比皆是（游淑燕，1994）。

幼稚園及托兒所教保課程問題，學者邱志鵬（2001）研究發現

民國80年代以來顯露下列問題：1.電腦和美語成為幼兒園才藝班新寵，有些甚至標榜「全美語」，其他「各類數學」也力爭上游，幼兒數學能力、英語能力是民國90年代造勢運動新典型。經書背誦、幼兒唐詩、三字經朗朗上口，卻不知其義為何。2.坊間幼教出版社仍然是臺灣幼教課程的最大供給者。政府方面不再存在民國70年代大力推動某種課程或教學之情景。3.學界提倡主題式課程、方案課程、萌發課程等幼教課程發展方法。以建構論為主要理論，並強調課程的決定者是幼兒而非教師。主題概念網成為課程或活動設計的新格式，然而主題網的基本要義，以及相關理論基礎仍有待釐清。4.從民國70年代至今，臺灣幼兒園嘗試政府或學界所提倡的新課程或教學方法。有些幼兒園經驗了單元、大單元、角落、大學習區、蒙式、主題、方案、華德福等課程取向，轉變速度之快，讓人懷疑究竟幼兒園有沒有自己的課程哲學或方向？對課程內涵究竟有沒有基本主張？

　　我國自民國82年9月1日教育部公布《臺灣區公私立幼稚園評鑑實施要點》，共實施了自82年至87年間的幼稚園五年評鑑計畫，以及自90年至94年間的幼稚園五年評鑑計畫。謝明昆（2003）蒐集臺灣區16縣市公私立幼稚園646校的教育部補助經費之年度評鑑報告書，針對教保內涵與社區融合度的總評報告部分進行分析發現下列問題：1.在教學強調感官實務媒材的操弄以及強調教室空間的角落規畫方面，56%縣市評鑑指出多數幼稚園欠缺。2.教學活動強調探索活動的歷程方面，50%縣市評鑑指出多數幼稚園欠缺。3.在課程強調規劃出以社區生活與社區特色為學年教學主題活動曆並建立主題網方面，87%縣市評鑑指出多數幼稚園欠缺。4.在經驗分享活動強調以生活經驗為中心的深入問答方面，93%縣市評鑑報告並未提到。5.教保工作表現出滿足幼兒需求的作為方面，75%縣市評鑑報告並未提到。6.在教學成果強調多元與動態型的觀察評量方面，87%縣市評鑑指出多數幼稚園欠缺。

　　研究發現有些幼兒園因一昧的迎合家長的需求，對於幼兒教育理念不清楚，課程發展模式朝向市場商業導向（黃志成與林少雀，2004），實施分科教學模式，任由讀寫算及才藝教學主導課程發展，較少以專業性考量（戴文青，2005）。王珮玲（2004）發現私立幼稚園為了減少支出而聘用不合格師資，其比率高達五成。

　　為了解幼稚園發展概況，教育部於民國91年辦理全國幼兒教育普查（嘉義大學，2002），結果發現：我國公、私立幼稚園總數3189園，私立與公立比59.9%：40.1%。教育資源分配長期偏低，幼稚教育經費只占2.3%。合格師資與不合格師資人數比58.37%：41.63%；私立幼稚園聘用不合格師資率高達54.25%，亦即10個老師中有5.425人為不合格教師；公立幼稚園聘用不合格師資占0.73%。班級之師生比，若以合格師資與幼兒人數比1：21；若以全體教師與幼兒人數比1：12。全園班級數，公立幼稚園平均每個園2.2班，與核定班級數一致；私立幼稚園核定班級數平均每個園3.7班，實際為5.2班，平均每個園超設多出1.5班。課程設計與活動，係遵照「依教育部幼稚園課程標準設計並自編教材」之幼稚園，公立有56.5%遵照，有43.5%未遵照；私立幼稚園有69.6%未遵照，情形包括「依教育部幼稚園課程標準設計並加用坊間教材」與「全面使用坊間教材」。關於安排幼兒學習各類才藝課程，公立幼稚園以單授一種才藝課程較多，私立幼稚園以兼兩種及三種才藝課程較多。訪問未立案幼兒機構1037家，其中想立案為托兒所的數量占43.7%，其理由是托兒所的招生範圍大、師資學歷要求較低、設備要求較寬鬆、接受政府補助經費較充裕、在師資來源上較不虞匱乏。

　　根據全國幼稚園普查發現之建議（嘉義大學，2002）包括以下八項：1.提供每位五歲幼兒相同優質的教保內容，推動幼托整合；2.輔導公私立幼稚園共榮發展；3.儘早實施五歲幼兒免學費教育；4.持續提升幼教師資培育之質與量的發展；5.健全幼稚園教師待遇及

退休撫恤制度；6.全面改善幼教軟硬體措施；7.解決未立案幼兒機構問題，以保障合法立案幼稚園之權益；8.明列幼教普查是各縣市政府常年業務，建立永續幼教資料庫。

教育部於2003年、2004年出版《中華民國教育年報》，在【幼兒教育】專章裡歸納問題指出：國內幼兒教育目前存在若干問題，包括長期依賴大量的私立幼托機構；幼稚園與托兒所並存問題；未立案的幼稚園與托兒所普遍存在；幼兒教育品質不一；幼兒美語學習迷失；經濟弱勢幼兒比例偏高；外籍配偶子女教養等問題。（教育部，2003、2004）

周淑惠（2006）也指出臺灣幼稚園與托兒所課程與教學的四項缺失：分科課程與才藝教學當道；教師過分依賴坊間出版教材；教師教學開放性不足；園所及家長對美語教學與全美語的迷失。教育部（2006）幼托整合推動小組指出幼托整合甚具急迫性，發現同樣是四歲至進入國民小學前之幼兒，因為不同主管機關的不同體制，導致師資標準、課程及教學、設立要件、輔導管理等要求的不同，已讓幼兒接受差別的照顧品質。

以上對於學前幼兒教保服務的諸多問題，包含教保機會的均等、品質、課程、教學、師資、福利、權益、環境、設備、管理、輔導、評鑑、監督等等問題，解決之道都寄望在幼托整合的立法議題上。

(三)現行幼兒教保課程建構之立法

《幼兒教育及照顧法》的制定，係緣起於「幼托整合政策」的推動，制定完成後，於民國100年6月29日經總統公布，並自民國101年1月1日施行。考據幼托整合政策產生與歷程，分為五個階段：第一階段，民國86年至89年的起步階段。第二階段，民國90年至92年的政策規畫方案起草階段。第三階段，民國93年規劃結論公開階段。第四階段，民國94年至95年確立行政主管機關階段。第五階段，民

國96年至100年的政策立法階段（教育部國教司，2011）。

《幼兒教育及照顧法》在總統公布之前的立法院審議階段，屬於草案階段，草案階段的法案名稱是《兒童教育及照顧法》，其適用年齡介於出生滿一個月至未滿十二歲的兒童，教保機構包括托嬰中心、幼兒園、課後照顧中心等。草案於民國96年1月於教育部部務會議通過，呈報行政院會審核，行政院跨部會議於同年5月通過以《兒童教育及照顧法》名稱函請立法院審議。法案的爭議，在於主管機關的教育部與內政部職責的如何平衡，以及補教業者之爭利，似乎喪失了以兒童為本位的思維。草案在立法院審議期間很冗長，歷經兩屆立法委員審議，幾經折衝發展，最後更換名稱為《幼兒教育及照顧法》定案，於民國100年6月29日公布，自101年1月1日實施，規定滿2足歲至進入國民小學前之幼兒教育及照顧由教育部主管，滿1個月至未滿2歲嬰幼兒的托嬰中心則由內政部主管。至於《兒童課後照顧服務班級與中心設立及管理辦法》則另依據《兒童及少年福利與權益保障法》第76條第三項訂定，於101年6月4日發布實施。至此，幼托整合政策成功落幕，開啓我國幼兒教育及照顧之願景。

《幼兒教育及照顧法》（2015，教育部）法令全文共60條，自101年1月1日施行，迄今2016年歷經兩次之部分條文修訂：1.102年5月22日第一次修訂，2.104年7月1日第二次修訂。

我國制定《幼兒教育及照顧法》之目的：第 一 條「為保障幼兒接受適當教育及照顧之權利，確立幼兒教育及照顧方針，健全幼兒教育及照顧體系，以促進其身心健全發展，特制定本法。」條文涵蓋三項重要內容：「保障幼兒接受適當教育及照顧之權利」、「確立幼兒教育及照顧方針」、「健全幼兒教育及照顧體系」，最終目標為「促進幼兒身心健全發展」。

為了「促進幼兒身心健全發展」目標，幼兒園須做到哪些「適當的教育及照顧」呢？根據本法第十二條，其第一項共有七款內容，其

第二項係現行「幼兒園教保活動課程暫行大綱」及「服務實施準則」建構的法令依據。以下是本法第十二條全文內容：幼兒園之教保服務內容如下：

　　1. 提供生理、心理及社會需求滿足之相關服務。

　　2. 提供營養、衛生保健及安全之相關服務。

　　3. 提供適宜發展之環境及學習活動。

　　4. 提供增進身體動作、語文、認知、美感、情緒發展與人際互動等發展能力與培養基本生活能力、良好生活習慣及積極學習態度之學習活動。

　　5. 記錄生活與成長及發展與學習活動過程。

　　6. 舉辦促進親子關係之活動。

　　7. 其他有利於幼兒發展之相關服務。

　　幼兒園教保活動課程大綱及服務實施準則，由中央主管機關定之。

　　中央主管機關教育部於101年10月5日，亦即於《幼兒教育及照顧法》正式實施的10個月後，依據上述本法第十二條第二項，制定公布自95年著手研編的《幼兒園教保活動課程暫行大綱》，並自101年8月30日生效。經由實驗、修訂，於四年後105年12月1日公布《幼兒園教保活動課程大綱》，自106年8月1日正式生效。另《服務實施準則》已更早於101年8月1日公布實施。

🙂 第二節　現行我國幼兒園教保活動課程建構

　　考究歷史發展，早自民國95年起，教育部即已委託教保學者組織研編小組，著手進行幼托整合之後「幼兒園新課程」的研究與編撰（教育部，2006），歷經六年才得完成。

　　本研究基於當代教保服務人員都已經歷過舊課程標準實施經驗，透過新舊課程的比較探討，能更清楚現行課程暫行大綱之內涵。其不同點及內涵如下：

(一)法令名稱之表達內涵

　　就法令名稱探討，發現有以下五種不同的內涵：

1.「課程大綱」與「課程標準」語詞內涵意義不同

　　以「課程大綱」取代「課程標準」，明顯地擬將傳統中央集權制（centralization）的教育制度改為地方分權制（decentralization），為的是能讓課程更多元化，更能與社區密切配合，也讓幼兒園與教保服務人員有更大的發揮空間。可以預期這樣的課程設計，將助益教師專業自主性及以主題為核心的統整課程方案之發展。惟在教師專業自主性增加之際，教師本身的課程設計、教學資源與教學方法等教學模式運用能力，都需要激發與培養，提升教師專業能力。

　　課程標準，一經訂定公布，應用多年，縱使社會情勢變動，亦未便輕易變更；而課程大綱，主教者依據大綱可斟酌環境實際需求，對於教材可專業自主選擇，可更易，可增刪，俾使課程更符合幼兒需要，教學方法與評量也變得更多元。

2.主體性的教保活動不同

　　社會生活係由多元型態家庭組成，包含核心家庭、三代家庭（或稱折衷家庭）、祖孫家庭（或稱隔代家庭）、單親家庭、繼親家庭、新移民家庭、聯合家庭等等。因幼兒各來自不同類型家庭，生活經驗個別差異很大，當進入幼兒園就學，如果教保服務人員係假設以「一般家庭-核心家庭」的共同普遍生活經驗而要求幼兒齊一性的學習，必然引發幼兒學習與適應問題；相反的教保服務人員若能秉持課程「大綱」，而不是齊一式的「標準」，能採行多主體性、多元理念、適合幼兒個別生活經驗的教保原理實施開放式課程教保服務，即能容

易達成幼兒身心健全發展之目標。因應對於幼兒主體性個別差異的充分了解，教保服務人員必須實施幼兒本位開放教育，藉而滿足幼兒需求。

3.「活動課程」的不同

現行法令名稱強調「教保活動課程」屬於「活動課程」，其名稱甚具自明性，有別於「課程標準」的窮辭解說內容。得知現行法令名稱能讓幼兒園教保服務人員取得鮮明概念，重視幼兒教保活動就是屬於「活動課程」的生活作息。

4. 暫行實施與正式實施的不同

現行法令名稱為「課程大綱」，屬於新制定的法令，設有實驗修正期，深切表現民主社會法令制訂後的折衝期，提供批判論述空間，是一種負責任的展現。

5. 訂定與修訂的不同

現行《幼兒園教保活動課程暫行大綱》為我國於民國101年10月5日依據教育部令「訂定公布」，並自民國101年8月30日生效，已載明屬於「訂定公布」，係屬新的制定。至於前身《幼稚園課程標準》為我國於民國76年1月教育部令「修訂公布」，已載明屬於「修訂公布」，為我國自民國18年公布《幼稚園課程暫行標準》實施後的第五次修訂。

從以上現行法令《幼兒園教保活動課程大綱》和前身法令《幼稚園課程標準》名稱上的比較分析，除了了解潛在的政策內涵，更發現我國學前幼兒教育正朝向開放與多元的方向邁進，惟尚待學者深入研究，指引教保服務人員正確實施「幼兒本位」的教保模式與方法，期能獲致教保目標之幼兒自主管理與社會心理發展目標自發性學習之人格特質。

(二)課程依據人本哲學理念

課程大綱的內涵以個體與生活環境互動為基礎，亦即採行人本主義心理學之假定幼兒本質上有內在能力，才能據以和外在社會文化互動，如果設定幼兒本質上空無一物如同一張白紙，只能靜待灌輸。互動中的主體幼兒不再被依行為主義哲學主張的任由環境的制約形塑心智能力，幼兒不再被視為純是一張白紙；而是從更積極的觀點、從生態系統學觀點，幼兒不能被看做是環境對其任意施加影響的一塊白板，而是一個不斷成長，並且時時刻刻重新構造其所在環境的動態實體（盧美貴，2013，頁24）。現今課程大綱（教育部，2012）採取人本主義哲學，主張幼兒的生命本質中蘊涵豐富的發展潛能與想像創造能力，幼兒深富自主性與自發性，在不斷成長的過程中，幼兒喜歡主動親近身邊的人、事、物並與其互動，喜歡發問、探索並自由的遊戲，也喜愛富有秩序、韻律及美好的事物（p.2）。

人本主義強調幼兒本位與統整性的學習歷程，主張成長中的幼兒不是個具體而微的小大人，誠如詩人紀伯倫（1923）所言「你的孩子並非你所有」、「你可以給他們你的愛，卻非你的思想，因為他們有他們自己的思想」。人本主義主張每位幼兒都是獨特的個體，會主動學習，當沉浸在各種不同的文化內涵、社會習性與生活經驗中會展現其個殊性；且成長中的幼兒須經歷統整性的學習過程，在身體動作與健康、認知、語文、社會、情緒和美感等各領域的發展，彼此連結且相互影響，從而獲得身心健全發展。（教育部，2012）

(三)新舊課程領域及各領域內涵

1.新舊課程領域緣起於時代背景

現行《幼兒園教保活動課程大綱》緣起於當代對幼兒教育的研究發現與應用，包含生理動作與健康、語文、認知、社會、情緒、美感等六領域；而前身《幼稚園課程標準》則緣起於我國對民國64年版

《幼稚園課程標準》的修訂，包含健康、遊戲、工作、音樂、語文、常識等六領域。現行課程學習領域較為擴大，更密切涵蓋幼兒生活經驗。

1987年美國幼兒教育協會（簡稱NAEYC，The National Association for the Education of Young Children）出版了著名的學前教育指南《0-8歲幼兒教育課程的發展合宜實務》（Developmentally Appropriate Practice in Early Childhood Programs Serving Children from Birth through Age 8）（Bredekamp, 1987）。《實務指引》開宗明義指出理論是建立在兩項基礎之上：(1)幼兒透過具體直觀、遊戲導向的方式學習最有效；(2)幼教課程應隨時修改以符合孩子的需要，而不是去要求孩子調整自己以適應某一特定的課程。十年後於1997年再出版了修訂版。

Kostelnik 等人（1993）在《發展合宜的幼兒教育課程》（*Developmentally Appropriate Programs in Early Childhood Education*）一書中，將「發展合宜實務」的內涵進一步闡明，並且將發展合宜課程區分為八大領域（domains）：美感的、情感的、認知的、語言的、身體的、社會的、假想遊戲的和建構的領域，每一領域依特性不同而有不同的內容組織。

以上探討發現，我國現行「幼兒園教保活動課程大綱」六個領域和美國發展合宜課程所區分八大領域當中的六個領域相同，至於其餘的假想遊戲和建構兩個領域，則涵蓋在各個領域的實施過程中。可見我國現行「幼兒園教保活動課程大綱」內涵和美國發展合宜課程一致性很高，已然深受影響。

NAEYC相信高品質的幼教課程是具有一些共通性的，即提供安全、能促進孩子生理、社會、情緒、美感、智能和語言發展的教育性的環境，而且是對於孩子和家庭的需要及偏好十分敏感的（洪毓瑛，2000；陳淑敏，1993；游淑燕，1994）。整體課程包含了健康

服務、學習服務、親師溝通（含親職教育）服務等三大項目。課程領域建構比較，詳如附錄1。

分析附錄1之內涵，發現我國現行幼兒教保活動課程領域，主要係參考了美國NAEYC幼兒課程領域研究，且深受其影響。也發現和舊課程標準的明顯差異，在於努力避免分科教學的表面印象，把「實施通則」移前，且實施通則內容不再區分為「課程編制、教材編選、教學活動」，也把「內容、實施方法」合併為「教學原則」。

2. 我國新舊課程建構之差異

(1) 手冊目次內容不同

從附錄1的「手冊目次」內容，很容易就發現我國101年現行課程增列有「總綱」，在總綱裡詳細敘述課程之宗旨、教保服務的意義和範圍、總目標、基本理念、課程大綱架構、實施通則等，完整說明幼兒園課程建構與實施。而76年舊課程的目次裡，除了列有相似名稱的教育目標，及相同名稱的實施通則、附錄，以及部分課程領域相同之外，其餘並未顯現。

(2) 領域內涵不同

從附錄1的「手冊目次」內容，也容易發現的另一個不同，即課程領域名稱的不同。101年現行課程的六個領域是生理動作與健康、語文、認知、社會、情緒、美感等，每一個領域都列有三項內容解說，即領域目標、領域內涵、實施原則（指各領域實施方法與評量）。而76年舊課程的六個領域是健康、遊戲、工作、音樂、語文、常識等，雖然每一個領域在做深度內容解說時，已分三項內容解說，即目標（指領域目標）、範圍（指領域之內涵與方法）、評量，但是這三項內容並未出現在「目次」裡。亦即內涵上都符合課程建構的四大要素原理。

3. 課程內涵不同

本書進而從課程四大要素即「目標、內容、方法、評量」層面，

據以比較新舊課程內涵之差異如下。藉由比較更能深入了解現行課程內涵。

(1) 課程「目標」方面

學校應該達成什麼教育目標？101年現行課程列有「總目標」及在各個領域內列有「領域目標」，在領域內涵且列有「課程目標」（目次中未呈現「課程目標」名稱），以及詳細列出為了能夠明確達成「課程目標」的「學習指標」（目次中未呈現「學習指標」名稱），整個邏輯系統環環相扣，藉以引導教學者充分理解及有效率實施課程；至於76年舊課程列有「教育目標」，其形式等同於101年現行課程的「總目標」，也列有各個領域的「目標」（目次中未呈現「領域目標」名稱），且並未再細部規劃「課程目標」與「學習指標」。

①101年現行課程的「總目標」和76年舊課程的「教育目標」比較，其最大差異有三項：(a)現行課程強調「幼兒園教保服務之實施，須與家庭及社區密切配合」；而舊課程僅強調「並與家庭教育密切配合」，並未要求「應與社區密切配合」。(b)舊課程強調「幼兒教育之實施，應以健康教育、生活教育及倫理教育為主」；而現行課程並未做此強調，然而卻在「怎麼看教保活動課程」的解說中，強調六個領域以統整方式實施。(c)舊課程列出五項教育目標，而現行課程除了條列該五項教育目標之外，又增加四項，合計九項教保目標。

101年現行課程總目標（76年舊課程稱之為教育目標）共有九項：(a)維護幼兒身心健康、(b)養成幼兒良好習慣、(c)豐富幼兒生活經驗、(d)增進幼兒倫理觀念、(e)培養幼兒合群習性、(f)拓展幼兒美感經驗、(g)發展幼兒創意思維、(h)建構幼兒文化認同、(i)啓發幼兒關懷環境。前五項為76年舊課程教育目標，後四項係新增加之項目，重視發展幼兒之美感、創意、認同文化及關懷環境能力。

②101年現行課程和76年舊課程係秉持幼兒本位與教師本位的不

同哲學理念。76年舊課程領域目標敘述，係採教師本位觀點用語，以語文領域為例，使用啟發、增進、培養、發展、陶冶等教學者觀點。至於101年現行課程領域目標係採幼兒本位觀點用語，以語文領域為例，使用體驗並覺知、合宜參與、慣於敘說、喜歡閱讀並展現、認識並欣賞等幼兒觀點用語，另在課程目標的敘述，亦採幼兒本位觀點用語。

(2) 課程「內容」方面

課程內容指的是為了達成規劃的教育目標，學校應該提供學生哪些教育經驗？我國101年現行課程及76年舊課程，各列有六個領域，在六個領域中名稱完全相同者，只有「語文領域」。茲列舉101年現行課程及76年舊課程的「語文領域」比較如附錄2，深入探究現行課程內涵。

針對附錄2內容說明如下：

①101年新課程大綱的語1-1至1-7是指「理解能力」的課程目標，而語2-1至2-7是指「表達能力」的課程目標。

②以上課程目標是基於「理解能力」與「表達能力」分別在學習面向的「肢體、口語、圖像符號、文字功能」等的表現，統稱為語文領域課程目標。

③各個年齡層之學習指標，係依據各個課程目標訂定。

附錄2係101年現行課程和76年舊課程在「語文領域」內涵之比較，藉以深入探究101年現行課程內涵。依據附錄2內容，比較分析101年現行課程與76年舊課程之內容差異如下：

(a) 現行課程與舊課程之名稱皆稱領域，惟來源不同，內涵本質不同。76年舊課程在「本次修訂之經過」的「本次修訂幼稚園課程標準之概況」節次裡，詳列有「幼稚園課程標準各科修訂委員」（p.105），「修訂程序」之五「分科研訂幼稚園各科課程標準草案」（p.105）。以上稱「健康、遊戲、音樂、工作、語文、常識」

爲「各科課程」。惟在「課程內容方面」，卻指出「此次修訂將課程範圍改爲課程領域」（P.107）。以上名稱雖聲明改爲「課程領域」，惟在敘述用語仍然出現「各科」課程名稱，可以說明其內涵本質上仍然是「各科」課程。至於101年現行課程係屬新訂定，並非76年舊課程的修訂，其課程思維全然採用領域課程概念。

(b) 現行課程與舊課程之「內容」組織方式不同。101年現行課程以「領域內涵」爲標題，76年舊課程則以「範圍」名稱。兩者的編排都採用系統性編輯，惟兩者最大的差異，在於101年現行課程展現以面積觀念的長「縱軸」乘以寬「橫軸」＝「領域」呈現，且採幼兒本位邏輯系統思維編排，發展出二項重要的語文學習內涵：「理解能力」及「表達能力」在「肢體、口語、圖像符號、文字功能」四個面向的表現所產生的14項語文領域課程目標、107項語文學習指標（2-3歲幼兒20項，3-4歲幼兒24項，4-5歲幼兒27項，5-6歲幼兒36項）。

至於76年舊課程則採教師本位觀點，以條列方式編排，範圍包含故事和歌謠、說話、閱讀等分類，範圍的各類目詳列有內容及實施方法。所謂實施方法係指範圍內各類目的實施方法，含教材編選、教學方法、實施要點（指實施的注意事項）。

透過以上之比較，能詳實了解101年現行課程「語文領域」之重要內涵，至於其他五個領域內涵之編輯，其編輯模式亦相似。

(3) 實施「方法」方面

實施方法係指國家、教育機構、教師及父母規劃了欲提供學生某些課程內容（經驗）之後，指出接著該應用哪些有效方法組織該課程內容給予學生。

①整體領域實施與領域分類實施。101年現行課程係在規劃各領域「目標、領域內涵（課程目標、學習指標）」之後，依據領域「實施原則」實施活動課程，其實施原則包含「教學原則」與「評量原

則」。各領域緊密連結「內容」、「方法」和「評量」實施活動課程。

　　至於76年舊課程係在規劃領域目標之後，進行領域範圍分類，且各分類項目內容配合實施方法，實施方法包含「教材編選、教學方法、實施要點」，類似分科教學。教學評量則採分領域範圍實施。

　　以上兩種課程實施方式不同，影響課程統整方式，也將影響其採用教師本位或幼兒本位的不同理念實施方法。

　　②「課程統整實施」的重視。新舊課程都主張教保活動課程「以統整方式」實施，惟編排次序不同。101年現行課程之實施方法共有兩項：(a)在「總綱」呈現統整領域的「實施通則」共十項,(b)在各個領域呈現「實施原則」，包含教學原則及評量原則。亦即除了列有各個領域的實施方法，稱之「實施原則」之外，亦列有全部領域統整實施的實施方法，稱之「實施通則」。「實施通則」列於各領域之前的「總綱」，宣示且要求以「統整方式」實施。

　　至於76年舊課程之實施方法，因在各個領域列有「範圍」，依範圍的大小多寡分類。例如語文領域，其範圍區分有「故事和歌謠」、「說話」、「閱讀」三類。每個分類均依據「內容、實施方法、實施要點（指的是實施注意事項）」詳細說明。在全部六個領域之後有規劃全部六個領域統整性的「實施通則」，內容包含「課程編制、教材編選、教學活動」通則。由於各領域實施的編排在「實施通則」課程統整之前，容易讓教保服務人員陷入分科教學的迷思。

　　③多元課程與單元課程的差別重視。課程是哲學，課程的實施模式是課程哲學的展現，課程的實施模式是許多教學方法的組織，是達成課程哲學目標的一種實務運作歷程。同樣是一種教學方法，在教師本位與幼兒本位的應用，因哲學思維不同，應用上會有很大差異。幼兒園教保活動課程模式相當多元，例如：單元教學、學習角與大學習區、傳統到開放—佳美的主題教學—開放角落+主題+情境、人文主

義課程、華德福幼教課程模式、方案式課程與教學、蒙特梭利課程模式、河濱街模式（杜威進步主義）、高瞻遠矚課程模式（早期為皮亞傑結構論,後期為皮亞傑建構論）、皮亞傑建構論課程模式、直接教學課程模式（閱讀、語言、算術,實施標準成就測驗）等等。（簡楚瑛主編,2002）

　　我國101年現行課程,很重視多元課程的實施,其在「實施通則」中強調「依據幼兒發展狀態與學習需求,選擇適宜的教材,規劃合宜的教保活動課程」（第二點）,以及「配合統整的教保活動課程計畫,規劃動態的學習情境,開展多元的學習活動」。以上規定很適合「幼兒本位」教保活動哲學的實踐。

　　至於76年舊課程之實施方法,其在「實施通則」之中僅只強調單元教學,例如:「教師在教學前應依實際需要,編訂單元教學計畫」（第一點）,「教師在每一單元教學前,應布置適當的環境,準備充足的教具或實物,以引起幼兒學習動機和興趣」（第二點）,以及「教師教學時,應注意各單元教學目標的達成,對於態度、情感、興趣、是非觀念的培養及知識概念、動作技能的學習亦應同時重視」（第四點）。以上僅規定實施單元教學活動,比較不利「幼兒本位」教保活動哲學的實踐。

(4) 課程「評量」方面

　　如何評量教育目標是否已經達成?101年現行課程與76年課程之教育目標評量,各有不同的規定,惟既然都列有「總目標」（或稱教育目標）或「統整六大能力」,以及「領域目標」或「領域能力」等兩項,理論上就應該配合規劃相關之行為觀察評量。

　　依據101年現行課程《幼兒園教保活動課程暫行大綱》架構（p.4）,內涵指出「本課程大綱從人的陶養出發,確立課程大綱的宗旨和總目標,並將課程分為身體動作與健康、認知、語文、社會、情緒和美感六大領域。透過統整各領域課程的規劃與實踐,陶養幼兒

擁有下列六大能力（國民小學採用素養名稱，基於幼小銜接觀點，因此正式課綱已更改六大能力名稱為六大素養）：覺知辨識、表達溝通、關懷合作、推理賞析、想像創造、自主管理。六大領域的內涵由學習面向和領域能力組成。每個領域包括領域目標，課程目標和分齡的學習指標……。」從而發現課程六大領域在於達成「陶養幼兒擁有六大素養」，據而達成課程總目標；另各領域的內涵係由「學習面向」和「領域能力」組成，進而發展出課程目標與學習指標；教保服務人員須提供學習機會讓幼兒獲得學習指標，進而達成課程目標與領域目標。

附錄3內容係101年現行課程「領域能力與領域目標」與「六大素養與總目標」之對應邏輯，為76年課程所沒有。

101年現行課程暫行大綱在各領域的實施原則之(二)評量原則，已列有評量該領域中各個能力的平日觀察評量細項，提供教保服務人員的評量參照或依據；至於總目標的「六大素養」評量，在實施通則中的第八條有評量規範，惟並無觀察評量細項。

比較以上兩種課程發現，101年現行課程增加了「領域能力與六大素養）」之規劃，所設定的能力被稱之為帶得走的能力，是主要的評量項目。領域能力是領域目標的評量項目，其評量細項是課程目標。至於六大素養）是總目標的評量項目，惟在課程暫行大綱裡並未列舉評量細項。

幼兒之行為觀察法包括軼事紀錄、事件取樣、日記、敘述描述、時間取樣、檢核表、評定量表等等，觀察評量最終須提出質性或量化的各領域教學與學習評估報告。

依據邏輯推理，當幼兒經驗了各領域的「學習指標」，應能達成各領域教保活動的「課程目標」與獲得「領域能力」，進而達成該領域的「領域目標」；當六個領域的「領域目標」都能達成，即可獲得總目標的「六大素養」，進而達成幼兒教育及照顧的九項總目標。因

此依據行為觀察評量原理，幼兒之教保服務人員在教育及照顧實施歷程中，應該針對學習指標的「教學活動」實施評量，評量教師的教學情形；也應該針對學習指標的「學習活動」實施評量，觀察評量幼兒的學習情形。且當發現課程目標評量沒有達到標準，應該進行檢討與改進，針對學習指標的教學歷程做檢討與改進。

以下比較101年新課程與76年舊課程在評量方面的差異，包含總目標評量與領域學習評量：

76年舊課程評量

領域目標評量方面。76年課程並未規劃出如同101年新課程之「領域能力與六大素養」，但已在各領域列舉幼兒方面的評量細項，以及列舉教師自省方面的評量細項。至於在統整六大領域的「實施通則」，也規劃有教學評量，卻僅只五個原則性之規範。

教育目標評量方面。76年舊課程針對幼兒的學習評量，雖然各個領域列舉有評量項目，但是因為幼兒的教保工作並無成績評量，因此不被教師重視。教師的壓力源來自於幼兒園評鑑手冊之要求，其「教保活動」的評鑑，項目如附錄5所列（教育部，民85）。

針對附錄5之內涵，說明每一個細項的評鑑標準係採用三等級描寫量表。例如「幼兒認知表現：1-4幼兒的閱讀習慣」：□幼兒常自動拿取圖書閱讀。□少數幼兒能自動拿取圖書閱讀，大部分閱讀均限於兒歌教唸。□幼兒幾乎沒有閱讀的機會。

附錄5所列76年課程，其評鑑對象包含對教師、幼兒、家長三方面的評鑑。即使在過程評鑑、結果評鑑，也都有包含家長對象的意見評鑑，至於對幼兒及教師的評鑑，更是必要的評鑑對象，整合出幼兒園的教保活動成果。

從附錄4得知，76年舊課程基於評鑑的要求，各個幼兒園會要求教保服務人員實施幼兒學習表現觀察評量，以及教師省思、家長滿意度自陳評量。評量的內容包括學習的過程評量與期末的結果評量，項

目包含「教師的教學、教學情境布置、教師的課程與教學規劃實施、幼兒健康與營養的教育及照顧、整體教育及照顧品質的提昇等過程評量，以及觀察幼兒表現、家長滿意度自陳評量、教職員滿意度自陳評量等結果的評量」。

101年新課程評量

領域目標評量方面。101年現行課程已在領域內設有「領域目標」，另增加「課程目標」一項。至於如何評量「課程目標」是否已經達成？則已在各個領域訂立有評量原則，評量原則的兩個項目包括幼兒的表現、教保服務人員的教學省思。針對幼兒的表現，訂定有平日觀察與定期分析評量。其平日觀察評量，已列出領域中各個能力的平日觀察評量細項，提供教保服務人員評量參照或依據。據而可知幼兒行為評量係以行為觀察評量為依據。

101年現行課程為了達成課程目標內的各項學習能力，已詳細規劃有學習指標，分別依年齡逐條列舉。當教保服務人員在活動課程的實施，都能引導幼兒去經驗各項學習指標，即已認定幼兒學得課程目標內的各項能力，而達成課程目標，其中以採取從做中學的活動課程最具效果。

以上課程目標的評量，係依據學習指標的評量。學習指標之評量對象，包括教保服務人員是否確實提供幼兒學習指標的學習活動經驗與教學品質之機會，以及評量幼兒的學習效果。課程目標內的各項學習能力都達成後，代表領域目標已達成。

比較76年舊課程之各個領域目標評量，係指其「範圍」內的統整性評量，統整範圍內各個分類的評量，區分為幼兒方面評量與教師方面評量。其主要缺失在於教保活動上缺乏對歷程評量的要求，偏重於為了接受評鑑的總結評量。

總目標評量方面。101年現行課程在課程「總目標」共九項的評量方面，並沒有直接針對九項總目標列出評量題目，而是間接性的規

範幼兒六大素養：覺知辨識、表達溝通、想像創造、關懷合作、推理賞析、自主管理等，為幼兒園教育及照顧之統整六大領域能力。達成六大素養代表達成了總目標的九項目標。這是幼兒園六大領域課程統整實施後，幼兒必須獲得的六大素養，是達成幼兒園教育宗旨、總目標應具備的能力，亦稱是進入國民小學前應擁有的基本能力，然而並未在實施通則中列有評量參照項目。

教育部課程小組已組織「幼兒園幼兒學習評量指標研究團隊」，發表「幼兒學習評量指標（草案）」（陳姿蘭，2016），係從六大素養發展出來的學習評量指標。其草案內容如附錄5。評分方法係應用觀察法，觀察幼兒學習歷程中的行為表現，其符合列舉四等級當中「表現實例」的「等級描述」評分。

探討76年舊課程，為評量是否達成教育目標，列有「幼稚園為達成教育目標，須輔導幼兒做到下列基本事項：一、關心自己的身體和安全。二、表現活潑快樂。三、具有多方面興趣。四、具有良好生活習慣與態度。五、對自然及社會現象表現關注與興趣。六、喜歡參與創造思考和解決問題的活動。七、能與家人、老師、友伴及他人保持良好關係。八、具有是非善惡觀念。九、學習欣賞別人的優點，並具有感謝、同情及關愛之心。十、適應團體生活，並表現互助合作、樂群、獨立自主及自動自發的精神。」此係達成教育目標之基本事項並非評量題目。

第三節　現行幼兒園教保活動實施模式

一、教保服務實施準則

現行課程大綱教保活動課程之實施的法令規定，係依據《幼兒教育及照顧法》第十二條規定，條文詳列幼兒園之教保服務內容（包含

幼兒園教保活動課程大綱及服務實施準則）。「教保服務內容」詳見本節「一、幼托整合政策與幼兒教保發展——現行幼兒教保課程建構之立法」。

　　制定幼兒園《教保服務實施準則》，係為了落實幼兒教育及照顧之具體實施。其中健康及安全照顧最被強調，且強調幼兒之法定代理人得依幼兒之需求，選擇僅參與上午時段或下午時段之幼兒園教保活動課程。至於與課程教學密切相關者有第2、3、13、14、15、16條。茲條列於附錄7。

　　歸納附錄7內涵，《教保服務實施準則》對於課程與教學的要求包括：1.遵行幼兒本位精神，2.實施多元文化教保，3.維護幼兒身心健康及安全照顧，4.以課程統整方式實施教保，5.教保服務人員應自行發展教保活動課程，自幼兒生活經驗及在地生活環境中選材實施，6.提供幼兒透過遊戲主動探索、操作及學習之機會。

二、教保活動課程大綱之規定

　　在「怎麼看《教保活動課程》」方面，現行我國幼兒課程在「總綱」之「四、基本理念之(二)怎麼看《幼兒的學習與發展》？與(三)怎麼看《教保活動課程》？」的詮釋裡，係針對我國「幼兒園教保活動課程」的詮釋內涵，研究者經分析歸納六項實施準則如下：

　　1. 強調幼兒主體實施教保：從幼兒的角度出發，以幼兒為中心。課程在幼兒學習過程中不是外在「灌輸」的內容，而是促使幼兒成長的訊息來源。幼兒園根據教保理念與課程取向規劃教保活動課程，且隨著幼兒和學習情境的互動而機動調整課程。

　　2. 親身參與及體驗各式社區活動實施教保：著重幼兒有親身參與、體驗各式社區活動的機會，而體驗文化或創造文化；重視和社會與生活環境互動，發展成健康的個體。

3. 以課程統整方式實施教保：各個領域實施時，須符合幼兒的生活經驗，各領域的能力或學習面向以統整方式實施，支持幼兒發展統合的六大能力（六大核心素養）。意指教學歷程要求各個領域內的統整，也重視領域之間的統整。

4. 實施多元文化教保：幼兒的生活環境中存在著種種差異，因此教保服務人員宜將「差異性」視為教保活動課程的資源，並納入課程的考量，讓幼兒從認識差異而了解差異而接受差異，進而公平對待差異對象，也讓幼兒獲得公平學習機會，增廣幼兒的學習視野。

5. 維護幼兒身心健康及安全實施教保：包含營造健康安全的學習環境與培養健康安全的知能。

6. 以遊戲活動實施教保活動。

以上會產生爭議且值得探討的是「3.以課程統整方式實施教保」的內涵，因其所依據的是課程總綱之四「基本理念」，其中第三項「(三)怎麼看教保活動課程」第二款「本課程大綱的內涵依據幼兒的需求與社會文化的期待，化分為身體動作與健康、認知、語文、社會、情緒和美感六領域，然實施時須符合幼兒的生活經驗，以統整方式實施⋯⋯」至於如何統整實施？下文的詮釋是「各領域的學習面向彼此關聯，相互統整；各領域的能力彼此串結，環環相扣，以支持幼兒發展統合的六大能力，面對未來多變的社會。」（p.5）以上內涵係在強調「各個領域內的統整」，立論有問題；因為實務工作如果僅僅強調各領域內的統整，忽視整體六個領域的統整，將流於「分領域」的教學，就會產生和76年課程標準同樣的「分科教學」缺陷，其產生的影響將會是限制幼兒本位教育的實施，減損幼兒的最佳利益。

然而另依據課程總綱之五「課程大綱架構」內容指出「本課程大綱從人的陶養出發，確立課程大綱的宗旨和總目標，並將課程分為身體動作與健康、認知、語文、社會、情緒和美感六大領域。透過統整

各領域課程的規劃與實踐，陶養幼兒擁有下列六大素養：覺知辨識、表達溝通、關懷合作、推理賞析、想像創造、自主管理。」分析文中統整內涵，係指領域之間的統整。

實施統整性教保活動是絕對必要的，教學者必須能夠釐清統整性之內涵，包含了領域內的統整及領域間的統整兩類，惟在實施時不應強調領域內的統整，因為幼兒的發展是領域之間的統整發展。

三、歸納實施原理

依據以上探討，綜合《幼兒教育及照顧法》、《教保服務實施準則》、《幼兒園教保活動課程暫行大綱》等規範，我國現行幼兒園課程，包含各領域內以及領域之間的統整，惟如何經由各領域「學習指標」的教保活動，達成課程目標與領域目標，獲得幼兒發展統合六大素養，終而達成九項教育目標？研究者歸納概要如下六項原理：

1. 以維護幼兒身心健康及安全實施教保活動。
2. 以直觀經驗結合做中學活動課程，實施社區融合教保活動。
3. 以幼兒為中心實施教保活動。
4. 以課程統整方式實施教保活動。
5. 以幼兒生活環境中的差異性資源實施多元文化教保活動。
6. 以遊戲活動實施教保活動。

四、課程實施教保模式

現行幼兒園教保活動課程之實施，依據教育部課綱推廣小組歸納之常見課程取向有下列三大類（李連珠，2016）：A.主題（單元／方案）+學習區：包含有：1.班級自設學習區，2.班級自設學習區外加公共學習區，3.班群間混班設學習區，4.全園混班學習區。B.學習區為主。C.蒙特梭利、華德福等。

　　課程大綱推廣小組列舉現今被大多數教師、教保員採用的A類「主題（單元／方案）+學習區」模式，提出「統整性主題課程設計－建構步驟及操作說明」，**如附錄8**（王淑清、顏秀樺，2016；蘇育令、鍾雅惠；2016），且詮釋課程實施模式。新近教育部國民及學前教育署依據「優質教保發展計畫」實施「文化融入幼兒園教保活動課程實例甄選計畫」徵稿，自105年2月15日（星期一）至105年3月7日（星期一）晚上12時止，即依據此一模式徵稿。堪稱101年新課程大綱教保活動模式的主流。其統整性主題課程設計 ── 建構步驟及操作說明，詳如附錄8內容。

　　探討附錄8統整性課程設計步驟，**係依據五個步驟實施教保活動：A依據情境選擇主題→B腦力激盪產生各種想法→C使用網絡圖組織想法→D1設計可能的活動←→D2整合可能的活動和界定學習方向→E回頭對照概念和學習指標 。**

　　整體分析發現，以上步驟係基於幼兒都具備了主題生活經驗之假設，亦即假設幼兒都具備了微視系統生活經驗的範圍、存在、層次、品質等。事實上，不同家庭環境生長的幼兒，彼此之間存著某種程度的生理、心理、精神、心靈、社會的個別差異性，倘若沒有在教師的引導下共同去探索與體驗生活經驗，則在主題的「腦力激盪」時間裡只能各說各話，彼此之間缺乏共鳴。因此增加「家庭、學校、社區」之直觀生活經驗的探索體驗階段，確實有其必要性，才能從此出發。其次，整個步驟都採取由教師主導進行活動，包含主題網的形成由教師建立、看不到自主建構的從做中學習的活動課程、看不到幼兒的主導性，其幼兒本位教保活動之自明性不足，顯然與課程大綱所主張的幼兒本位教保活動，存在著極大的差距。因此，教育部課程大綱小組所建立之教保活動實施歷程模式建構，確實有其本質上的改善空間。

　　綜合歸納得知，為探討現行我國幼兒園教保活動課程大綱內涵，本節分成三個部分做內涵分析：幼托整合政策與幼兒教保發展、現行

我國幼兒園教保活動課程建構、現行幼兒園教保活動實施模式。

研究者基於當代教保服務人員都已經歷過舊課程標準實施經驗，值此新課程大綱推展之際，採比較方式，探討我國新舊制課程內涵，將有助於對新課程大綱的了解。

經由一系列新舊課程比較，發現制定新課程大綱係為了「幼托整合」改革政策，包含健全幼兒教保發展、改善教育機會的不均等、改善體制上長年的教保問題，最終目的係為了實踐「幼兒教育及照顧法」規劃之保障幼兒接受適當教育及照顧之權利，確立幼兒教育及照顧方針，健全幼兒教育及照顧體系，以促進幼兒身心健全發展。

根據新舊課程之比較發現，現行我國幼兒園教保活動課程建構，係屬於新制訂，並非修訂自舊課程標準，採用課程「大綱」名稱取代「標準」名稱、強調幼兒本位、實施活動課程。新課程大綱依據人本心理學信念，緣起於時代背景需求，包含課程目標、領域、方法、評量的調整改進。

經由新舊課程之比較發現，現行我國幼兒園教保活動課程之實施，規範了六項重要實施原理：1.維護幼兒安全與身心健康。2.課程須從幼兒園、家庭及其社區取（選）材、自編教材，且以親身參與及體驗各式社區活動實施教保。強調直觀經驗結合從做中學習活動。3.以幼兒生活環境中的差異性資源實施多元文化教保。4.以幼兒本位精神實施教保活動，了解發展需求，目的為滿足需求。5.以統整方式實施教保活動。6.以遊戲活動實施教保活動。

教育部依據上述規範之要素，訂定「統整性主題課程設計—建構步驟及操作說明」，共有A、B、C、D1、D2、E等六個步驟，且組織中央宣講員，辦理研習巡迴講述。

經歸納新課程大綱規範之「課程實施六個重要元素」，也分析教育部推動新課程大綱之「統整性主題課程設計六個步驟」。前者是我國幼兒園實施新課程之目標、內容、方法、評量之核心，規範我國幼

兒園教保活動實施基礎。後者是教育部推動的教學實施模式，此一教
學模式能否符合新課程大綱規範的課程實施六個重要元素？尚待深入
探究。

社區融合幸福教保模式教保歷程
CHAPTER 6

　　為幫助教保人員充分了解社區融合幸福教保模式內涵，以下區分二個層面深入探討幼兒本位社區融合教保活動歷程及內涵：一、比較眉橋幼兒園混齡班一個班級與華愛幼兒園分齡的中班、大班兩個班級，其教學者的常態一日生活作息表之課程項目及實施時程。二、分析兩校幼兒園共三個班級之教保活動內涵。

第一節　比較兩校幼兒園之每日作息課程項目及實施時程

　　我國《幼兒教育及照顧法》第一條內涵「為保障幼兒接受適當教育及照顧之權利，確立幼兒教育及照顧方針，健全幼兒教育及照顧體系，以促進其身心健全發展，特制定本法。」另我國《幼兒園教保活動課程大綱》係依據《幼兒教育及照顧法》第十二條訂定。據而我國幼兒園教保活動內容，明確區分為「教育」及「照顧」兩個層面。

　　「照顧」是「教育」的基礎，「照顧」亦是「教育」的時機，因為「教育」而讓「照顧」之幼兒朝向自信、自主、自發，遠離不信任、懦弱羞怯、內疚行為，「照顧」與「教育」兩者關係密切。「照顧」的最基本，指的是提供營養、衛生保健及安全之相關服務，也包含提供生理、心理及社會需求滿足之相關服務，以及提供適宜發展之環境及學習活動；所謂學習活動，指的是「教育」的層面，而「教學」則是實踐「教育」的活動。「教育」及「照顧」必須落實規劃於每日生活作息表。由於兩校幼兒園教學者，均表達已從教學中獲得幸福感，為了探究教學者產生幸福感的原因，有必要分析兩校教學者的教學歷程。以下比較兩校幼兒園生活作息之內容，分析其共通處及不同處，且詮釋其內涵意義。

　　附錄13為眉橋幼兒園的班級生活作息表，附錄14及附錄15為華

愛幼兒園二個班的生活作息表。作者也訪談班級教學者之「每日生活作息」實施情形，附錄12是各班「每日生活作息表」活動內容及時程比較。作者分析附錄13、14、15三個班級之生活作息表內容，分析其異同如表6-1。分析後發現：1.發現各個班級都能依據訂定的作息表實施教學及照顧活動。2.發現兩校之間的教保活動有其異同之處。茲區分「健康照顧」及「教學活動」兩項，分析其異同如表6-1。

表6-1　眉橋幼兒園與華愛幼兒園之教保活動每日健康照顧及教學活動作息時程比較

	眉橋幼兒園	華愛幼兒園
健康照顧	幼兒入園 7：30-8：00 戶外大肌肉活動 8：50-9：20 上午活力點心 9：20-9：50 元氣午餐 12：00-12：40 餐後收拾、整理 12：40-13：00 午休 13：00-14：30 活力點心 15：30-15：50 放學 15：50-16：00	幼兒入園 7：30-8：20 戶外1大肌肉活動 8：20-8：50 元氣早點 8：50-9：20 戶外2活動 11：30-11：50 營養午餐 11：50-12：30 餐後整理 12：30-13：00 午休 13：00-14：30 活力點心 15：00-15：30 放學 16：00-
教學活動	幼兒入園 7：30-8：00 8：00-8：50主題軸心之小組生產創作（全部到齊） 主題軸心（社區景點探索或每日教學活動） 9：50-10：10-經驗分享B 10：10-10：40角落自由遊戲 10：40-11：00經驗分享A 11：00-11：30主題加深加廣統整教學 11：30-12：00加深加廣教學 14：30-15：00心情日記	幼兒入園 7：30-8：20 7：30-8：20角落自由學習活動（到班人數僅3或4人） 課程發展活動（社區景點探索或每日教學活動） 9：20-9：50經驗分享A與工作計畫-（全班到齊） 9：50-10：50小組生產創作- 10：50-11：30經驗分享B 14：30-15：00主題加深加廣統整教學 15：30-16：00心情塗鴉-日記畫

	眉橋幼兒園	華愛幼兒園
	15：00-15：50主題統整與加深加廣教學 16：00-17：00課後留園學習活動	16：00-17：00角落自由學習活動、美感學習活動、放學時間。

資料來源：作者分析整理

備註：1.眉橋幼兒園位處鄉村丘陵區，華愛幼兒園位處都會區。因社區環境、文化、生活機能不同，影響家庭生活習性，也影響幼兒園生活作息表的安排。兩校幼兒園作息表時間均自7：30打開校門迎接幼兒入園，接著各項作息之時間安排略有不同。

2.眉橋幼兒園「課後留園」活動與華愛幼兒園放學後的「美感學習」活動，兩者名稱不同，但是性質相同，都是屬於自由參加之收費性質的課後留園活動。活動內容有圍棋、陶藝、音樂、舞蹈……等等幼兒感興趣之生活教育課程。

3.眉橋幼兒園之每日作息表裡的「加深加廣」活動，出現有「主題加深加廣統整教學」、「主題統整與加深加廣」、「加深加廣」等三種不同名稱，在於教學內容之不同區分。

依據表6-1，分析比較兩校幼兒園之課程項目，作者發現：

一、健康照顧方面

(一)課程相同之項目：包含「幼兒入園、戶外大肌肉活動、上午點心、午餐及餐後整理、午休及床鋪整理、下午點心、放學」等等。

(二)課程差異：華愛幼兒園多了一次戶外2的體能活動，時間30分鐘。

二、教學活動方面

(一)課程相同之項目：兩校生活作息表中，課程的相同處包含「社區探索及經驗分享AA、角落自由遊戲及經驗分享A、小組生產創作及經驗分享B、主題加深加廣之統整教學、心情日記、課後留園或稱美感學習活動」等等。

(二)課程不相同之項目：

1. 附錄13係眉橋幼兒園自週一至週五每日之生活作息表，經訪談了解眉橋幼兒園每一天均以生產創作為核心；而附錄14、15係華愛幼兒園兩個班的生活作息表，經訪談了解華愛幼兒園在週一、週二、週四、週五係以生產創作為核心，至於週三則係另安排以加深及加廣為核心之課程。華愛幼兒園週三課程之所以這樣安排，考證其歷史背景，係基於為落實《幼兒園教保服務實施準則》之「以統整方式實施，不得採分科方式進行」規定，自本學期開始，全面取消原本安排於週三的才藝教學，不再外聘才藝教師；而轉型全面實施社區融合課程與教學，全面由教保服務人員擔任延伸課程。因強調生命教育辦學精神，仍邀請園內之修女帶領一節課。現今週三全日之課程包含體能課、繪本討論、兒歌、生命教育等與主題相關課程，惟並未在作息表裡呈現。

2. 眉橋幼兒園每天實施以「生產創作」為核心的教學活動，結合實施三種「加深加廣」教學活動，分別是「主題加深加廣統整教學」、「加深加廣」、「主題統整與加深加廣」，每次時間30分鐘。之所以出現三種不同名稱，在於內容的區分：「主題加深加廣統整教學」在於實施「教師統整歸納、延伸主題課程」；「主題統整與加深加廣」在於實施「讀經、生活美語、歌謠、體能活動、遊戲、成語故事、故事、閱讀、圖書室收集資料等等課程」。根據訪談得知，眉橋幼兒園一年前開始實施第三種加深加廣課程，名稱是「加深加廣」，實施內容為「分齡、分組幼小銜接課程」，採行活動方式實施。華愛幼兒園則在週一、週二、週四、週五等日，每天實施一次「主題加深加廣統整教學」，在於實施「統整各領域教學活動、發表、故事、歌謠等」，週三則安排實施以「加深加廣」為核心的教學活動，包含體能課、繪本討論、兒歌、生命教育等課程，當天停止實施生產創作活動。華愛幼兒園須補備註，說明週三的教學活動。

3. 課程時程不相同之活動。眉橋幼兒園每一天優先實施「小組生產創作及經驗分享B」活動，接續實施「角落自由遊戲及經驗分享A」活動；而華愛幼兒園規劃每一天優先實施「角落自由遊戲及經驗分享A」，之後接續實施「小組生產創作及經驗分享B」活動。

眉橋幼兒園於幼兒入園後的第一節課，實施小組生產創作（依照前一天的工作計畫執行），並於生產創作活動結束後，僅作簡短的經驗分享B，而於戶外大肌肉活動過後，且於吃過了點心，再接續實施詳細的經驗分享活動B，亦即把經驗分享活動B分為兩個時段實施。K教師對這樣安排的原因作了以下之詮釋。

> 多年來我們都因幼兒上學時間不一，因而在入園時段安排幼兒喜愛的自由遊戲，吸引幼兒早起到園上課。鑒於家長認為自由遊戲不是上課，只是玩耍，不具重要性，因此有少部分家長延遲上學時間，讓幼兒遲到，不覺得是個問題。殊不知當幼兒生產創作的產品，沒有經歷過自由遊戲經驗，會減低生產創作的動機，連帶影響各個領域能力之發展；且當幼兒遲到，教師必須中斷教學活動，接待家長及安置幼兒，產生班級經營問題，這個問題已經存在我腦海裡很久了。經商議之後做了調整，從這個學期開始嘗試實施，結果發現早上各項學習活動很緊湊、充實，常常覺得時間不夠用。也當家長發現其他幼兒生產創作的作品較多，而自己小孩的作品較少的時候，驚覺、警覺必須配合學校，提早準備陪伴幼兒準時上學。（訪談K-20160810D32）

眉橋幼兒園為因應社區現況，調整課程時段，除了起因於改善部分幼兒上學遲到問題，另一項緣由在於對生產創作活動的重視，她要求兩位教保員當中的一位務必要充分備課，落實生產創作活動，因為

生產創作活動是社區融合模式的核心樞紐，除了能夠解決班級經營問題，更能豐富學習活動，達成教保活動目標。

　　歸納兩校幼兒園之作息表及實際運作資料，發現兩校在健康照顧的「內容項目」是一致的，且符合課程大綱規範；至於在教學活動的「內容項目」，顯示出有共同的主軸：「社區探索及經驗分享AA、角落自由遊戲及經驗分享A、小組生產創作及經驗分享B、主題加深加廣之統整教學」等。惟因各校之社區環境、生活機能不同，都會區及鄉村丘陵區之社區文化環境上的差異，影響了家庭生活習性，影響幼兒生活作息，連帶影響幼兒園生活作息表之安排，因此在時程上課程安排會有些許差異。例如眉橋幼兒園之加深加廣教學分成三類：「主題加深加廣統整教學」、「加深加廣」、「主題統整與加深加廣」；而華愛幼兒園之加深加廣教學則分成二類：「每週一、二、四、五配合當日主題內容實施主題加深加廣統整教學」與「週三全日實施加深加廣課程」。分析後發現除了華愛幼兒園週三教學須補備註說明外，其餘教學活動都能依據所訂定的生活作息表課程內容實施。

☺ 第二節　兩校幼兒園課程之社區融合幸福模式內涵

　　實施「社區融合幸福模式」教保活動，係以社區資源景點作為教學主題，從幼兒直觀探索經驗結合生產創作活動及自由遊戲之觀點介入，依此理念訂定每日生活作息表，其內容包含了健康照顧及教學活動。關於每日作息表的項目及時程，已在第一節詳述，本節分別就健康照顧及教學活動兩部分，分析其項目內涵。

一、健康照顧內涵

幼兒教保活動包含幼兒的教育及照顧，其中生理及心理健康照顧是幼兒園教保活動之基礎。沒有健康的身心，一切都將是形式、空談，或根本免談。例如幼兒感冒了，要求勤勞是空談；成人有憂鬱症，根本免談守信用；幼兒感染腸病毒疾病，生病了，第一優先當然是生命救助，沒有了生命及健康，奢談啟發心智！

(一) 幼兒入園

眉橋幼兒園幼兒入園時段為7：30-8：00，但是為了因應家長趕上班，為了安頓幼兒到校，L教學者要求自己提早，搶先於家長之前到校，通常在7點過後多一些就到校，工作包含著一件被形容是至高重要的「量體溫」及使用酒精噴霧清潔手部等工作，務必要「確實」實施，希能做到腸病毒之第一級預防的預防感染，以及第二級預防之早期發現的預防惡化；之後引導幼兒日常的打掃應對工作……。

> 通常我7點多就來了，因為家長要上班，7：30前就要來，所以我幾乎7時多就會來……。引導幼兒打掃分配區域，要量體溫，這是我們最重要的課程，了解身體狀況，太重要了，要不然會傳染腸病毒。打掃工作期間，幼兒知道要做什麼事。然後放音樂，幼兒會來圍討區上課。（訪談L-20160629A9）

為能對抗腸病毒，「中央流行疫情指揮中心」公告「教（托）育機構因應腸病毒疫情停課原則」（97年6月10日）如下：小學低年級（一、二年級）、幼稚園與托兒所（幼兒園），於一週內同一班級有二名以上（含二名）幼童經醫師臨床診斷為手足口病或皰疹性咽峽炎時，該班級應停止上課十日，另衛生主管機關應與教（托）育機構及學童家長充分溝通，並督導及加強學童個人衛生教育（如勤洗手、戴

口罩……）及環境消毒。各級教（托）育機構必須確實執行「學童生病應就醫、不上課、在家休息」政策，以保障學童的健康，避免疫情擴散之群聚感染。

　　當班級有幼兒感染腸病毒，而導致「該班級應停止上課十日」，這對於學校及家庭而言，都會造成很大的衝擊，因此深受幼兒園重視，片刻疏忽不得。華愛幼兒園幼兒入園時段為7：30-8：20。當幼兒入園與師長互道早安後，必須在入園大廳接受由值班修女助理教保員測量體溫、檢查口腔、手掌，以及酒精噴霧清潔手部，實施傳染疾病的第一級預防工作，倘若發現有腸病毒徵狀，即刻啟動第二級預防工作，早期發現早期治療，以及全面清潔、消毒工作，確保幼兒健康。

　　　上上學期末因腸病毒，所以沒有玩到，全拆光了，好可惜，上
　　　學期沒有玩到。（訪談N-20160603F3）

　　N教保員上一學年帶的班級，因為腸病毒停課10天，計畫中的期末高峰活動被迫取消，為了徹底消毒，各個情境角落及作品全部拆除，幼兒期盼的遊戲活動沒得補辦，幼兒感到難過，教學者也深切惋惜。可知幼兒早上入園時段，擔任值班教保服務人員責任重大，須仔細檢查，即早發現腸病毒症狀，阻絕進入班級，將能避免因群聚傳染所帶來的巨大影響。

（二）戶外大肌肉活動

　　依據課程大綱「身體動作與健康領域」實施原則之第五條規定，幼兒園須「提供充足的活動時間，注意觀察幼兒的體能適應狀況」，詳閱其內容包含「……建議二至六歲的幼兒每天至少有三十至四十分鐘的出汗性活動。」且依據《幼兒園教保服務實施準則》第八條規定

「幼兒園每日應提供幼兒三十分鐘以上之出汗性大肌肉活動時間，活動前、後應安排暖身及緩和活動。」

華愛幼兒園每天於8：20-8：50時段，實施30分鐘的戶外律動及出汗性運動。華愛幼兒園在午餐之前，全園另行安排20分鐘的戶外自由活動，包含溜滑梯、盪鞦韆、騎三輪車、玩蹺蹺板等大肌肉活動，以及探索生態園之魚類餵食、鳥類餵食、蔬菜類澆水等活動。唯獨中班幼兒班級人數較多，其生產創作活動後之收拾工作較慢，接著的經驗分享時段也會花較多時間，因此每週只安排二至三次參與20分鐘的戶外活動，另二次則停留在教室裡，銜接實施加深加廣教學活動。

眉橋幼兒園屬於國小附設幼兒園，有著寬闊的操場、跑道、風雨操場，以及平衡木、跳躍輪胎、單槓、爬竿、格子爬竿、爬梯等等運動設施。教學者每天於8：50-9：20時段，會帶領全班幼兒到戶外操場實施大肌肉活動。首先會做暖身活動、跑步，接著選擇踢球、爬竿、單槓、爬梯等某一項或二項大肌肉體能活動。

(三)點心及午餐

幼兒餐點非常重要，為保障幼兒健康，法令規定很詳盡。依據「幼兒園基礎評鑑指標」自評表5.1.1項目規定，必須「有公布每個月餐點表，並告知家長。」另《幼兒教育及照顧法》第十八條有關幼兒園之員額編制，規定「幼兒園應置廚工。」依據「幼兒園教保服務實施準則」，第七條規定「幼兒園應視幼兒身體發展需求提供其點心，對於上、下午均參與教保活動課程之幼兒，應提供其午餐，並安排午睡時間。」且「幼兒園點心與正餐時間，至少間隔二小時；午睡與餐點時間，至少間隔半小時。」第十二條規定「幼兒園應提供符合幼兒年齡及發展需求之餐點，以自行烹煮方式為原則，其供應原則……（四項）。」作者分析眉橋幼兒園及華愛幼兒園教學日誌、幼

兒學習檔案，發現幼兒餐點的品質優良，符合法令規定。

　　依據幼兒發展階段之身心特徵，幼兒新陳代謝快速，須要適量、少量多餐，因此點心的提供備受重視，除了午餐之外，早上、下午各有一次點心。每一天的營養需求，餐食點心都會有營養師規劃設計，且有合格證照的烹飪人員專職料理，維護均衡營養，增強體力，提升免疫力。

　　眉橋幼兒園的點心很特別，為了增進幼兒對水果的喜愛，減少偏食及其產生的健康問題（容易感冒，且感冒後恢復較慢），因此每一週會有兩天提供豐盛的水果點心餐。如果今天的點心是水果，就會先吃點心，之後就讓幼兒到戶外做大肌肉的活動；否則就會先做戶外大肌肉活動，之後再吃熱食點心。

　　　有的幼兒，水果香蕉什麼的他不吃！我們就設計一個星期有
　　　兩天的水果餐做為點心。這時候，我們是先吃點心，然後再去
　　　戶外大肌肉遊戲。這是主任為了要增強幼兒吃水果，改善偏食
　　　行為的作法；因為幼兒喜歡戶外遊戲，吃完水果餐才可以出去
　　　玩；而吃水果之後遊戲活動，不會傷害胃的吸收功能。（訪談
　　　L-20160629A10）

　　　以前沒有餐廳嘛！就在這地方吃東西。妳的感知能力，對
　　　這環境的要求，那個美感跟秩序感要夠，對幼兒常規要求
　　　要到位，對於這一塊能夠徹底要求，規劃實施策略，多鼓勵
　　　與展現耐心，幼兒就做得到，幼兒真的做得到。（訪談K-
　　　20160810D48）

　　教學者秉持專業理念，引導幼兒正確認知食物及表現良好飲食習慣，矯正偏食行為，避免顧此失彼的教保活動，將能維護幼兒健康，

且據而建立起一生的健康習慣。

(四)午睡

從發展的觀點，幼兒需要有充足的睡眠；且我國法令規定，就讀全日班的幼兒，幼兒園應安排午睡時間。午睡時間，二歲以上未滿三歲幼兒，以不超過二小時為原則，三歲以上至入國民小學前幼兒，以不超過一小時三十分鐘為原則；並應安排教保服務人員在場照護。（《幼兒園教保服務實施準則》第七條）

幼兒園班級有多少個幼兒，就會有接近數量的家庭。一般家庭父母親照顧屈指可算的孩子已經是夠費盡心力的了，何況幼兒園有限的教保服務人員要照顧眾多的幼兒，若非有專業能力，將難能達成教保任務。除了飲食照顧之外，午睡時間的照顧真是個挑戰。

> 我……那時候剛跟K老師的時候，有一對姐弟乙，啊！那個弟弟乙，才不滿三歲，是因為那個姐姐的關係才來讀的。重點是，那時候，弟弟中午睡不著，我看到K老師怎麼付出的，你知道嗎？她抱著他，就像自己的孩子那樣抱著睡！這點我實在還沒有辦法像她那樣做到，咱們應該學習。嗯，K老師是這樣、這樣抱著他睡！就像這樣，抱著，我是想，她這樣實在很偉大……之前這對姐弟還沒來讀的時候，阿嬤在菜市場工作，平常把那姐弟關在家裡。爸爸給姐姐手機，交代如果弟弟拉大便或有甚麼事情，就打電話給他……。（訪談P-20131102E12）

午睡時間之所以重要，是因為這是健康及培養生活習慣的關鍵，幼兒不在這個時間睡覺，就必然會在其他時間補眠，連帶影響她的情緒、生活秩序及學習活動。從幼兒午睡習慣可以洞悉幼兒健康狀況及智能發展情形，以及團體生活適應能力。教保服務人員必須基於人本

主義信念，避免應用顧此失彼的教保方式，才能培育身心健康幼兒。

二、教學活動內涵

　　教學活動是幼兒教育的系統化展現，基於課程及施教對象的個別差異，學者發展出各種教學模式。教學活動之所以稱是模式，是因為它是由一組系統方法所組成，欠缺系統性或僅僅單一的技巧將難能達成教育目標。幼兒園教學活動應該規劃採取以幼兒本位的教學活動為磁場，運用幼兒發展階段之學習特徵，輔助以加深加廣活動實施教學。以下詮釋兩校幼兒園各項教學活動之內涵。

(一)備課

　　「備課」指的是授課之前教學者的教學準備，包括了兩校幼兒園實施的探索活動的備課、經驗分享的備課、生產創作活動的備課、自由遊戲活動的備課、加深加廣教學的備課，也包含前述健康照顧活動的備課等等。

　　眉橋幼兒園的 L教保員授課之前，會和K教師（兼主任）討論，會先記錄預定要實施的內容，會思考如何實施，如何延續前一週進行的課程。L教保員很重視課程的延續性，主動諮詢，深富教學熱情；能在前一週做周詳授課準備，展現優質專業態度。

　　　如果是我主教，「備課」是在前一星期就跟主任討論課程的走
　　　向與內容……。上週三會先想好，再趁假日開始設計……。在
　　　週六、日時，都會把我的東西都準備好，一定會有許多的教具
　　　啦、繪本啦、資訊設備啦。須要提供給孩子做補助的，都要先
　　　準備好。（訪談L-20160629A9）

　　眉橋幼兒園從週一到週五，每天實施以生產創作為核心的教學活

動，教學者認為實施這種社區融合開放式課程，除了做課程規劃，且在教學者日常生活中，主題的影像隨時隨地存在教學者的腦海裡，如影隨形。這種模式能擴展且增進幼兒生態發展理論之微系統的發展經驗。

> 比如說這次主題接觸的「苗栗蔬果農藥殘留檢驗站」，我開車上班來來回回十幾年了，噢！第15年了，從來沒有看過該檢驗站開過門，從來沒有。奇怪！招牌有在那裡，就沒有開過門啊！曾問住在附近的幼兒媽媽，她們也說從來也沒有看到開過門。為什麼我會注意到這個點，是因為走這個主題，有機課程，很自然的，平常的焦距就會注意，以前都是視而不見。因為走這個課程，規劃課程時就列入，屆時再聯絡。（訪談K-20160725C12）

更有甚者，實施這種課程對教學者而言，就是一種生活，是生活的融合。

> 有一次我和搭檔兩人到臺中市做甚麼的……，去燙頭髮。然後兩人就去逛百貨公司，看看看，就看到百貨公司有一些裝置藝術，我那同事搭檔就說「ㄟ！到時候，這個，我們就可以怎樣、怎樣在教室裡創作……」我心裡好高興，就對她說「袁老師，很不錯喔！妳會把看到的東西和教學連結。」表示這個東西已經內化了。（訪談K-20160725C3）

華愛幼兒園的M教師與N教保員各自帶領大班與中班的每天教學，指出每天課程準備方式包括兩種：一是依據學期計畫，而針對每週授課計畫的備課，二是準備第二天早上經驗分享時段的團體討論備

課。

　　1. 關於第一項之每週授課計畫的備課，指的是週一、二、四、五共四天實施以生產創作為主體的開放性課程，以及加深加廣課程；也包含每週三的例行性體能、生命教育、語文、數學、繪本故事、兒歌等等相關主題課程的授課準備，亦是一項加深加廣課程型態，係採行單元教學的「準備活動→引起動機→發展活動→綜合活動」歷程實施。

　　在加深加廣時段裡的授課準備，例如本學期主題「生態園裡的小鳥」，當延伸到社區裡的鴿子，帶領幼兒前往臺中公園餵食鴿子、近距離觀賞鴿子、觀賞湖心亭裡的鴨子、鵝，也觀賞到老鷹等。幼兒會在經驗分享活動提到鳥類種類、差異性、習性、禽流感，甚至提到會飛的恐龍、始祖鳥等等，老師據而蒐集繪本、上網蒐集相關資料，備課教導相關知識，據而引導生產創作、扮演、遊玩、再安排前往科博館參觀恐龍展覽探索、而引導生產創作、扮演、遊玩……等等。（訪談M-20160726H9）

　　我的備課內容，主要是加深加廣時段裡相關授課資料的準備，……。我在上午的加深加廣時段裡，係針對幼兒累積的問題、生活討論的問題，蒐集資料做加深加廣的教導，以及讓幼兒示範作品的遊戲玩法。在下午的加深加廣時段裡，主要是教導兒歌，現在幼兒已能熟唱20首以上的兒歌了。（訪談N-20160727J36）

　　2. 關於第二項「準備第二天早上經驗分享時段的團體討論」之備課，指的是在每一次經驗分享時段之討論問題準備的備課。經驗分

享A及經驗分享B之時段各有其任務功能，包含在探索活動、自由遊戲、從做中學習、生產創作等活動期間之所見、聞、說、嗅、嚐、玩、想、情緒等之經驗分享、讚美、建議等，涵蓋了認知、情意、技能，以及常規行為層面。教學者必須專注於幼兒活動中的行為及觀察，紀錄下來，思考著如何在幼兒經驗分享時段裡，引導幼兒討論。

就如同今天下午在自由遊戲時段裡，我會留意去觀察，觀察幼兒在玩的時候發生了甚麼問題，然後我會不斷的思考明天早上在經驗分享時段，我準備要用甚麼方式、技巧跟他們討論。除了讓幼兒發表在遊戲中對作品玩具的修補、增添之外，我也會針對生活常規問題，引導幼兒陳述情境，提問問題團體討論，重視該問題，讓幼兒發表意見，深入討論，並決議付諸實踐。（訪談M-20160726H17）

跟過去的教師本位教學模式比較，現在的幼兒會讓我常常耳目一新，讓我每天都很開心；但是很累的地方也有，就是老師要一直動腦筋，而且不能在那個框架裡面。要一直想著要怎麼才好玩，因為有好多東西你很難找到好玩的點，而且幼兒想到的好玩的點，有時候跟我們所想的不一樣，而且你不能直接說出來，你要去引導他，所以要一直去想，怎麼樣去說那個話，我覺得真的很花腦力與時間。（訪談N-20160727J33）

華愛幼兒園在備課方面，發現在同一個學校裡，大班、中班兩個班有下列的差異：中班多了早上一次20分鐘純粹是主題認知性加深加廣的教學；至於下午30分鐘的加深加廣時間，則純然是兒歌教學。至於大班則應用早上11：30至11：50的20分鐘時間，到廣場實施大肌肉戶外自由活動，且至生態園區進行直觀探索活動；於下午

3：00至3：30時段的30分鐘，則實施主題統整加深加廣的教學。兩班於每週三實施兒歌、體能、語文、數學、繪本故事等加深加廣之教學，當天暫停實施以「生產創作」為主體的幼兒本位教學活動。雖然都在同一校幼兒園，兩者教學風格略有差異，惟達成目標卻是一致。

(二) 探索活動與經驗分享AA

探索活動必須基於安全照顧的基礎，透過教學者的媒合，讓幼兒與社區景點接觸，融入動態情境；除了引導幼兒認識當前情境，也回顧歷史；且在探索活動之後返回教室實施團體經驗分享，以及接續的生產創作活動與經驗分享B。探索活動內涵包含有五項。

1. 探索活動基於直觀教育原理及遊戲學習原理

探索活動對於幼兒階段的教育深具重要性，考其原因係源自於直觀教育的原理。教學者藉由帶領幼兒探索活動，引導幼兒獲取直觀經驗，而且是動態歷程、有趣的直觀經驗。一個二十多人的幼兒班級，在實施主題教學時，對於主題的舊經驗個別差異極大，唯有全班一起去探索社區景點，可以在教學者的媒合及引導下，有趣地接收新經驗，也藉由新、舊經驗的分享活動，加深主題學習的經驗，作為接續實施生產創作的動力。

實施主題教學，一般的幼兒園都說，會找幼兒生活中有經驗、有興趣的主題進行……，但在實施的時候，並不是「每一個幼兒」都有經驗過。例如我們從家長群組裡Facebook臉書的分享資訊中，我得知全班幾乎三分之二的幼兒，都有去參加過「7-11小小店長行動營」活動；但是仍有三分之一的幼兒沒有參加該項活動經驗。一般幼兒園就用這樣當主題，在教室裡面就進行了嘛！但是我們跟他不一樣的地方，是說我們選取社區裡的一個景點「順發商店」當主題，全班過去探索，通通有了

161

共同經驗了，下學期就從這裡開始進行。……因為我們社區裡沒有7-11商店，而選取社區裡與7-11商店相類似的「順發商店」當主題。（訪談K-20160810D9）

為什麼要走商店，是因為這一年裡面，很多家長有帶孩子去參加7-11的「小小店長活動」。因為孩子回來，在學校就會跟我們分享，我們就認為這是很正向的活動，也給孩子有不同的體驗，所以那時候就聯想到探索社區的商店，就可以跟孩子的經驗連結。甚至對於沒有參加過7-11小小店長活動的孩子，我們也可以拓展他們的視野這樣子，所以我們也會有連結到這個區塊。（訪談L-20160803B14）

有效率的幼兒教育建基於興趣及經驗之上，因此幼兒教育首重引導幼兒產生有趣的新經驗與引發舊經驗。社區探索活動，經由教學者的規劃及媒合，在直觀探索歷程中，設計有趣的遊戲活動，能夠讓每一位幼兒融入有趣的遊戲學習活動，也讓幼兒有機會獲得共同的直觀經驗，有助於主題教學的實施。

2. 發展幼兒覺知辨識能力的重要管道

探索活動在於引導幼兒從觀察景點及有趣地玩遊戲之中，獲得看到、聽到、說、玩到、嗅、嚐、觸摸、壓、溫度覺、聯想到，以及觸景生情敘說等等感官的實務經驗，不僅僅是數、名、形的認知，更是情感的投入、親身的體驗、能力的發揮，是教育的基礎，是發展幼兒覺知辨識能力的重要管道。

帶出去探索景點，就常會問她們：看到什麼、聽到什麼、聞到什麼、感覺溫度高不高等等對環境的覺察，這就是覺知辨識。我們很注重觀察，所以很多東西，如果是有實物，老師都會盡

量帶他們去探索，讓他們觀察、摸、遊玩，而不是只是圖片看看而已。像走在路上，走在哪裡比較安全，走在哪裡是不安全的，是覺知辨識。接著是表達溝通，表達溝通在團體分享活動A與分享活動B，其實就可以看到了。（訪談N-20160727J20）

社區探索活動的功能，除了發展幼兒覺知辨識能力之外，也能在此基礎之上，引發某種層次的表達溝通、想像創造、關懷合作、推理賞析、自主管理等等教育目標之功能。

3. 多元有趣的探索方式容易培養幼兒良好品格及生活規範

當學期開學之初，幼兒園有一項重要的任務是「常規訓練」。教室內的常規訓練，很容易流於認知教導，以及單調反覆的練習；然而與其要求師生都辛苦於室內的常規訓練，倒不如鼓勵師生到戶外進行富有變化、多元有趣的直觀探索活動，藉而實施品格教育及常規訓練，一舉兩得。此種探索活動，深富動態性及生活融入之效能，讓幼兒留下深刻的印象，進而有效能的銜接生產創作活動。

就像我們這學期開學第一天，因為主題是「我們的有機果園」，老師（作者）有跟我們一起去果園……，其實在課程設計的時候，一直在想我要讓幼兒玩什麼的，頂多是捉迷藏啊！結果我看到他們往山坡那裡跑，我想那太好了，靈感來了，我就讓他們去爬。爬著那長草的小山坡，冒險性也夠，夠刺激嘛！對於他們的感覺統合又有幫助，肢體訓練通通有。剛開學返校，整個寒假散漫的生活都在，魂都還沒收回來之前，這個就是最好的活動，玩得很開心，滿足需求……。第一天用爬的，第二天用溜滑的，第三天再來寫生，就有不同的變化，幼兒就已經留下了很深刻的印象；且藉此活動實施品格教育及常規訓練，效果奇佳。（訪談K-20160725C8）

163

同一個景點，探索活動方式就有不同的變化，有大肌肉遊戲，有小肌肉寫生；同一個景點探索日期，可以先實施一天，他日有需要再來探索，也可以連續兩天或三天持續實施。當能讓幼兒有了印象深刻的經驗，實施生產創作活動的時機即已成熟；且透過主題的加深加廣教學，會再安排與主題相關的一個或多個景點前去探索，結合生產創作活動的進行，持續讓教室裡的學習角落越來越豐富。

例如主題「我們的有機果園」，教學者除了帶領幼兒前往「我們的有機果園」探索活動之外，也結合加深加廣教學活動的進行，適時安排前往「迴鄉烏眉有機產品集貨場」，以及「苗栗縣蔬果農藥殘留生化檢驗站」探索活動，且接續實施生產創作活動，持續讓教室裡的學習角落越來越豐富。（訪談K-20160725C8）

當幼兒能夠專注於有興趣的事物，從事探索及生產創作，除了增進六大領域能力，幼兒的自主性、自發性之生活常規也日漸成熟。

4. 幫助教學者發現更多的社區資源

當聽到有人說某某居住地生活機能很好，所代表的意義所指日常生活之食、衣、住、行、育、樂、職業、行政等等需求之供給及取用方便，也代表著教育資源豐富；反之代表教育資源比較不豐富，但不能說教育資源匱乏；因為一位專業教學者會善用資源，挖掘、發現資源，也經由加深及加廣教學，達成教育目標。

一開始實施這個教學模式，主張以社區景點作為教學主題，想到的是通霄溪，走了一整年，慢慢知道景點越來越多了，接著都是一個學期一個主題，各個學期主題不相同。從95學年到現在，已經實施第19個主題了，經不斷的帶幼兒出去探索、

探索，今天帶幼兒出去，探索這個景點，結果又發現新的點，就這樣子不斷、不斷的一直出現，一開始並不知道有這麼多東西。我都知道走過的社區景點，這個社區我都很清楚。因為走這個模式，才知道社區有那麼多資源。（訪談K-20160725C4）

我們幼兒園裡設置有一座生態園，因為主題是生態園裡的小鳥，我帶他們去看，經驗分享，實施生產創作。也延伸帶幼兒到臺中公園餵鴿子，一蹲下來，鴿子就飛過來，就好好玩，好好玩。也觀察在湖水裡游的鵝啊！鴨子啊！有鴨子蹲在湖邊，他們就可以近距離去看。我也會上網找到影片，然後我會讓他們去聽聲音，並學習辨別。也延伸到恐龍，是因為恐龍是始祖鳥，透過繪本以及帶領到科博館探索活動，去了解恐龍。最後我跟幼兒說，因為以前的恐龍滅亡了，牠們的祖先現在變成鳥的體型，我把他們拉回來了。（訪談M-20160726H9）

社區資源深具個別差異，只要秉持探索活動信念，都會找到切入點。實施探索活動之前，教學者要規劃有趣觀察及設計遊戲活動，才能在探索活動中引發幼兒深刻印象，據而發展生產創作活動，引導幼兒生產創作所需之遊戲玩具及角色扮演之遊具，也結合加深加廣教學活動，提供自由遊戲機會，而達成教育目標。

5. 探索活動後的經驗分享AA之目的係為了引發生產創作動機

這個模式的實施，走入社區探索，回來經驗分享討論，討論如何延續探索活動中好玩的情境，移植到教室，引導幼兒建造出印象深刻的好玩情境。

在經驗分享活動中，問幼兒你看到什麼，你會不會把這些這麼

好的東西把它搬來教室呢！好，要搬來教室。那你要讓人知道
這是什麼，他會說「招牌」，那招牌要怎麼做……如此引導。
（訪談M-20160726H10）

　　實施探索活動後的經驗分享AA，目的為引發生產創作活動，由
幼兒生產創作，建造情境設施及製作玩具來玩，以及玩扮演遊戲。

(三) 生產創作活動與經驗分享B

　　幼兒生產創作的作品，目的係為了建造學習角落裡的遊戲情境，
以及提供扮演遊戲用之玩具；因此幼兒在生產創作活動之前，討論生
產創作活動目的，將能激發幼兒強烈的工作動機、專心從事生產創作
工作。

　　生產創作活動是幼兒增能的原動力，幼兒很希望每天能夠有足夠
時間的生產創作活動機會。生產創作活動之前需要有直觀的探索經
驗，有明確的工作項目；是經由自由選擇，是幼兒有興趣的工作。教
學者從規劃社區景點探索活動起始，指導幼兒進行有趣的探索活動、
獲取直觀經驗。在探索活動之後，實施經驗分享活動時，引導幼兒將
探索的情境移植到教室中，進行角落設置，且討論工作項目，教學者
據而條列出工作項目。幼兒自由選擇有興趣的工作項目，自動的從做
中學習，專注地進行生產與創作活動。生產創作活動內涵包含七項。

1. 生產創作活動基於感覺統合及創造力教學理念

　　社區融合開放模式，必須要有模式的架構引導，必須要有感覺統
合及創造力教學理念依據，才能達成幼兒本位教學目標。感覺統合是
一種訓練，是幼兒教育最基礎的職務；而創造力的培養，是幼兒教育
很重要的任務。兩者都屬幼兒的權利，幼兒教育應給予機會獲得充分
發展。

昨天下班，我們有去參加聚會，當中幼兒UU媽媽有來，看到
UU乖乖地坐著吃飯……我跟K老師就感觸很多啦！談到我們怎
麼去應對啊，怎麼去教他啊？怎麼讓他學習啊？……等等的一
段心路歷程。（訪談L-20160803B1）

就像我們針對特殊生來講的話，我們也不會是說很特別的去教
他特別的事物，我們也就是從做中學，參加生產創作活動，可
能他會看到同儕怎麼做，或者是說在某一些情境下，他可能就
會自然而然的去呈現他所學到的東西，但是我們不會是說特別
的帶出來學。（訪談L-20160803B33）

開學第一天的「我們校園裡的蔬果園」社區探索活動，在設
計的時候，我一直在想「要讓幼兒們玩甚麼？」頂多是捉迷藏
啊！結果我看到他們往山坡跑，我想太好了，靈感來了，我就
讓他們去爬，光是爬那山坡，肢體動作、冒險性都夠，夠刺激
嘛！對於他們的感覺統合又有幫助。（訪談K-20160725C8）

像巡迴老師他們，這一年我們的巡輔老師，她就比較強調「不
分離教學」，指的是須跟主題結合，今天你們上甚麼課，她就
應該要融入這樣的課程。特殊幼兒可以自然而然的學習，而不
是要特別把他抓出來，來跟幼兒說「來，我們來上……」這樣
子。不需要特別的分離的、分開來教。（訪談L-20160803B34）

因此，巡迴輔導教師來園輔導最恰當的時間，應該是在生產創作
時段，幼兒在生產創作甚麼，就在旁邊跟著他一起操作，而不是自己
再帶教具來。發展遲緩幼兒生活適應上最為困難的生活狀況，在於情
緒結合感覺統合的問題。實施社區融合開放模式，因為幾乎每天都需

要從事生產創造活動，因此非常有成效。

> UU他本來已經去『心安』安置機構（化名）了，已經報了名，
> 去一天了，有去一次了。當時「心安」老師跟她講說，他不
> 可能在正常的教育環境下學習……那時候剛好UU的姐姐轉學
> 過來，看到我們有幼兒園，她來，K老師很有心啦，尤其是對
> 於特殊需求的孩子，就不厭其煩地跟她解釋理念，那時媽媽
> 就決定，那就這樣去把「心安」停掉。當時「心安」老師就跟
> 她講說，妳一定會後悔！妳一定會後悔的……來的第一天，我
> 印象很深刻，UU背著書包，跟著我們去上課，我牽著他去上
> 課，然後那個UU的媽媽眼框含淚。她真的眼框含淚！（訪談L-
> 20160803B1）

對於生產創造活動的引導，K教師有如下列深刻的體驗說明：

> 我覺得走這個課程，最大的挑戰是創造力的問題。教師會啟
> 用創造思考問答方式，問幼兒形狀樣子？要怎麼製作？有沒有
> 不同的方法？用甚麼材料製作……幼兒會說得天馬行空，會說
> 摺一摺、貼一貼，很會講，可是要做的時候，就會面臨困難。
> 所以老師必須想得比他們更快，要知道怎麼做、如何做，如果
> 有備課、做計畫，也上網找資料，就會知道接著怎麼做、如何
> 做。老師仍然需要適時的給他們一些引導或示範、指導，凡是
> 幼兒能夠製作的，老師不應代勞。如果老師沒有這個概念，那
> 就生不出來啦！如果由老師代勞，幼兒就沒學到。（訪談K-
> 20160725C3）

生產創作的活動內涵，包含「生產」與「創作」兩項工作。「生

產工作」之目的，在於作品的嘗試製作與產量的增加；幼兒從事符合能力水平之作品的嘗試製作、複製及產量增加之工作，能發展幼兒良好的感官功能、良好的感官協調能力、良好的統合能力、良好的專注力及穩定的情緒，這是感覺統合的重要內涵；「創作工作」之目的，除了能達到感覺統合能力之外，更在於提升作品的品質；從作品設計及品質改良過程，給予幼兒機會，發展獨特、變通、精緻製作作品的能力；發展幼兒表達分析、綜合、評鑑之批判能力；培養幼兒發展想像、好奇、挑戰、冒險的情意態度。

　　生產創作活動在設計活動時，須要以幼兒本位去思考，實施時必須採用幼兒本位理念，滿足幼兒需求。在生產創作活動中，幼兒思考工作方法，熟練技巧；幼兒思考問題、克服困難、尋求資源、解決問題。凡是幼兒有興趣的、有提及的，教學者蒐集資訊，設計單元活動，運用加深加廣活動時間，給予加深加廣，延伸生活經驗、增進生活經驗。

2. 幼兒喜歡生產創作活動

　　幼兒很喜歡生產創作活動，也因為很渴望生產創作活動，有的幼兒會在生產創作活動之前，即探索活動或自由遊戲之後的經驗分享討論中，擔心老師延遲生產創作活動，而催促老師趕快進行生產創作活動。她認為大家都說很多了、問很多了、討論得差不多了，怎麼還不趕快做，表現得很熱切。

　　他們很愛生產創作啊！我們在生產創作之前，在經驗分享討論時，就會有幼兒說：「老師！我們可以生產創作了嗎？」我說「但我們還沒有討論完啊！」「稍等一下就開始了」。（訪談M-20160726H5）

169

　　幼兒喜歡生產創作活動，渴望每天都能有生產創作活動。

> 禮拜三是上體能、教兒歌、繪本等屬於加深加廣的東西，但
> 是有的幼兒會問：「老師，今天要生產創作嗎？」我說：「你
> 忘記了，今天是禮拜三咧！」因為幼兒認為：「今天我們要生
> 產創作，怎麼我們在教兒歌？」認為沒有在討論生產創作的
> 東西，所以會問今天有要生產創作嗎？我說「明天才有，今天
> 要教什麼、教什麼……」然後他就很開心，因為明天要生產創
> 作。（訪談M-20160726H5）

　　華愛幼兒園安排週三實施主題加深加廣教學活動，當天不實施生
產創作活動；眉橋幼兒園則從週一到週五，每天都有安排生產創作活
動課程。加深加廣教學活動是一種機制，每天都安排至少30分鐘時
間，除了調解教學歷程中為解決幼兒在認知、情意、行為問題，讓教
學更順暢之外，也調解各社區文化環境差異，達成課程大綱之目標，
更是調解幼兒園與家庭認知差距，藉以達成生態平衡狀態。

3. 從做中學習之核心理念

　　幼兒身心發展歷程，非常重要的促進因子是感官的運用及統合。
雖然營養補充很重要，惟聰明不聰明並非倚賴補腦丸促進，有效因子
是給予幼兒充分感官操作的機會，符合生理上用進廢退的原理。

　　眉橋幼兒園105學年度於2月15日星期一開學，雖然新學期的作
息表作了調整，惟考慮幼兒的適應，前三週教學者仍然依循上個學年
度幼兒熟悉的作息表，於8：20-8：50帶領幼兒到大操場，實施戶外
大肌肉活動。然後返回教室洗手、上廁所、喝水，準備碗筷吃點心，
這是幼兒熟悉的作息時間。9：30教學者帶領幼兒到「我們的有機果
園」實施主題探索活動，包括觀察昆蟲、拔除長在果樹周圍的雜草，
以及藉由遊戲，探索果樹的數、名、形，數數果樹及果子數量、了解
果樹名稱、觀察外觀、撿拾掉落的水果等等，一個小時後返回教室經
驗分享。這是開學的第一天。也就是在開學的第一天，當其他幼兒園

都停留在教室裡進行常規訓練的同時，K教師已帶領幼兒正式上課，也藉而實施常規訓練。（教學檔案，2016）

　　第二天前往土地公廟探訪玩遊戲、祭拜、吃點心，接續再度前往「我們的有機果園」探索活動，教學活動包含認識果樹之數、名、形，也玩探險遊戲、爬樹遊戲、爬坡遊戲等活動。第三天再度前往「我們的有機果園」探索活動，玩滑坡遊戲、寫生畫畫等活動，然後返回教室經驗分享。（教學檔案，2016）此種安排，和其他幼兒園比較，顯然K教師富有較高的教學效能。

　　在第三天的經驗分享時間，經由教學者引導，大家決議要在教室內生產創作，建造出一個果園來玩。果園內要製作那些東西呢？教學者引導討論，讓每一位幼兒發表意見如下（重複提出的名稱則合併）：製作山坡、果樹、柚子樹、橘子樹、山坡旁可以爬的樟樹、很多的草、種高麗菜、草莓、蘋果、毛毛蟲、印尼紅皮紅肉芭樹、樹葡萄、把自己變成毛毛蟲、西瓜、柳丁等等製作工作。（觀察札記，2016）在生產創作時間，幼兒從這麼多的工作中，選擇喜歡的工作努力生產創作，符合幼兒本位原理。

　　自此以後，成立了爬坡角落、果園角落、樟樹爬樹角落。果園角落要製作三棵果樹、雜草。各個角落的情境由幼兒每天在生產創作時間內所製作之作品布置。果園要製作招牌，果樹要製作樹幹、樹葉、花、水果、毛毛蟲等等。隨著主題發展，以及加深加廣的教學，增加了「農具」角落及工作項目，增加了「有機產品包裝」角落及工作項目，增加了「蔬果農藥殘留生化檢驗站」角落及工作項目等等。幼兒每天在自由遊戲時間，在各個情境角落使用製作之遊具，裝扮玩耍。（整理自教學檔案，2016）

　　華愛幼兒園在園內設置有一處「生態園」，生態園內有一棵玉蘭花、鳥巢、文鳥、水池、魚類、蔬菜、花草等等動植物生態。中班的主題是「生態園裡的小鳥」，大班的主題是「生態園裡的魚」。他們

171

也是在開學的第一天帶領幼兒前往生態園探索活動，實施過程也如同眉橋幼兒園那般的熱絡，歷程是相似的。隨著主題的發展，兩班於三個星期後帶領幼兒逐一深入社區探索，包括臺中公園、科博館，也涵蓋鄰里巷弄內的魚缸、水族館等等，也相對的在教室內成立各個情境之角落。幼兒從每天的生產創作活動中，豐富各個角落，以及在自由遊戲時間玩遊戲，結合加深加廣教學活動，因而統整六大領域課程，有效率的達成教育目標。

4. 幼兒本位及課程自主統整

我國幼兒教育強調幼兒主體、幼兒中心、幼兒本位精神及課程統整教學，不主張分科或分領域教學。幼兒教育及照顧法第7條「幼兒園教保服務應以幼兒為主體，遵行幼兒本位精神，秉持性別、族群、文化平等、教保並重及尊重家長之原則辦理。」我國幼兒園教保活動課程大綱「強調幼兒主體……從幼兒角度出發，以幼兒為中心」（p.5），基本理念也規範「本課程大綱的內涵依據幼兒的需求與社會文化的期待，劃分為身體動作與健康、認知、語文、社會、情緒和美感六大領域，然實施時須考量幼兒生活經驗，以統整方式實施。」（p.5）實施通則也強調「……規劃課程時重視幼兒個別發展的狀態，並以統整方式實施」。（p.8）

直觀探索活動、生產創作活動、自由遊戲活動及經驗分享討論等等，是幼兒本位教育的核心理念與重要判準；而幼兒之課程學習的自主統整，則是幼兒本位教育的功能。以上四個項目之情境，又以生產創作活動為核心項目，提供幼兒自由選擇機會，幼兒找到學習自主權，終能發揮課程學習的自主統整功能。

　　以前的教學歷程是引起動機→發展活動→綜合活動。現今和過去的差別在於幼兒本位。帶幼兒去探索、去玩、好玩，回來引導製作。現今教學有成就感。（訪談M-20160726H5,G7）

　　幼兒本位教學與教師本位教學猶如一條橫直線的兩端,從人類教育發展歷史,有過極端的教師本位教學,至於有無極端的幼兒本位教學,其判準在於前述對「幼兒本位」內涵的界定,亦即教保活動的實施有無直觀探索活動、生產創作活動、自由遊戲活動、經驗分享活動等等機會。超過中線偏幼兒本位一邊者,稱之偏向幼兒本位教學;而超過中線偏教師本位一邊者,稱之偏向教師本位教學。以下係訪談幼兒園教學者其教學模式的偏向「教師本位或幼兒本位」哪一邊?也從理由詮釋中發現意涵。

　　以目前的這個狀況來講啦!我不敢說我極端,我覺得我會是比較偏向幼兒本位的,80%有了吧!我覺得啦!說極端完全以幼兒本位,我覺得講白一點,完全以幼兒本位,你要怎麼做?你很難去配合課綱!哈哈哈!我說實在話,有時候我們老師在實施上一定會有所困難,也許這剩下的20%,是我老師要領導的,就是甚至我會考量到孩子的安全性之類的。(訪談L-20160803B38)

　　我比較會區辨那些是幼兒本位活動?那些是教師本位活動?比如說在備課、在設計階段,都是教師本位,教師要充分準備。由於班級是混齡班,每年都會有一些人畢業,一些新生入園,因此主題的訂定是透過我的觀察,是幼兒對這個有興趣,或對這個有充分的經驗,也考慮家長的需求等因素,才拿來當主題,然後相關的計畫啊,那都是教師本位嘛!但是在設計活動時,是以幼兒本位去思考。至於在探索活動、生產創作、自由遊戲、經驗分享討論部分,都是幼兒本位啦!但仍然需要教學者的引導。(訪談K-20160725C7)

以上眉橋幼兒園的兩位教學者，細看教學內涵，在設計活動時，須以幼兒為本位去思考，在探索活動、生產創作、自由遊戲、經驗分享討論部分，都是幼兒本位，也是一致的。

> 我們是屬於幼兒本位的課程，因為是站在幼兒的角度嘛，讓幼兒實際去探索，然後探索回來，我們都是以幼兒為主嘛，我們都設想讓幼兒有興趣。（訪談N-20160727J14）這樣教學，幼兒很快樂。（訪談N-20160623I12）因為幼兒自己願意，我覺得就像我們學英文一樣嘛，你自己願意學的人，效果會更好。（訪談N-20160727J31）

N教保員提起她以前依據教師本位教學，帶大班，一個班二十幾個幼兒，都沒有問題的；然而她說「幼兒當下畏懼我，可是如果他脫離了我的視線呢！所以教師本位，你看不到的地方你會沒有安全感。」

> 依據教科書實施教師本位教學，也有成就感，但那個成就感就跟這個不一樣；這個幼兒本位模式常常會讓我很Surprise！驚奇！我就去跟主任說「主任，我常來跟你分享什麼，因為我都很驚奇，這些都應該不是這個年紀想到的東西，但是他們都想出來了。」（訪談N-20160727J30）

針對輔導發展遲緩幼兒之經驗，比較教師本位與幼兒本位的差別，M教師印象深刻。因為幼兒本位教學包含直觀探索活動、生產創作活動、經驗分享活動、自由遊戲活動等等，課程在實施歷程都能讓幼兒自主統整。M教師也發現這些活動具有早期療育的功能。

我在想，如果她們是在傳統教師本位的班級，只聽老師講，老師講什麼就去做什麼，她的聽與講，就比較不會進步那麼快，這是在聽與講話這部分。他們剛來的時候，連理解都不能理解，就像幼幼班和寶貝班的囡仔一樣的講話。當然這跟家庭教保環境有關。那時候我常跟主任說，還好他們在中班時候送來，因為那時候送來還來得及調整，如果在大班送過來，就很糟糕。（訪談M-20160726H3,H4）

為何我會發現以前的教師本位比較不好，而幼兒本位比較好？好的原因，因為有看到幼兒的成長。（訪談N-20160623I5）

　　分析兩校幼兒園教學者，雖然加深加廣教學係採教師本位實施，但是在設計加深加廣教學活動時，都會從幼兒角度思考，至於在實施探索活動、生產創作活動、自由遊戲活動、經驗分享討論活動時，全都採行幼兒本位方式進行。

　　課程統整的方式，教師本位教學強調教學者代替幼兒統整；而幼兒本位教學重視教學歷程的幼兒自主統整，或引導幼兒統整。

這套模式很好用，在於我不需要抱著課綱，一條一條設計、印證；其實一個活動下來，六大領域都包含在內了。（訪談N-20160623I5）

例如班上兩位發展遲緩的雙胞胎姐弟，兩個人那時候來就讀中班，都不會講話，理解能力真的很差，你跟他講什麼，都在傻笑；我們實施這課程，包含社區直觀探索活動、生產創作活動、自由遊戲活動等結合經驗分享活動，也實施加深加廣教學；到了大班，姐姐已會舉手發言，點她回答，雖然講的比一

般幼兒較不足，但是她已經能清楚老師在講什麼了，也就是我們每次在經驗分享討論的時候，她是在靜靜地聽，自我在思考統整理解。（訪談M-20160726H2）

M教師認為實施這幼兒本位課程，從每天的經驗分享討論中都能發現資質巧的幼兒更巧，巧的幼兒永遠是爬得快，在經驗分享討論時都能馬上理解要說什麼；也令M教師覺得還不錯的是，比較懂的幼兒，當在分享的時候，其他幼兒其實都在聽，會自我思考統整理解，且在生產創作活動中，觸動多感官運用的統整功能。

比起雙胞胎姊姊，在學習能力方面，弟弟剛進來中班的時候，就顯得弱很多。到了大班，他已經會跟人溝通了，而且也聽得懂人家在想什麼，就會一直講、一直講，如同大隻公雞晚啼（形容生理成熟但智能及感覺統合比較慢被啟發），這是因為進入幼兒園後會實施主題直觀探索活動，且每天上課都會有自由遊戲、生產創作與經驗分享討論機會，這些活動都是六大領域的統整。我終於發現這兩位特殊的孩子，原來他們不是笨，他們是文化刺激不足；我也發現這個課程能夠提供幼兒充份的文化刺激。（訪談M-20160726H3）

比較教師本位與幼兒本位的教保活動歷程，幼兒的反應完全不同。教學者都認為幼兒本位教學能增進、強化幼兒的思考能力，發現內向性幼兒更富自信與發表能力；外向的幼兒更能學習自制，且遵守團體自訂的規範。

5. 滿足需求理念

幼兒本位教學模式主張滿足需求信念，教師本位教學模式主張滿足合理需求信念，兩種類型教學者展現之教保態度差異顯著。

滿足需求是一種信念，會反映在態度上，會反映在行為舉止
上。老師本身當然是要有那一分心啦！你有那一份心，行為舉
止自然就會流露出來……（訪談K-20160810D35）

　　幼兒本位教學歷程即屬滿足需求的學習歷程，實施方式包括：
1.應用同理心、關懷接納、真誠服務，2.激發幼兒榮譽感、同情心，
實施價值澄清，3.提供自由選擇環境與機會，發展自主性與自發性，
4.中班以上幼兒可引導共同訂定團體規範，遇有爭議、堅持不下，則
依規範做民主式表決。

以前帶大班，一個口令一個動作，幼兒養得像軍隊一樣，很
守規矩。以前我不敢說「你們上樓去喝水！」因為一離開我的
視線，我不知道他會做出什麼脫序的行為；因為他們沒認識到
自己的錯誤，我一定要跟著上去；所以教師本位，你看不到的
地方，你是沒有安全感的。現在呢？秉持幼兒本位信念，教師
信任，幼兒自主、自信，我說大家上樓去喝水，老師在樓下等
你們，他們可以做得很好，不會有脫序行為出現。（訪談N-
20160623I7,I8）

　　依據幼兒本位信念，教學者從每一天的食衣住行育樂需求中，實
施滿足需求教保活動，且每天進行經驗分享討論關於應用滿足需求方
法之行為規範問題，則教師信任，幼兒自主、自信將能很快達成。
　　幼兒的需求包含「主動提出要求」的需求與「拒絕被要求」的需
求兩類。當幼兒有某種需求，包含食衣住行育樂等，照顧者能夠滿
足他，就會讓幼兒感到快樂幸福；但是如果幼兒的需求是現實環境所
不允許的，例如險境或不符合照顧者認知，或照顧者不願意，或者照
顧者無此能力（如金錢不足、時間不准許、體力不足、能力不足）等

等，在這種情況之下被拒絕，那麼幼兒的需求就沒能滿足，將立即引發情緒反應。在這當下，幼兒需求的滿足與否，若完全依據照顧者的判斷，則稱之為「滿足合理的需求」；這是因為幼兒需求的合理或不合理，係由照顧者決定。

然而當把幼兒需求的合理或不合理，交給幼兒自己判斷與決定，相信沒有任何幼兒會說自己的需求是不合理的，都希望能夠獲得滿足；只是此一需求不被現實環境允許，此時成熟的照顧者願意和幼兒協商，首先運用同理心與榮譽感，協助認知及緩和情緒，且運用技巧，例如獎品誘導、在數量上討價還價、補賞、替代、延宕、激發榮譽、同情心、模糊策略……等等之加加減減、減碼或加碼的方式，讓幼兒的每一個需求都能在0%至100%中間某一個點的相互同意點，獲得種程度上的滿足，稱之為「滿足需求」。此即俗稱「囝仔怨無，不怨少」之道理。當教學者秉持某種信念，俗話說就是有那一份心，就會在態度上顯現、行為上展露。

6. 生產創作活動後的經驗分享B活動能夠激發自信與創作潛能

幼兒每一天或每一次生產創作後的經驗分享活動，作品雖然尚未完成，都會有機會上臺分享；或因時間因素每隔兩天，都會有機會上臺分享，很受歡迎。

> 在作品分享時，當幼兒陳述她製作的作品後，我會正向支持，說這個東西做的很棒，問她是怎麼製作的？用了什麼材料？這麼做有遇到困難嗎？明天要怎麼做？明天或多久可以完成？做完之後怎麼玩？也請其他幼兒給予讚美、提出建議，也詢問她接受建議嗎？或陳述意見。（訪談L-20160629A11）

經驗分享B之目的，除了為滿足製作者對「生產創作活動」產品

的喜悅感，而鼓勵製作者詳細發表之外，也鼓勵大家不要吝嗇地給予讚美；也為了考慮成長需求，鼓勵大家適度地提供建議，包含有批判意涵，藉以提升製作者之挫折容忍力。經驗分享B更重要之目的，在於引導下一次，亦即第二天「從做中學習」的生產創造活動方向，鼓勵幼兒持續的生產創作，建構工作計畫，努力完成作品。因此經驗分享B活動，包含有欣賞、讚美、建議、延伸、品格教育等等功能。

有小朋友做了大象澆水器，分享完之後，就要去裝水，那我就會引導說，如果我們製作的東西，真的去裝水、澆水，那紙做的花會溼掉ㄝ！有沒有可以代替水的東西？例如可以用豆子什麼的，可不可以用紙，那紙可以怎麼弄，讓它變成好像水一樣。變成紙是我想的，但是怎麼把紙弄成像水，讓他們去想。有時候不能完全依賴孩子都能一肩扛起，變成我要去想，然後拋問題讓他們去想，讓他們接受。（訪談M-20160726H14）

就算中班，你要求某孩子做精緻度，他就無此能力，因此要求精緻度之前，要先會做。像陳○○，她很會做，做了憤怒鳥，就可以要求精緻。例如鳥的嘴巴太扁了，問她有沒有什麼比較立體的，讓她選材，例如蛋糕紙，她說好。（訪談M-20160726H15）

分享時全班腦力激盪，解決面臨的困難問題很重要，能夠讓作品的進展更順利或更完美。

就像周○○，他很隨便，只要快就好，管你什麼精緻ㄝ。他做的憤怒鳥嘴巴太扁了，那我就問他，你要不要用硬的紙，他說不要呢，這樣就好了。（意願不高）有時候我會在經驗分享、

團討時間問大家，憤怒鳥的嘴巴硬的立體好，還是軟的扁扁的好？大家都說硬的立體好。我就問製作人說，那你要不要改用立體硬紙來做？他說這樣就好了。我聽了差點昏倒。當然仍可設法再引導，例如如果嘴巴太軟，吃東西有困難，會餓死，怎麼辦？（訪談M-20160726H14,H15）

有的幼兒不想再重複做某樣東西，他的新鮮度、熱度僅3分鐘，不管別人怎麼建議他，他都說「可是我這樣做就好了。」給老師的感受是「真是固執、無所謂。」所以要求幼兒增進精緻度，就須要想盡各種辦法引導，真的不容易。

7. 生產創作活動作品能夠滿足幼兒自由遊戲需求

主題教學之理論基礎，最主要的是遊戲理論，也應用了做中學理論、直觀學習理論、建構理論、滿足需求理論。從幼兒觀點，生產創作之目的係為了遊戲，作品製作完成之後，達到可以用來玩的目標；因此僅供展示的作品，並不符合生產創作活動之目的。製作歷程中，只要看得出骨架就可以很高興地用來遊玩。

幼兒在自由遊戲時段裡的玩具，就是幼兒平日生產創作的產品，產品置放於各個學習情境的學習角落，每一個學習角落是許多產品的組合。

在生產創作時段，幼兒自由選擇喜歡的產品努力工作，因為他知道製作的產品為了提供裝扮與遊戲。幼兒製作的作品並非擺設觀賞用，而是為了遊戲……所以這樣的東西，在建構上有情感，幼兒玩起來就覺得是「魂」有進去啦！玩起來才有感覺。（訪談K-20160810D20）

仔細觀察兩班的學習角落數量有都6個以上，足夠幼兒開心的遊

戲。可知幼兒每一天工作很忙碌卻充滿喜悅。

(四) 自由遊戲及經驗分享A

如何讓幼兒上學有心神？教學者如何規劃以吸引幼兒趕快來上學？上學後能夠專心學習？放學後能夠懷念幼兒園的生活，且期待另一個上學日到來。其中遊戲活動很重要，當幼兒感興趣、喜歡的遊戲能夠把幼兒的心神找回來。當一群幼兒依著主題，從探索活動中發現、體驗了好玩的事物，回來教室之後，在教學者引導之下，生產創作那些好玩的事物、情境來玩，是相當吸引幼兒靈魂的事。教育目標就在此一活動歷程中達成。自由遊戲活動包含三項內涵。

1. 自由遊戲活動源自遊戲理論及從遊戲中學習理念

探討幼兒自由遊戲理論，發展心理學家皮亞傑從認知發展觀點，發現幼兒遊戲的四個類型：練習（功能）性遊戲、建構性遊戲、象徵性遊戲、規則性遊戲等（廖信達，2003）。柏登從社會性發展觀點，發現幼兒遊戲的六個類型：無所事事的行為、旁觀者的行為、單獨遊戲、平行遊戲、聯合遊戲、合作遊戲等（吳凱琳，2002）。幼兒從遊戲中，獲得生理動作與認知的發展，也獲得社會人際能力的發展。前者包含感覺統合、創造能力、邏輯推理、語言、美感等能力發展，後者包含人際關係、語言、情緒管理等等能力發展。

現階段我國幼兒園教保活動課程，已明訂須以幼兒本位精神實施幼兒教育及照顧，而判定是否為幼兒本位課程的判準，在於教保服務人員是否真能從幼兒的眼睛看，以及從幼兒的耳朵聽、鼻子嗅、舌頭嚐、皮膚接觸、壓覺、溫覺、意念回憶想像、統整操作等等器官感受外在世界，或者與所接觸的外在環境交流；因此教保服務人員必須依據幼兒身心發展階段，了解此時此地幼兒身心感受情形，此一能力的獲得已被列為幼兒教保專業學習領域。

如果每一天的生產創作活動只有5分鐘或10分鐘而已，就會進度很慢，就看不到作品成果，幼兒就沒有成就感，相對的興趣就提不起來，因為情境與玩具做不出來，就沒得玩啊！自由遊戲時間就被剝奪掉了，教學者給幼兒的自由遊戲時間不夠，是教學者個人的時間掌控的問題，時間掌控不好，就是班級經營能力不足，亦屬教學核心掌控不到，效率不佳的問題。（訪談K-20160810D32）

由於幼兒自由遊戲並不等同於全班一起玩「齊一式」的遊戲活動，或進行讓幼兒感覺無趣的活動，而最能符合幼兒本位教保精神的遊戲情境的是自由遊戲情境，因此教室內規劃豐富多元的遊戲情境角落，最符合幼兒的遊戲需求。惟當角落情境全部由教學者布置，或是由幼兒園行政委外經營布置，幼兒只要遊戲就好，如同到迪士尼遊樂世界，家長付費，則幼兒就喪失了「生產創作」活動歷程的寶貴學習機會，顯而易見的這是教師本位教保、成人本位辦教育的特徵，不符合開放教育原理。

2. 自由遊戲活動能激發幼兒生產創作活動之動機

N教保員主動提問訪談者「啊！謝教授，你有沒有想過自由遊戲應該要加強？」當時研究者很想聽聽她的看法，就回應說「妳覺得呢？」

我覺得應該要ㄟ，我把自由遊戲分為兩個時段，因為你不是說，入園的時候給孩子自由遊戲嗎？但是因為我們班遲到的人很多，玩的人不多，有的根本沒玩到啊！在經驗分享時他會說「我沒有玩到！」所以我就會安排下午4點以後，等待接送的時間，大約還有1個多小時，我就讓他們去玩自由遊戲。我發現多玩，她隔天的生產創作會更有動機。生產創作的東西，如果不

給他自由遊戲，下次要生產創作時，真不知要做什麼？（訪談
N-20160727J27）

　　自由遊戲之所以很重要，是因為從自由遊戲中，幼兒發現要再做
什麼來玩，引發生產創作的動機。如何讓工作和遊戲連結起來？當製
作的東西沒有讓他遊戲，就沒有動力。角落情境裡的遊戲玩具，需要
生產創作來充實，引導生產創作之前，先設想作品需要有可玩性，則
製作到哪裡就玩到哪裡，並非完成了才可以玩。

　　眉橋幼兒園通常每天會安排有30分鐘的自由遊戲時間，盡量讓
幼兒去玩。例如在「學校果園角落」，大家決議要製作二棵果樹，
討論後要分工製作樹幹、樹枝、樹葉、水果、雜草，幼兒自由選擇想
要製作的項目。水果是可以摘取的，所以製作時水果是掛吊著的，方
便摘取；製作的樹幹可以爬，很好玩，但要考慮乘載問題，所以要設
計；也製作挑籃、做扁擔，於水果採收後，挑回家、挑去市場賣。以
上在製作時，幼兒已經知道製作的目的係為了好玩，並非只是展示
用。至於製作「樹葉」跟這有關係嗎？如果只是美化，只能功能性的
吸引幼兒製作；如果能讓幼兒知道製作樹葉的多項玩法，怎麼玩，則
除了能達到建構性、扮演性遊戲目標，更能吸引幼兒製作。

幼兒在玩當中學習到學習指標，也讓幼兒發現到問題。幼兒
就是需要玩，做的東西沒有玩，就沒有動力。幼兒這樣就會
想，我今天這樣做，那明天要怎麼做才會讓我的遊戲玩得更
好玩。如果不讓他們玩，只是做，就沒有成就感。（訪談L-
20160629A11）

　　華愛幼兒園自7：30開放入園至8：20的時段，中、大班教學者
都安排讓幼兒在室內角落自由遊戲；但因都會型社區個別家庭生活差

異大，多數幼兒沒能在該時段到校，欠缺自由遊戲機會，所以在下午增加4：00至5：00的自由遊戲時段，滿足遊戲需求。多數家長於五點以後陸續接回幼兒。

> 譬如今天早上在角落自由遊戲時段，只來3個幼兒，然後陸續入園，直到九點才會接近全班到齊，幼兒享用早上點心，於9：30正式上課。我會應用下午4：00至5：00時段，補足幼兒的自由遊戲機會。（訪談M-20160726H17）

> 我於八點上班入園打卡，班上才來2個、3個幼兒，然後陸續入園，到九點約百分之八十，幼兒開始享用早上點心；凡是在9：30以前入園幼兒，都能吃到點心。直到9：30才會接近全班到齊正式上課。所以自由遊戲時間分為兩段，一是早上時段，二是下午4：00至5：00時段。（訪談N-20160727J32）

　　從以上兩班幼兒的入園時間，充分反映都市裡私立幼兒園幼兒的家庭生態，包括早上延遲入園，下午延遲接回幼兒；所以早上的角落自由遊戲時間，只有極少數幼兒能夠參與。基於自由遊戲的重要功能，因而應用下午4：00至5：00的角落自由遊戲時段補足。

3. 自由遊戲後的經驗分享活動A導引生產創作活動方向

　　實施生產創作活動要先有「玩」的經驗，尤其是好玩的經驗，包括直觀探索活動後分享好玩的經驗，以及自由遊戲時段之後分享好玩的經驗，進而有效引導幼兒從事生產創作活動。經驗分享或分享經驗是有趣的、溫馨的。在生產創作活動之前所進行的經驗分享活動，稱之為經驗分享A活動。

　　經驗分享A活動之主要目的，係為引導幼兒朝向「從做中學習」的生產創造活動，建構工作計畫，逐日完成作品；並在當日的生產創

造活動後，進行經驗分享B活動。

> 在自由遊戲後的經驗分享A時段，我說今天看到小朋友在玩，好好玩耶，但他手上拿太多東西了，那怎麼解決，「那拿籃子」，也有小朋友說「塑膠袋」。老師再問還有沒有？他說「那可以拿包包」，那你覺得哪一個比較環保，比較不會造成地球汙染？他們說「包包跟籃子」。再問，你有沒發現，想想媽媽帶你出去買東西的時候，你看到那個提籃子的比較多，還是背包包買菜的人比較多，他們回答提「籃子」。那要不要做個籃子，以後小朋友在裝東西的時候比較不會抱很多東西；幼兒就會說「好」。（訪談M-20160726H10）

　　這學期眉橋幼兒園和過去比較，特別考慮到「改變」及「挑戰」，做法是幼兒早上入園整理環境後，就先經驗分享A→生產創作與結束後收拾→經驗分享B。以上生產創作之前的經驗分享A，在於複習昨日的自由遊戲後經驗分享A的內容，認識書寫在黑板上的工作項目，確認自己在選擇工作項目下的名字，藉以銜接生產創作活動。

　　為了配合體能活動及點心時間，生產創作後的分享B活動，先做小部分分享、稍微的讚賞，之後進行吃點心與讓幼兒到戶外做大肌肉的活動。大肌肉運動結束回來教室之後，才會做比較深入的經驗分享B活動，屆時會邀請幼兒拿出作品來發表意見。

> 幼兒入園，環境整理完成，招呼大家來到團討區，一開始討論昨天的生產創作進度與角落自由遊戲之發現……。接續開始工作，期間我會去各組視察……。時間結束前五分鐘，我會提醒他們再過五分鐘後就要收拾了，當幼兒聽到預告，尚未完成的，就會加緊工作。五分鐘後，當音樂聲響起，就會開始收

拾……。等到都收拾好了，會做短暫經驗分享，主要是作團體性的積極鼓勵，或鼓勵個別某人的收拾行為……，其他幼兒就會受到暗示，學習時就會更棒。（訪談L-20160629A10）

自由遊戲後的經驗分享A活動很重要，除了能引導進入生產創作活動之外，也包含常規的檢討與行為表現的價值澄清。

經驗分享A活動倘若是接續於探索活動之後，其引導方式如下二例：

「例一」 我們這個模式的實施，走入社區探索，回來經驗分享，之後開始討論，問幼兒你看到什麼，你會不會把這些這麼好的東西把他搬來教室呢！好，要搬來教室。那你要讓人知道這是什麼，他會說「招牌」，那招牌要怎麼做，如此引導。（訪談M-20160726H10）

「例二」 我們去社區探索，幼兒發現說「哇！花怎麼歪歪的？」有幼兒就會說可能太久沒澆水了。返校後經驗分享，回顧那花園缺水的共同經驗或照片，引發討論。大家認識了花名，引導到種花，要在教室裡的一角製作花園。更進一步的引導包括：那沒喝水怎麼辦？我們可以去澆花啊！要怎麼澆？可以用瓢子舀水。但是用瓢子舀水，水會太多，那怎麼辦？有沒有什麼東西讓水不必太多？討論後就會想利用澆水器。就要做澆水器，至於要用什麼澆水器，我就讓孩子去想。（訪談M-20160726H13）第二天經驗分享A活動，我會讓他們看很多不同澆水器圖片。我說有這麼多澆水器，你們對哪一個澆水器有興趣。他們就說「大象澆水器」。所以我們就做了一個大象澆水器。（訪談M-20160726H13）

經驗分享A活動倘若是接續於自由遊戲活動之後，其引導方式如下例：

我們曾經走過土地公廟旁的櫻花樹的主題課程，讓幼兒在土地公廟觀察探索與玩遊戲。回來教室進行探索活動後的經驗分享A活動，計畫在教室內一個角落蓋一座土地公廟，接續進行生產創作活動，每一天做一點，每一天在生產創作後進行經驗分享B活動，且讓幼兒自由遊戲，這樣每天循環活動。有了作品，就開始玩，玩的當中，缺乏什麼、少了什麼，有了什麼啟發又再繼續地往外延伸，繼續的製作。逐漸累積作品，幼兒分工製作扮演神明衣飾、做香、做擲杯、做水果、做雞鴨魚肉啦。如此每日拜拜，再延伸到廚房，然後呢會去煎魚來拜，摘水果來拜，甚至摘花做花車來拜。後來在桐花季節活動中，扮演新郎、新娘的幼兒有想到，要到土地公廟拜拜，跟神明講說我們要結婚了，要擲杯、要幸福。小小孩在活動中感到樂趣，會自動連結曾經玩過的活動。這遊戲的確是很有趣的活動模式。
（訪談L-20160803B13）

而生產創作活動要能夠順利實施，除了是能力的展現之外，幼兒必須遵守生活常規，幼兒必須發揮自信、自主、自發等內在能力；因此經驗分享A活動也包含生活常規的分享與檢討、品格教育等。

幼兒吃完點心，我會引導幼兒進入團體討論經驗分享A情境，範圍包含常規、生活、角落玩具使用情形分享及工作分享。常規分享包含早上及昨天下午自由遊戲時段發生的事件、糾紛等；生活分享包含幼兒良好的行為、健康生活、腸病毒預防等情形；玩具的使用分享包含昨天下午與今天早上幼兒玩了那些角

落、怎麼玩法、發現玩具損壞情形、建議要修復或增加製作那些新玩具等；工作分享包含生產創作經驗、分享製作方法、如何繼續工作、選擇新工作等。（訪談N-20160727J33）

教室是幼兒成長歷程中很重要的社會道德情境，教育家皮亞傑曾說過：「孩子們社會互動的功能和他們的智力發展同樣重要，但是它卻經常被忽略。」（1964/1968，pp.224-225）。教室裡既然是發展幼兒品格的重要情境，則建構幸福教保模式就顯得急切與重要。

(五)加深加廣教學

幼兒本位課程模式，係以幼兒做為主導者，當幼兒學習內容有不足的部分，安排有加深加廣課程與教學補足，區分有靜態學習及動態實驗或遊戲的活動，各次活動僅只20至30分鐘。所以加深加廣是一種機制，機制是指當幼兒在經驗分享有提及的，當有想要了解的，有不足時，教學者才去做補足，不是填塞的，是被要求的，不足才補，甚至是說，已有但是不夠，再補足，是以幼兒經驗為基礎的補充。有時候教學者發現需要增加什麼，也要透過引導的程序，讓幼兒去發現，進而補充，而滿足幼兒需求，達成學習指標，且亦能滿足家長的需求。例如應用影音旋律刺激幼兒發問，進而教導歌謠以補充。

時間上就接近午餐時間，很緊促。此時的加深及加廣教學是靜態的活動，如果一直動，情緒太嗨了，太浮躁了。因這個過程接近中午了，動靜穿插，情緒上是OK的。加深加廣教學係傾向認知遊戲，或身體動作帶動遊戲的活動，輔佐一些繪本、歌謠，或欣賞影片，但大部分給孩子不同的觀念及探討，如種綠豆、觀察綠豆，做一本繪本小書，包含準備材料，鋪衛生紙啦等等。（訪談L-20160629A13）

眉橋幼兒園在下午安排有第二次的加深及加廣課程教學，為了讓課程趣味化，設計以遊戲方式實施。

> 心情時間之後，就會實施與主題相關的遊戲課程，有數學遊戲，邏輯推理遊戲，以及配合解說而觀賞與主題密切相關的網路資訊，例如和這學期主題「校園的有機蔬果園」相關的知識，包含有機肥料、天然的食物、化學食品、繪本故事、多元文化、美語等等概念，融入課程。也會設計相關的大肌肉遊戲，例如呼拉圈、跳、玩等，每次會有不一樣的活動。（訪談L-20160629A14）

加深及加廣課程包含了各個領域的學習，認知方面在於協助與增進幼兒認知概念的形成與發展，包含自然因果關係概念、推理能力、科學概念、幾何概念、數概念、空間概念、符號、團體規範與秩序等等，教學者配合設計學習單活動。

(六)心情日記活動

心情日記是幼兒午休起床後的心情畫作，作為轉換活動的課程。下午實施心情日記畫作，多數能反映早上的課程內容，其效果優於在早上入園時候實施的心情日記。

> 因為下午的時間比較緊湊，畫完之後幼兒會拿來給老師幫助寫內容，記錄下來……。期末則彙整在成長記錄簿裡，記錄著幼兒成長的過程，很有紀念價值。（訪談L-20160629A13）

(七)放學及課後之留園活動

189

眉橋幼兒園的生活作息表訂定15：50-16：00放學，幼兒由家長

接送各自返家。然為了遵照教育部國民及學前教育署要求，設置有「課後留園服務作業要點」，目的「為支持家庭育兒，並讓學齡前幼兒在健康安全之環境成長。」依據實施辦法第四條「辦理原則」第一款規定「課後留園服務非課後才藝班，其服務內容應符合幼兒身心發展，並兼顧生活教育。」第二款規定「課後留園服務採自願參加方式辦理，不得強迫。」

　　本園之課後留園計畫，載明「幼兒音樂與生活輔導」，由幼兒園教師及外聘教師各一位協同教學。（訪談K-20160810D50）

　　依據《教育部國民及學前教育署補助公立幼兒園及非營利幼兒園辦理課後留園服務作業要點》（民國106年02月23日修正）之規範，課後留園服務非課後才藝班，其服務內容應符合幼兒身心發展，並兼顧生活教育。據而課後留園並非僅止於照顧，在符合幼兒身心發展情況下，可以實施自由遊戲活動、實施美感遊戲與生活輔導、體能遊戲與生活輔導、繪本故事與生活教育等等，因此若有外聘教學者，必須要有園內教保服務人員協同教學。

　　以上兩校幼兒園課程之社區融合，係採行以「社區融合開放模式」實施教保活動，擇取社區某個資源之景點作為教學主題，帶領幼兒進入社區景點實施直觀探索經驗開始，返回教室後並不停留在認知教學，而是結合從做中學習的生產創作活動，引導幼兒製作「社區景點直觀探索活動中印象深刻的經驗裡」好玩的情境及扮演的玩具，激發幼兒自動的學習，因為生產創作的作品即是玩具，係為了自由遊戲活動之玩具，並非擺著觀賞的美術作品，此一學習歷程能夠達成課程六大領域學習指標、課程目標、領域目標，且統整六大領域之學習指標、課程目標、領域目標，以及六大核心能力、素養。在此歷程中，教學者須要敏銳觀察及評估達成目標的項目，若有未達成之項目，須

設計加深加廣活動或引申活動達成。教學者依此理念訂定每日生活作息表，其內容包含健康照顧及教學活動。

歸納兩校幼兒園健康照顧活動如下：1.幼兒入園的量體溫、觀察等健康檢查，2.戶外大肌肉活動，3.點心，4.午餐及餐後整理，5.午休，6.點心，7.放學健康檢查。詳見表6-1，或參考附錄12、13、14、15。

歸納兩校幼兒園教學活動如下：1.社區景點探索活動與經驗分享活動（於主題活動進行之始或期中有需要加強之時間點實施），2.自由遊戲活動與經驗分享活動，3.小組生產創作活動與經驗分享活動（以上第2.3.兩活動項目在時間點上可以互調實施），4.主題加深加廣統整教學活動，5.心情日記，6.課後留園學習活動。詳見表6-1，或參考附錄12、13、14、15。

作者深入探究發現「社區融合開放模式」四個核心要項之深度內涵意義：

1. 社區景點探索活動與經驗分享活動AA：(1)探索活動基於直觀教育原理及遊戲學習原理，(2)發展幼兒覺知辨識能力的重要管道，(3)多元有趣的探索方式容易培養幼兒良好品格及生活規範，(4)幫助教學者發現更多的社區資源，(5)探索活動後的經驗分享AA之目的係為了引發生產創作動機。

2. 生產創作活動與經驗分享B：(1)生產創作活動基於感覺統合及創造力教學理念，(2)幼兒喜歡生產創作活動，(3)從做中學習之核心理念，(4)幼兒本位及課程自主統整，(5)滿足需求理念，(6)生產創作活動後的經驗分享B活動能夠激發幼兒自信心與創作潛能，(7)生產創作活動作品能夠滿足幼兒自由遊戲需求。

3. 自由遊戲與經驗分享A：(1)自由遊戲活動源自遊戲理論及從遊戲中學習理念，(2)自由遊戲活動能激發幼兒生產創作活動之動機，(3)自由遊戲後的經驗分享活動A導引生產創作活動方向。

191

4. 加深及加廣教學： 加深及加廣教學是一種機制，當幼兒學習內容有不足的部分，安排有加深加廣課程與教學補足，區分有靜態學習及動態實驗或遊戲的活動，各次活動僅只20至30分鐘。

第三節　社區融合開放模式教保活動符合新課程大綱情形

「社區融合開放模式」教保活動的四項核心變項，包含探索活動與經驗分享AA、自由遊戲與經驗分享A、生產創作活動與經驗分享B、加深加廣教學等，研究者經由訪談，如同前述，已發現各個核心元素的豐富內涵。

以下係「社區融合開放模式」教保活動的四項核心變項及內涵，對照現行我國幼兒園課程六項教保活動之要素內涵，相關性如表6-2：

表6-2　我國幼兒園教保活動課程大綱與社區融合開放模式教保要素比較表

幼兒園教保活動課程大綱要素	社區融合開放模式教保活動四項核心變項及內涵要素
1.教保服務人員須從幼兒園、家庭及其社區選材、設計符合幼兒生活經驗的活動、以親身參與及體驗各式社區活動實施教保。（甲.乙.丙.丁要素符合） 2.以幼兒中心實施教保。（甲.乙.丙.丁要素符合） 3.以維護幼兒身心健康與安全實施教保。（甲.乙.丙.丁要素符合） 4.以幼兒生活環境中的差異性資源實施多元文化教保。（甲.乙.丙.丁要素符合）	甲.探索活動與經驗分享AA (1)探索活動基於直觀教育原理及遊戲學習原理，(2)發展幼兒覺知辨識能力的重要管道，(3)多元有趣的探索方式容易培養幼兒良好品格及生活規範，(4)幫助教學者發現更多的社區資源，(5)探索活動後的經驗分享AA之目的係為了引發生產創作動機等等。 乙.生產創作活動與經驗分享B (1)生產創作活動基於感覺統合及創造力教學理念，(2)幼兒喜歡生產創作活動，(3)從做中學習之核心理念，(4)幼兒本位及課程自主統整，(5)滿足需求理念，(6)生產創作活動後的經驗分享B活動能夠激發幼兒自信心與創作潛能，(7)生產創作活動作品能夠滿足幼兒自由遊戲需求等等。

幼兒園教保活動課程大綱 要素	社區融合開放模式教保活動 四項核心變項及內涵要素
5.以統整方式實施六大領域教保。（甲.乙.丙.丁.要素符合） 6.以遊戲活動實施教保。（甲.乙.丙.丁.要素符合）	丙.自由遊戲與經驗分享A (1)自由遊戲活動源自遊戲理論及從遊戲中學習理念，(2)自由遊戲活動能激發幼兒生產創作活動之動機，(3)自由遊戲後的經驗分享活動A導引生產創作活動方向等。 丁.加深及加廣教學 加深及加廣教學是一種機制，不是填塞的，是被要求的，不足才補，是以幼兒經驗為基礎的補充。當幼兒學習內容有不足的部分，安排有加深加廣課程與教學補足，區分有靜態學習及動態實驗或遊戲的活動，各次活動僅只20至30分鐘。

資料來源：作者整理

　　分析表6-2內容，「社區融合開放模式」教保活動之「甲.探索活動與經驗分享AA」，包含了社區景點的選擇、進行探索活動、實施經驗分享等一系列的教保活動。幼兒探索之社區景點即屬社區資源，對教學者而言即屬於從社區選材。因此「社區融合開放模式」教保活動之甲要素，符合課程大綱的教材選擇、自編教材之規範，且當幼兒參與直觀探索活動，即完全符合「設計符合幼兒生活經驗、以親身參與及體驗社區活動」之教保活動。帶領幼兒前往社區景點實施直觀探索活動，通常出現在主題教學之初始，教學者設計有趣的探索活動，必能讓幼兒留住深刻印象，有助於接續的生產創作活動之進行。當然在主題課程實施歷程，一旦師生認為有需要，亦可再次前往探索。

　　以上教保活動之「甲.探索活動與經驗分享AA」，經深入探討，發現有五項內涵要素，這五項內涵要素代表理念的具體實踐及實施效益，除了具體實現課程大綱之要求，且效益上遠大於學習指標之要求標準。

　　「社區融合開放模式」教保活動之「乙.生產創作活動與經驗分

享B」，功能包含以幼兒中心實施教保、以維護幼兒身心健康與安全實施教保、以幼兒生活環境中的差異性資源實施多元文化教保、以統整方式實施六大領域教保等四項課程大綱要素。「生產創作活動與經驗分享B」具有承先啓後的功能，欠缺了這個活動步驟，則整個教保活動終將淪爲認知教學。經深入探討，發現有七項內涵要素，這七項內涵要素代表理念的具體實踐及實施效益，除了具體實現課程大綱之要求，且效益上遠大於學習指標之要求標準。

「社區融合開放模式」教保活動之「丙.自由遊戲與經驗分享A」，功能包含以幼兒中心實施教保、以維護幼兒身心健康與安全實施教保、以幼兒生活環境中的差異性資源實施多元文化教保、以統整方式實施六大領域教保、以遊戲活動實施教保等五項課程大綱要素。欠缺了這個活動步驟，則生產創作活動將失去動力，無以爲繼。經深入探討，發現有三項內涵要素，這三項內涵要素代表理念的具體實踐及實施效益，除了具體實現課程大綱之要求，且效益上遠大於學習指標之要求標準。

「社區融合開放模式」教保活動之「丁.加深加廣教學」，功能包含以維護幼兒身心健康與安全實施教保、以幼兒生活環境中的差異性資源實施多元文化教保、以統整方式實施六大領域教保、也可以設計以遊戲活動實施教保等四項課程大綱要素。加深及加廣教學是一種機制，不是填塞的，是被要求的，不足才補，是以幼兒經驗爲基礎的補充。

社區融合幸福教保模式之教保理念

CHAPTER 7

　　本章依據兩校幼兒園教學者常態一日生活作息表之實施時程，以及兩校幼兒園共三個班級之教保活動內涵，也參考訪談文稿、教學日誌、親職園地、教學檔案等等資料，深入比較及批判兩校幼兒園的「健康照顧」及「教學」發展，且據而分析教學者之教保理念。

第一節　社區融合開放模式教保歷程批判及再建構

　　從後現代哲學觀點，進步的動力是創造，創造力須要有認知方面的敏覺、流暢、變通、獨創、精密的五力，須要有情意方面的想像、挑戰、好奇、冒險的四力，以及須要有批判方面的分析、綜合、評鑑的三力等特質與能力（陳龍安，2014）。為求創新（innovation）而以創造力（creative ability）為基礎，經由批判、解構、重構歷程，從現行社區融合開放模式之教保提升至更幸福模式之教保。

一、教保歷程比較及批判

　　共同部分：「健康照顧」的實施

　　(一)課程項目方面，比較兩校幼兒園都包含幼兒入園、戶外大肌肉活動、上午點心、午餐及餐後整理、午休及床鋪整理、下午點心、放學等等。

　　(二)實施時程方面，兩校幼兒園都在7：30開放入園，16：00之前放學。上午點心在9：00前後實施，午餐在12：00前後實施，午睡時間13：00-14：30，下午點心在15：30前後實施。戶外大肌肉活動安排在上午點心之前實施。

　　共同部分：「教學」的實施

　　(一)課程項目方面，比較兩校幼兒園都包含「社區探索及經驗分

享AA、角落自由遊戲及經驗分享A、小組生產創作及經驗分享B、主題加深加廣之統整教學、心情日記、課後留園或稱美感學習活動」等。兩校幼兒園於16：00放學後，爲了因應家庭需求，會辦理收費性質的課後留園「教育及照顧」服務，規劃有趣的課程實施，例如烏克麗麗（ukulele）琴藝與生活、陶藝與生活、棋藝與生活、舞蹈與生活等生活課程。

(二)實施時程方面，在直觀探索活動、生產創作活動、自由遊戲活動等各個重要的活動之後，都會銜接實施經驗分享活動。作者發現兩校幼兒園和全臺灣各個幼兒園之一項不同處，在於把心情日記都安排於午睡起床之後。

不同部分：「健康照顧」的實施

(一)課程項目方面，華愛幼兒園多了一次戶外2的體能活動，時間30分鐘。分析原因在於兩校幼兒園之幼兒家庭生態環境的差異。眉橋幼兒園位處鄉村，且隸屬國民小學附設幼兒園，校園廣闊，戶外設置多樣化遊戲及體能設施，幼兒上午的戶外大肌肉活動30分鐘，在教學者之教學規劃下即已獲得充分活動，且幼兒放學返家後，因爲鄉下生活空間大，活動量也加大。相對於華愛幼兒園位處都會區，校園空間小，幼兒人數也較多，幼兒上午的戶外大肌肉活動30分鐘不能獲得充分施展，且返家後，因爲都市交通複雜，基於安全考量，生活空間被壓縮，活動量也減少；因此作息表增列30分鐘大肌肉活動機會。

(二)實施時程方面，每當眉橋幼兒園當日上午的點心是安排水果大餐，就會先吃水果點心，之後再實施戶外大肌肉活動。考其原因在於幼兒喜歡戶外活動，爲鼓勵幼兒多吃水果，矯正部分幼兒怕吃水果習性，所以就會使用戶外大肌肉的有趣活動作爲增強物；且水果容易消化，在運動前吃水果不會影響健康發展。

不同部分：「教學」的實施

(一)課程項目方面，眉橋幼兒園每天實施以「生產創作」為核心的教學活動，結合實施三種「加深加廣」教學活動，分別是「主題加深加廣統整教學」、「加深加廣」、「主題統整與加深加廣」，每次時間20-30分鐘。而華愛幼兒園則在週一、週二、週四、週五等日，每天實施一次「主題加深加廣統整教學」，週三則安排實施全日以「加深加廣」為核心的教學活動，包含體能課、繪本討論、兒歌、生命教育等課程，當天停止實施生產創作活動。

(二)實施時程方面，眉橋幼兒園自週一至週五每一天的教學核心是生產創作活動；而華愛幼兒園兩個班級在週一、週二、週四、週五係以生產創作活動為教學核心，至於週三則全日安排以加深及加廣活動作為核心之課程。另眉橋幼兒園每一天第一節課實施「小組生產創作及經驗分享B」活動，接續實施「角落自由遊戲及經驗分享A」活動；而華愛幼兒園規劃每一天教學的第一節課實施「角落自由遊戲及經驗分享A」活動，之後接續實施「小組生產創作及經驗分享B」活動。

至於兩校幼兒園共三個班級之教保活動內涵，作者發現「健康照顧」是教學活動的基礎，失去了健康，則一切教學或要求都將是形式、空談或根本免談。幼兒自早上入園，迄下午由家長接回家，幼兒在園期間的各項活動課程，都必須符合法令規範，每項課程都擔負重要任務。作者除了進行課程之文獻資料分析外，也深入訪談兩校幼兒園教學者，經深入了解，詳述了作息表各項課程活動內涵。

本節歸納兩校幼兒園每日生活作息表內容，以及各項活動重要內涵，發現兩校幼兒園在「健康照顧」方面一致性很高，惟因家庭生態環境因素影響，在課程項目上，都會區的華愛幼兒園增加了一次戶外大肌肉活動，以及為培養幼兒健康習慣，眉橋幼兒園在時程上，調整於用完水果點心後實施戶外大肌肉活動。以上因為做了微調而有些差

異，然而都遵照法令規範，保障幼兒健康發展之目標。

　　本章也發現兩校幼兒園的「教學」實施方面一致性很高，都以探索活動與經驗分享AA、自由遊戲與經驗分享A、生產創作活動與經驗分享B、加深及加廣教學爲重要教學活動；其中除了「探索活動與經驗分享AA」在主題開始之初（或於學期中有必要才實施）實施之外，其餘都是每日的重要教學活動項目。至於兩校幼兒園的三點不同處：1.眉橋幼兒園每日都有實施「生產創作活動與經驗分享B」活動，而華愛幼兒園則一週僅只實施四天。2.眉橋幼兒園在一週五天每日的加深加廣教學實施方面，分爲三類共三次實施加深加廣教學，而華愛幼兒園的加深加廣教學除了週三全日實施之外，其餘四天每日只有實施一次；惟各有其存在的價值。3.眉橋幼兒園每日第一節課即實施「小組生產創作及經驗分享B」活動，接續實施「角落自由遊戲及經驗分享A」活動；而華愛幼兒園規劃每一天第一節課實施「角落自由遊戲及經驗分享A」活動，之後接續實施「小組生產創作及經驗分享B」活動。此係因應家庭生態環境之改變的實施方式，各有其存在的價值。

　　本章且深入探究「社區融合開放模式」教保活動的下列四項核心變項：探索活動與經驗分享AA、自由遊戲與經驗分享A、生產創作活動與經驗分享B、加深加廣教學等內涵，詳細內涵詳見表6-2。經對照我國現行幼兒園教保活動課程大綱（新課綱），發現「社區融合開放模式」教保活動符合新課程大綱下列六項規範：1.教保服務人員須從幼兒園、家庭及其社區選材、設計符合幼兒生活經驗的活動、以親身參與及體驗各式社區活動實施教保。 2.以幼兒中心實施教保。3.以維護幼兒身心健康與安全實施教保。4.以幼兒生活環境中的差異性資源實施多元文化教保。5.以統整方式實施六大領域教保。6.以遊戲活動實施教保。且發現「社區融合開放模式」教保活動各項核心變項的內涵要素代表理念的具體實踐及實施效益，除了具體實現課程大

綱之要求，其效益遠大於學習指標及課程目標要求之標準。

二、教保歷程再建構

我們能深刻地從Edwards C.等人（1998）介紹義大利教育家羅倫斯・馬拉古齊（Malaguzzi, L. 1920-1994）理念的著作《*The Hundred Languages of Children*（兒童的一百種語文）》內涵中得知：

> 孩子有一百種語言，一百隻手，一百個想法，一百種思考方式、玩耍方式，及說話方式。
>
> 總是有一百種聆聽的方法、驚喜的方法，和愛的方法；還有一百個開心，去唱歌、去了解。一百個世界可以探索，一百個世界可以創造，一百個世界可以夢想。孩子有一百種語言（以及一百、一百、再一百），但他們偷走了九十九種。
>
> 學校與文化，把頭腦和身體切開，他們告訴孩子：別用手想、別用頭做，只要聽、不要說。了解的時候不必喜悅，愛與驚喜就留給復活節和聖誕節。
>
> 他們告訴孩子：去發現一個已經存在的世界，那是孩子原本的一百個世界卻被他們偷走了九十九個之後的世界。
>
> 他們告訴孩子：工作和玩耍、現實與幻想、科學與想像、天空與大地、理智與夢想，這些事，不能結合在一起。因此他們告訴孩子沒有一百。
>
> 孩子說：不，一百就在這裡。

為建構一個有孩子的一百種語言的幸福教保模式，探討更有效益教保活動元素及實踐方式，本章整合圖2-2「社區融合開放模式-含教學階段及每日的教學循環系統」之實務經驗，以及圖4-1「幸福教保模式之教育理論架構」之理論建構，據以建構更為理想的社區融合教

保模式，目的係為建構幼兒園課程之社區融合「幸福教保模式」。

　　以下首先探討依據理論建構之圖4-1「幸福教保模式之教育理論架構」（頁108），其次分析實務經驗之圖2-2「社區融合幸福模式-含教學階段及每日的教學循環系統」（頁40），最後詮釋整合後的6-1圖（頁187）之內涵意義。

　　回顧圖4-1，分析「幸福教保模式之教育理論架構」內容，發現下列內涵：

　　1. 理論基礎包含四個層面：A.社區融合原理及發展現況，B.幸福幼兒哲學及教保活動，C.課程理論與實務基礎，D.我國現行幼兒園教保活動課程大綱基礎等。理論基礎涵蓋課程四個元素：教保目標、教保內容、教保方法、評量等課程元素。

　　2. 歸納幸福幼兒評量的四個要素：A.以經驗中心學習方式，實施遊戲與探索活動，B.以自然學習方式，實施生產創作活動，C.以紓解疑惑學習方式，實施加深加廣教學，D.以自主自發學習方式，實施多元文化活動等項目之實踐情形。

　　3. 歸納教保實施的六個組織策略：A.健康安全照護，B.遊戲中學習，C.社區直觀經驗與做中學，D.滿足需求與幼兒本位教學，E.統整方式與創造思考教學，F.多元文化與價值澄清教學等。

　　分析圖2-2「社區融合開放模式-含教學階段及每日的教學循環系統」內涵，發現下列四個核心變項：1.探索活動與經驗分享AA，2.生產創作活動與經驗分享B，3.自由遊戲與經驗分享A，4.加深與加廣教學等學習活動。

　　綜合以上分析，整合後的圖2-2實務經驗以及圖4-1理論內涵，將能獲得更佳的教保功能，其整合原則須能滿足幼兒發展需求，須能符合社會多元文化需求，須能吸引教學者熱誠，須能符合課程大綱之要求，必須是系統性明確的步驟組織。以下逐一說明整合之原則：

　　(一)須能滿足幼兒發展需求。幼兒發展包含身心六大領域：身體

201

動作與健康、認知、語文、社會、情緒、美感等領域發展。為了全人發展，幼兒要發展注意力、正向情緒、適應力、好奇心求知慾、意志力與調適力、充足活動力、規律生活能力等等特質。依據教師觀察到的幼兒幸福感八項學習型態（謝明昆，2017），包含幼兒樂在其中的學習、做中學習、自由遊戲、自動學習、學習過程情緒穩定、展現自信心、獲得成就感且珍愛自己的作品、能與發展遲緩幼兒一起學習等等。

(二)須能符合社會多元文化需求。社會文化包含族群、階級、性別、特殊性，及其與政治、經濟、文化等交互作用的多元型態生活組合。教學能從社區選材，尊重多元生活型態而發展主題課程，最能符合社會多元文化需求。

(三)須能吸引教學者熱誠。依據教學者的幸福感緣由（謝明昆，2017），得知吸引教學者熱誠八項因素包含：充滿自信及幼兒信任老師、探索活動中觀察幼兒需求能觸發教學者靈感、在教室學習角落裡建造探訪的景點提供自由遊戲、觀察到幼兒創作的專注及堅毅神情、幼兒的創意發想能真實的在教室裡面實現、家長反應幼兒的學習興趣、感受到教學是權利與享受、覺察自己的專業成長等等因素。

(四)須能符合教保活動課程大綱之要求。課程大綱要求須達成六大核心素養，涵蓋了各個領域學習指標、各領域課程目標及領域目標、教育目標的達成等。其中特別強調幼兒本位人本主義的學習歷程、從社區選材、自由遊戲、統整課程、多元文化的實施等。

(五)須是系統性明確的步驟組織。系統性指的是邏輯性，根據學習原理，幼兒從直觀探索經驗與經驗分享，進而自動的生產創作與經驗分享，接續實施自由遊戲與經驗分享，最後由教學者以加深加廣教學之方式修補歷程中的不足處，也評量核心素養之達成情形。整個歷程符合邏輯組織，能夠引導實施方向，卻不會失去創造思考之發展。根據明確的系統性組織步驟，教學者逐步依循步驟實施教保活動，對

目標的達成非常有助益。

　　根據以上五項整合原則，本節深入分析且整合圖4-1理論建構之「幸福教保模式之教育理論架構」，以及圖2-2實務經驗之「社區融合開放模式—含教學階段及每日的教學循環系統」，據而建構「幸福教保模式」實施架構，如圖6-1「幸福教保模式之實施架構」內涵。

　　作者發現社區融合開放模式的實施，讓幼兒在學習上以及教學者在教學上都能獲得幸福感，作者基於此一基礎，在建構「幸福教保模式之實施架構」時，維持基本邏輯架構，亦即維持五個教學階段：(一)繪製社區圖、規劃教學主題，(二)繪製主題網、訂定教學目標，(三)實施社區探索及經驗分享AA，(四)實施每日生產創作教學循環，(五)多元評量等。但是另增加主題核心目標「幸福」，亦即各個主題之實施係以「快樂」生活，以「幸福」為目標，幸福是整個教保的核心理念，其內涵包含幼兒學習幸福感所涵蓋八項幸福感學習因素，以及教學者教學所涵蓋的八項幸福感因素。（參考本書第八章內容）

　　至於依據理論以及相關研究文獻所歸納的下列六個組織策略：A.健康安全照護，B.遊戲中學習，C.社區直觀經驗與做中學，D.滿足需求與幼兒本位教學，E.統整方式與創造思考教學，F.多元文化與價值澄清教學等，則分別納入教學五個階段中，尤其特別強調第四階段「實施每日生產創作教學循環」的五個步驟「1. 自由遊戲（包含A.B.C.D.E.F核心素養），2.經驗分享A（包含A.D.E.F核心素養），3.生產創作活動（包含A.B.C.D.E.F核心素養），4.經驗分享B（包含A.D.E.F核心素養），5.加深與加廣教學（包含A.B.C.D.E.F核心素養）」等學習活動。

國家的規範

重要法令
幼兒教育及照顧法↓
相關子法
幼兒園教保活動課程大綱
↓

教學者教學

（一）繪製社區圖、規劃教學主題

（二）繪製主題網、訂定教學目標　　　　　　　（三）實施社區探索及經驗分享 AA
↓ ↑

（四）實施每日生產創作教學循環

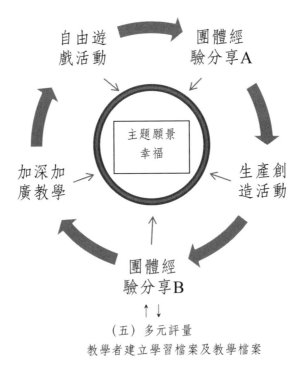

（五）多元評量
教學者建立學習檔案及教學檔案

圖6-1　幸福教保模式之實施架構

☺ 第二節　社區融合幸福教保模式之教保理念

　　本節依據兩校教學者教學檔案、教學日誌、親職園地、活動花絮，以及觀察札記等資料，分析能讓教學者感到幸福的「社區融合幸福教保模式」教保理念。

　　探討教學者之教保理念，除了訪談之外，更適切的方法是從蒐集文獻資料中深入分析。作者蒐集文獻資料包含有眉橋幼兒園教學檔案、教學日誌、週教學活動花絮、觀察札記，以及華愛幼兒園親師週報、觀察札記等。茲列舉眉橋幼兒園教學檔案「第一週教學活動花絮」，詳見附錄16，以及華愛幼兒園中海豚班第9週與大百合班「第10週親職園地」之教學歷程及內容，詳見附錄10、11。原表件提供的活動照片省略。

　　作者分析兩校幼兒園教保活動之教學者教學檔案、教學日誌、親職園地、活動花絮，以及觀察札記等文獻資料，歸納發現兩校幼兒園教學者之教保理念與實務共有27項，詳見表7-1。（眉橋幼兒園教學檔案、教學日誌、週教學活動花絮、觀察札記，以及華愛幼兒園親師週報、觀察札記）

表7-1　幼兒園教學者實施社區融合幸福教保模式教保理念

幸福教保因素			教保實施理念
滿足需求與幼兒本位	多元文化與價值澄清	社區直觀經驗	1.理解「教保服務人員須從幼兒園、家庭及其社區取材」的內涵。 2.繪製社區圖，了解社區資源景點。 3.以社區資源現有的名稱作為教學的主題。 4.會繪製幼兒園從社區取材的教學主題網。 5.帶領幼兒探訪幼兒園鄰近的社區資源景點。 6.在探訪社區資源景點時，會設計有趣的探索活動。
		經驗分享	7.帶領幼兒進行社區資源探訪後的經驗分享。 8.帶領幼兒進行生產創作活動後的經驗分享。 9.帶領幼兒進行自由遊戲活動後的經驗分享。

幸福教保因素		教保實施理念
從做中學習活動	創造思考活動	10.依據幼兒社區探訪後的經驗分享，接續實施生產創作活動。 11.進行幼兒園從社區取材的社區融合教學，採行「幼兒本位」的「做中學」原理教學。 12.發展出多個與社區資源主題情境相關的學習角落。 13.透過每一天的生產創作活動充實每個學習角落。 14.認識到實施生產創作活動，可以解除被批評偏向認知教學的惡名。 15.重視讓幼兒構思從「畫出設計圖」開始，進而找尋材料「實作」的學習歷程。 16.會發揮師生的「創造思考」能力實施融合社區教學。 17.設置有教學資源媒材區，方便幼兒取得生產創作媒材。
	統整	18.發現實施「幼兒本位的做中學」學習活動，能夠統整六大學習領域的課程。
	加深加廣教學活動	19.找尋圖書繪本作為教材，增進幼兒主題學習的廣度與深度。 20.會使用視聽資訊媒體設備，實施「加深加廣」教學。 21.會思考六大學習領域，規劃「加深加廣」教學活動。 22.會依據幼兒的發問與遭遇的困難問題，設計「加深加廣」的教學內容。 23.在「加深加廣」的教學之後，我會設計「學習單」增進幼兒的能力。
滿足需求態度		24.採行「滿足需求」教保態度實施融合社區教學。
有趣遊戲中學習活動		25.讓每個學習角落都是好玩的，因為好玩的角落是融合社區教學的動力。 26.重視幼兒的自由遊戲能力。 27.視幼兒每一天的學習角落自由遊戲時間。

資料來源：作者整理

　　分析以上教育理念，發現教學者係採行幼兒本位哲學及表達出滿足需求態度。教學者帶領幼兒探索社區景點，實施直觀教學，獲得直觀經驗，發展幼兒覺知辨識能力以及生產創作學習基礎；因屢屢進行經驗分享活動，實施多元文化教育，應用價值澄清方法引導幼兒從了

解多元文化，而支持文化的多樣性。且因在生產創作活動中，給予幼兒「各取所需」地參與生產創作機會，培養同儕合作、互助及尊重等之品格；也因維護教育機會均等，而提升弱勢幼兒的學習能力。

　　由於表7-1所列之27項教學理念係整理自教學檔案、教學日誌、親職園地、活動花絮，以及觀察札記等等文獻資料，係教學者之教學歷程及經驗之顯現，從而發現此一教保理念，並不受到她是教師或是教保員身分、幼教專業服務年資、參與實施「社區融合」教保活動年資、幼兒園所處地區、公私立、教師單獨帶班或合作帶班、班級屬於分齡或混齡編班等等之不同而產生影響。

第三節　教保理念之內涵分析

　　茲分析教保理念的內涵意義如下：

一、社區直觀經驗

　　係為反映教學者在提供幼兒直觀經驗學習機會方面，以及在累積幼兒經驗值方面之實施情形。從其內容獲知，帶領幼兒實施社區探索活動，誠然是很重要的信念及教學能力。包含標題第1.2.3.4.5.6題，共有六個項目。

二、經驗分享

　　係為反映教學者於社區景點探索活動之後，以及在每日自由遊戲之後（亦稱生產創作活動之前），以及在教室內的生產創作活動之後的經驗分享實施情形。活動內容也包含：1.常規之檢討，2.多元文化之實施。包含標題第7.16.26題，共有三個項目。

三、從做中學習活動

　　係為反映教學者於教學歷程中，應用創造思考教學及統整方式教學的實施情形。教學者引導幼兒學習，最終目標是幼兒經由學習後，能夠統整所學知識且應用於生活上。統整能力的學習方式可以分為幼兒自己統整、教師引導幼兒統整，以及教師代替幼兒統整三類。最好的教保活動應該是幼兒於學習活動歷程，能夠自己統整，這是幼兒本位教保服務的真諦。

　　理想的從做中學習活動，在於幼兒處於豐富的學習環境裡，能夠自由選擇喜歡的工作從事生產創作，能自動的從做中學習，包含生產量的增加，以及作品之品質的精進與研發，教師不應實施全班「齊一式」的某項作品製作。包含標題第8.9.10.11.12.13.14.15.17題，共有九個項目。

四、加深及加廣教學活動

　　係指由教學者設計單元教學活動或方案，指導團體學習，作為幼兒本位教保活動的一種調節機制，彌補幼兒自主學習上的不足。包含標題第18.19.20.21.22題，共有五題。

五、滿足需求態度

　　相較於成人本位「滿足合理需求」之教保信念與態度，則「滿足需求」屬於幼兒本位的教保信念與態度。「滿足需求」信念及態度，分為「鼓勵式」的滿足，以及「協商式」的滿足。為滿足幼兒生活中的各個需求，強調師生透過協商，其滿足度有可能百分百100%，或70%、30%、2%、0.5%……等等不含0的以上各個數目尺度，其滿足尺度端賴雙方協商結果。標題第23題項目。

六、有趣遊戲中學習活動

　　係為反映研究對象應用遊戲教學的情形。遊戲活動是幼兒生活中樂趣的來源，包含戶外遊戲及教室內的遊戲。幼兒生產創作活動之目的，係為了布置及充實教室內多個好玩的遊戲設施及情境，稱之「學習角落」。

　　學習角落的設施就是遊戲設備與玩具，其氛圍就是情境，成人擔負啟發者或輔助者的角色，視幼兒興趣及能力而輔導從事生產創作；幼兒能力有所不及者，也應由成人與幼兒合作完成，不應假手於成人他者代勞。幼兒在生產創作的時候認真工作，遊戲的時候自由遊戲。幼兒在生產創作活動歷程中，進度到哪兒在自由遊戲時段裡都可用來玩。依據班級生活作息表，幼兒每天都會有自由遊戲時段，在創作的遊戲角落裡自由地遊戲。自由遊戲除了能增進遊戲能力，也能從樂趣中增強生產創作的動機，且增進六大學習領域能力及六大核心素養。包含標題第24.25.27題，共有三個項目。

　　歸納以上內涵，發現兩校教師於多年來實施「社區融合開放模式」教學，在歷程中包含著六項教學理念：社區直觀經驗、經驗分享、從做中學習活動、加深及加廣教學活動、滿足需求態度、有趣遊戲中學習活動等，詳見表4-3。

　　表7-1顯示出多元文化與價值澄清包含有：1.社區直觀經驗，2.經驗分享，3.從做中學習活動，4.加深加廣教學活動等項。其中，從做中學習活動包含有：1.創造思考教學，以及2.統整方式教學兩項。

　　滿足需求與幼兒本位包含有：1.多元文化與價值澄清，2.滿足需求態度，3.有趣遊戲中學習等項。而滿足需求與幼兒本位即屬於幸福感的重要因素。

　　教學者實施「社區融合開放模式」教保活動，具備了教育專業理論與實務上所具有的哪些重要元素？作者從第二章探尋教育理論及實

務研究文獻，歸納出六項理想教學實施要素，如圖2-2「幼兒園課程融合社區之幸福教保模式發展」圖示。內容涵蓋：1.健康安全照顧，2.遊戲中學習，3.社區直觀經驗與做中學習，4.滿足需求與幼兒本位教學，5.統整方式與創造思考教學，6.多元文化與價值澄清教學。茲比較「教育理論與實務之教學重要元素」與「實施社區融合開放模式教保活動之教保理念」，比較兩者教學要素情形，如表7-2。

　　表7-2顯示實施社區融合開放模式，教學者之教保理念都能符合教育專業理論與實務上所具有的重要元素。

表7-2　教學者實施社區融合模式教保活動符合教育理論與實務理想教學要素比較

教育理論與實務理想教學要素	教學者實施社區融合開放模式教保活動要素
生活照顧：健康安全照顧 教學層面： 1.遊戲中學習 2.社區直觀經驗與做中學習 3.滿足需求與幼兒本位教學 4.統整方式與創造思考教學 5.多元文化與價值澄清教學	社區直觀經驗（符合1、2、3、4、5） 經驗分享（符合2、3、4、5） 從做中學習創造思考活動（符合1、2、3、4、5） 從做中學習統整活動（符合1、2、3、4、5） 加深加廣教學（符合1、2、3、4、5） 滿足需求態度（符合1、2、3、4、5） 有趣遊戲中學習（符合1、2、3、4、5）

資料來源：研究者編製

　　依據分析兩校幼兒園教保活動之教學者教學檔案、教學日誌、親職園地以及觀察札記等文獻資料，教學者實施「社區融合開放模式」教保活動內容，反映教學者實踐了教育理論與實務之教學核心元素。教學者實施幼兒本位教保活動，其成效因子包含社區直觀探索活動、經驗分享、實施生產創作活動引導幼兒從做中學習、實施創造思考教學、實施課程統整方式教學、安排自由遊戲機會讓幼兒從遊戲中學習、配合實施加深加廣教學、實施多元文化與價值澄清教學、教學者秉持滿足需求之人本態度、滿足幼兒身心發展需求等等。

　　教學者直接以社區（含幼兒園）資源景點作為教學主題，帶領幼兒於探索景點後實施經驗分享活動，分享探索活動中有趣的人、事務、物、遊戲等等經驗；接續引導幼兒訂定計畫，讓社區景點重現於教室裡，實施生產創作活動、建構角落情境，滿足幼兒自由遊戲活動機會。歷程中教學者不採用「齊一式」灌輸取向，引導幼兒選擇喜歡的工作，自動的生產創作，進行從做中學習活動，增進自我統整能力。

　　幼兒在創作活動中，都能專注於工作，其生產創作之作品，係為能豐富學習角落，提供幼兒每天固定時段的自由遊戲設施，增進遊戲能力，增強生產創作的動機以及統整能力，獲得課程六大核心能力、素養，達成教育目標。

　　作者比較「實施社區融合開放模式教保活動之教保理念」與「教育理論與實務之教學重要元素」，比較兩者教學要素情形，如表7-2。作者發現實施社區融合開放模式，教學者之教保理念都能符合教育專業理論與實務上所具有的五項重要元素。

社區融合幸福教保模式實施效益

CHAPTER 8

　　兩校幼兒園教學者實施「社區融合幸福模式」教保活動多年，自陳在教學歷程中獲致幸福感。幼兒幸福是教學者幸福感的重要來源，是教育目的，且唯有在教學歷程中感受幸福的教學者，才能造就更多的幸福幼兒。

第一節　幼兒幸福感緣由

　　經由教學者的觀察，幸福幼兒包含著以下特徵：幼兒樂在其中的學習、幼兒做中學及自由遊戲、幼兒自動學習、幼兒學習過程情緒穩定、幼兒展現自信心、幼兒獲得成就感且珍愛自己的作品、發展遲緩幼兒的一起學習與顯著成長。

一、幼兒樂在其中的學習

　　教學者接受訪談提及印象深刻的教保經驗，難能忘懷的首推關於幼兒的樂在其中學習之敘述：

> 來到這邊之後就發現，原來「社區融合」教保模式是這樣，它有它的脈絡和過程，執行下來之後就覺得幼兒都很樂在其中學習，這是我覺得最讓我開心的（訪談Q-20120804F2）。大部分的孩子都沉浸在自己喜歡的工作，會的孩子甚至教不會的孩子，尤其是在創意上常給老師很大的驚喜，作品不是一成不變的。（訪談N-20160623I13）

　　從以上內涵得知幸福幼兒係指具有幸福感、樂在其中學習的幼兒，是日常生活中興趣、樂趣之累積。幼兒入園獲得幸福，絕對是教學者幸福感的重要來源。

二、幼兒做中學及自由遊戲

　　從受訪者的下列敘述，印證了成長中智能、人格發展歷程：童年有機會觀摩哥哥姐姐或者長者的玩具製作，也觀摩遊戲歷程，且嘗試自製玩具從事自由遊戲，歷程中的冒險及快樂，奠定了身心健康的基礎。

> 譬如說做一個「鳥巢」好了，應該是說幼兒於探索活動之後，提出要做鳥的窩，是我們想說鳥巢蓋在屋簷上，然後K老師就提醒我們，鳥巢若蓋在屋簷上就沒辦法玩了。我跟幼兒繼續討論，我說「那我們蓋在樹上，難道要爬上去和鳥兒們玩嗎？」大家就說不行啊！要在地上蓋。那我們就在地板上做個大鳥巢吧！至於小鳥，就由幼兒分工製作頭套及翅膀，用來扮演。
> （訪談Q-20120804F2）

　　引導方式源自幼兒探索活動的經驗，由幼兒起個頭，提出要蓋鳥窩的需求，教學者給予澄清，討論蓋在屋簷上只能看不能玩，修正之後就蓋了一個幼兒可以玩的鳥窩，很受幼兒喜歡玩的鳥巢。幼兒討論建構鳥巢樣式、想像好玩的情形、選擇材料，做中學的生產創作，製作可以穿戴扮演鳥的鳥頭套、縫製鳥翅膀、鳥衣物等等，期待自由遊戲的場景，歷程中每個人都很雀躍。

　　教保活動若能落實自由意願、自動的從做中學習及自由遊戲的教保理念，即能夠讓幼兒產生樂在其中的幸福感。

三、幼兒自動學習

　　教學者接受訪談指出，教學者與幼兒共同討論，共同在腦海裡建構角落情境之後，幼兒選擇喜歡的工作從事生產創作，把腦海中的建

構物具體落實，幼兒獲得自動學習的機會。

> 有時候我們太小看孩子了。以前可能比較難的東西，我們都會幫幼兒先準備做好半成品或是一部分，但是在這邊，基本上都盡量讓幼兒做，若有需要我們幫忙，在他做的時候我們在旁邊幫忙他，不是先剪好、弄好，差不多了再給他做。其實都是幫忙，我之前也是在幫忙幼兒完成作品，但之前我是在他看不到的時候我去完成，做一些準備工作；現在不是，現在是我們在過程中發現困難，有不會的，那我們就一起，我跟著你一起去解決這個問題，他可以看到我怎樣去解決問題的過程（訪談Q-20120804F2）。在幼兒們決定做一項作品時，她可能只有模糊的概念，此時老師會請她們先畫設計圖。在畫設計圖的過程中，她對這項作品的樣子會逐步清楚。例如製作獨角仙，我一直以為頭上只有一個特角，但幼兒們卻觀察到還有一個小角凸在頭上，甚至找到書中照片讓老師印證。（訪談N-20160727J2）

　　許多教學者都認為幼兒做不到沒關係，「我幫忙！」其實更理想的做法是幼兒做不到沒關係，師生一起合作，進行中教學者適時放手，讓幼兒完成作品，歷程中可以看得見幼兒的潛能。

　　幼兒的自動學習在社會人際關係方面，稱之自發性，意指喜歡親近人、樂意助人、尊重且積極助人，被幫助者感受到被尊重。在自我學習方面，展現興趣、積極主動、好奇心。自發性的相對面被稱之內疚感，內疚感總是幼兒成長歷程中不可承受之重的壓力源。觀察學習是引發幼兒自動學習的重要因素之一。

　　自動學習源自於自由選擇的心理意象，也源自心理需求，或稱心志。自動源自於興趣，源自於好奇，為創造思考的動力。教育家杜威

主張的從做中學習理論，如果缺乏了自動學習動力，就不能稱之幼兒本位的教育了。

相當多的幼兒園在教學歷程中使用「教材包」或「材料包」，全班實施「齊一式」的教學，如果作品完成之後僅供展示，欠缺自由遊戲情境，欠缺多樣化的自由遊戲情境，並不能啟動幼兒持續性的自動學習。倒不如在教室內設置一處「回收資源」開放取用之「鬆散材料」角，引導幼兒生產創作時自由取材，啟發幼兒去完成構念中的遊戲作品，將更能啟動幼兒從做中學習的熱情。

許多父母或幼兒園教學者都曾經有過相同的經驗，即學習過程中幼兒喜歡被陪伴，卻不喜歡自己的作品被代工，幼兒總是搶著自己去完成所選擇的工作；即使面對了困難，幼兒仍然總是全力以赴，而不僅僅是盡力而為。

三、幼兒學習過程情緒穩定

另一位代理老師P老師，她於代理一年後懷孕生產。P老師回憶在SS園代理兩年，感受到幼兒的幸福學習經驗。她說以前在別縣市幼兒園代課，也是主題教學，做的卻是照本宣科；來到SS園之後，從頭到尾就是幼兒在做，各自選擇喜歡的工作項目生產創作，幼兒的收穫就是幼兒自己，作品就好像自己生的小孩，那個小孩就是自己的。

> 我懷孕生產過後，在做月子中心坐月子，在哺乳室，每一個媽媽在那裡餵食母奶，你會覺得在這裡不會有戰爭，為什麼？因為每一個人都有自己的寶寶啊！不會有人爭議說「啊你有小孩而我沒有！」每個人都抱一個。坐月子中心裡，自己的小孩是最好的啊，不會跟你偷換，那時候情緒也很好。

在這裡，幼兒每個人自由選擇做自己喜歡的工作，完成的作品就如同親生的小孩，工作時變得都很平和、很祥和（訪談P-20131102E10-11）。

幼兒從做中學習，且是自動學習的教保活動，能夠讓幼兒表現專注學習態度，其生產創作過程情緒很平和、很祥和、穩定。除了選擇喜歡的工作能夠帶來穩定情緒效果之外，因為在創作時是有目標，且在團體生活中，民主程序的環境也發揮穩定情緒的效果。

創作時是有目標，例如要製做幾個？在進度分享時，會期待別人的讚美，這也是動力（訪談N-20160623I10）。在引導生產創作動機時，我說因為大家有沒觀察發現，想想媽媽帶你出去買東西的時候，你看到那個提籃子的比較多，還是背包包買菜的人比較多？幼兒們回答「提籃子」。那要不要做個籃子，以後小朋友在裝東西的時候，比較不會抱很多東西。如果說好，就生產創作，如果有人說不好，問緣由之後，就表決。他們已經知道什麼叫少數服從多數的意義，他們已經知道服從的內涵了。（訪談M-20160726H10-11）

從人本心理學向度觀察幼兒，學習歷程中都有其堅持的一面，或稱固執的個性，惟在生命發展旅途上，有個性的學習，會因為自由選擇的學習情境而有所修正，心理上變得富有彈性，而朝向更健康的積極面邁進。

剛開始也許有人會說，可是我覺得怎樣，我會對他說，因為多數人決定要這麼做。如果他還堅持己見，不服從，那也沒關係。「那你嘗試一個人去做這個。」例如包包。如果沒有一起

做，也很好啊。如果他覺得一個人做感覺不好玩，就會和團體
一起做才好玩。但仍有人堅持一個人做，做好了可以比較看看
哪一個比較好用。（訪談M-20160726H11）

　　一旦幼兒學得什麼叫做少數服從多數，就比較不會「單打獨
（作）」。通常每組以二至四個人做比較好，除非設計大型的，否則
只要2或3個或4個人即可。有些能力較強的幼兒，她若嘗試要單獨一
個人做亦可，給予機會完成一件事，積極培養自信心。

四、幼兒展現自信心

　　教學者受訪時指出，幼兒透過經驗分享會學習把腦中思考的東西
化成語言表達，只要多分享幾次，語言的結構會更完整，更敢上舞
臺，音量也較大，口語更清晰，幼兒展現自信心。

　　在這個過程當中，尤其是生產創作活動、自由遊戲活動，是他
　　們自己去探索，去經驗，自己去發現，然後我覺得這裡的幼兒
　　比較有自信心。也因為他們會在臺上很敢講，他們敢講的不是
　　背唐詩，背唐詩可能別的學校也很會背，他可能一連串很快的
　　把它背完，但那不是他自己的東西，沒有經過頭腦消化之後的
　　產品；然而這裡的孩子，他是，他想過，所以他消化出來，講
　　出來的是他自己的想法。（訪談Q-20120804F14）

　　透過這一教學模式，有機會讓幼兒充分經驗，且在經驗分享活動
中，鼓勵發表、討論，所以延伸出來幼兒比較會發表意見，比較有整
合想法的能力，信心度日漸提升。

因爲這裡的幼兒自己會做東西，感覺信心很高，也比較敢展現、愛現，然後就會來跟老師說「老師這是我做的！」……我就會馬上對她說「來，我幫你拍照。」拍照之後，馬上可以看照片，她會感覺到老師幫我拍照，老師很喜歡我，老師覺得我很棒。（訪談P-20131102E38）

　　教學者「滿足需求」之人本態度完全存乎一心，善待幼兒的言行舉止自然流露，順手捻來都是增強，看來只是小小舉動，卻是莫大的鼓勵與啓發。實施「社區融合開放模式」教保活動過程中，幼兒展現自信心。信任與自信兩者是健康人際關係的重要因素，幼兒園的幼兒本位教保活動，能夠培養與修護這兩項人格重要因子。

五、幼兒獲得成就感且珍愛自己的作品

　　教學者受訪時指出，角落裡每樣物品都是幼兒們生產創作的，都爲了遊戲用而生產創作，每個幼兒都做了貢獻。作品有合作分工製作的，有獨立製作完成的。在自由遊戲時間，幼兒自由選擇喜歡的角落或串連各個角落玩遊戲。幼兒會很珍愛自己的作品，會玩自己的作品，也會玩他人製作的作品，自己的作品也供他人遊玩，在此時，彼此的作品都可以玩。逐漸地當發現他人在玩自己製作的產品，享受著樂趣，會感受貢獻很大，增進成就感。也在每天的經驗分享活動中，討論角落遊戲情形，發現作品損壞了，討論如何做修補、改進，由製作人在生產創作時間裡再做修補與改進。這些作品存在著幼兒豐富的情感以及成長的軌跡，很被留戀與珍愛。

　　我覺得社區融合模式，幼兒學習的過程當中，對幼兒是非常有幫助的，因爲那都是他自己動手做的。老師雖然會幫忙，老

師是在旁邊幫她忙，但他的手是一直在他的作品過程中創作。
所以我覺得第一個，他知道那個製作過程，所以最後影響的
結果就是，當他能夠費盡千辛萬苦完成了一項作品的時候，他
會很有成就感（訪談Q-20120804F8）。幼兒會把這種成就感
帶回家中和爸媽分享，有時在家也會動手創作，很多家長跟
老師分享都不用買玩具，幼兒自己就會做玩具來玩（訪談N-
20160623J35）。

在學期末，我們會跟他們講「下學期會有新的課程，這東西丟
了很可惜！有沒有小朋友要帶回去和父母分享？」有的幼兒就
說我要把這帶回去給爸媽看，甚至還有幼兒告訴我，上學期的
一棵樹還放在她的房間做裝飾。事先會做充分的討論，當確定
了作品的安置之後，才做拆除的動作。（訪談L-20160629A3）

　　一個角落就是一個遊戲情境，因為是大家一起創作完成的，包含
有個人的作品，也有共同完成的作品。個人珍愛的作品會由個別帶回
留存，至於共同完成的作品，無法分割，當參與者都想帶回家留存，
遇分配有爭議時，教學者引導幼兒協商解決。

例如冰箱，好大一個，是3人共同完成的，就會問大家誰要帶回
家，若有多人想要，第一就會問有沒有人要禮讓？有的幼兒會
想自己的作品很多了，或爸、媽不方便載回，就會禮讓。倘若
3人或有2人都很堅持，怎麼辦？會有人提議「猜拳」。因為畢
竟是共同完成的，不應說某人做得比較多，某人做得比較少，
所以會讓幼兒思考如何解決。「猜拳」是他們提供出來的方法
（訪談L-20160629A3）。搭的山坡雖然小小的，但他們會和經
驗相連結，只要他爬上、滑下，就能感受到美好的經驗，很開

心，經驗有被延續到當時的情景。點點滴滴，很踏實。（訪談
L-20160629A3）

有些作品是使用桌椅、積木搭建的，例如滑草的山坡，本應拆
除，因爲考慮到暑假有夏令營，仍然可以玩，就不會拆除，延續美好
的回憶，凝聚班級向心力。

實施「社區融合開放模式」教保活動，對於幼兒學習的影響存在
於他的內在成就感。幼兒在在經驗分享時，存在腦海中那歷歷在目、
一步一腳印的工作情景，足以讓幼兒詳實的娓娓道來，且伴隨而來的
是成就感。從生產創作活動之歷程，能夠發現幼兒的優勢智能及劣勢
能力，藉由自由選擇學習機會發展優勢智能，從而獲得成就感。幼兒
從獲得成就感當中培養自信心，進而發展更多項智能，成就感是實施
統整性課程的關鍵因素。

六、發展遲緩幼兒的一起學習與顯著成長

教學者受訪時指出，面對確診或疑似發展遲緩幼兒，都必須提供
「符合兒童最佳利益」的教育及照顧，我們實施「社區融合開放模
式」非常有利於發展遲緩幼兒的改善。

因爲這個模式底下就是有「能力好的幼兒可以做的事」跟有
「能力比較不好的幼兒們會做的活動，他們也可以獲得成就
感」。然後當他可以做這個，完成這個，老師都會稱讚他；當
特殊生被老師稱讚的時候，其他幼兒都看到，其他幼兒也就不
會只看到他那討厭、不好的一面。幼兒們也會學著去看人家的
優點，不要總說不好，多麼愛哭等等。（訪談Q-20120804F14）

　　感覺統合訓練是發展遲緩幼兒必要的活動，對幼兒而言，訓練是辛苦的工作，然而當能夠參與一般幼兒的「從做中學習活動」與「戶外有趣的大肌肉活動」，同樣也可以達到成效，卻消除了訓練的辛苦歷程。因為該補救教學的訓練是人為的，相較於「社區融合開放模式」教保活動，包含小肌肉與大肌肉感覺統合活動，均符合自然學習情境。

> 就像我們針對特殊生來講的話，我們也不會是說，很特別的去教他特別的事物，我們不會是說特別的安排出來學。我們也就是從做中學，然後呢，他也許是，可能他會看到同儕怎麼做，或是看到別人怎麼做，或者是說他在某一些情境下，他可能就自然而然的去呈現他所學到的東西。（訪談L-20160629B33）

　　實施社區融合教保活動，發展遲緩幼兒除了感覺統合的成長之外，收穫最多的也包含社會人際知能的成長。幼兒會耳濡目染，會受同儕影響，會受到教學者平日的身教、言教影響，自然而然學得而表達良好品格行為。

> 比如說，昨天我就看到UU（我們的特殊幼兒），他很可愛，因為我們放學的時候，就有一個小朋友在哭，因為媽媽來接他，他耍賴，就在那邊哭，結果我們那UU看到之後呢！就過去，自己喔！我們沒有叫他，他就自己主動過去，幫助那個小弟弟穿鞋子。我們沒有來得及拍攝下來！然後他就幫他穿，他就跟他講說「弟弟穿鞋子，穿鞋子。」他就幫他穿，他幫他穿喔！然後他摸他的頭說「不要哭，弟弟不要哭」……。（訪談L-20160629B33）

發展遲緩幼兒在經驗分享與生產創作分組裡面，他找到他的工作，他找到符合他能力的工作，跟他人一起學，然後也聽、也看，有一天他就做出來了。

我國《幼兒教育與照顧法》第七條規定「政府應提供幼兒優質、普及、平價及近便性之教保服務，對處於經濟、文化、身心、族群及區域等不利條件之幼兒，應優先提供其接受適當教保服務之機會。」

依據《幼兒教育及照顧法施行細則》第四條詮釋「不利條件之幼兒」指幼兒入幼兒園當學年度符合下列情形之一者：一、低收入戶子女。二、中低收入戶子女。三、身心障礙。四、原住民。五、特殊境遇家庭子女。六、中度以上身心障礙者子女。

歸納以上「不利條件之幼兒」，包含了經濟、文化、身心、族群及區域等不利條件之幼兒。以上涉及「六歲以前發展遲緩幼兒」教育問題，歸咎原因在於生理與心智「身心障礙」及生活環境「文化刺激不足」的發展遲緩。亟需要早期療育，以及多元文化教育的配合實施。

從幼兒本位教育以及早期療育觀點，6歲前之幼兒若經由診斷為發展遲緩（領有診斷手冊者），或「未確診」處於邊緣者，或「已改善進步中」脫離臨界線外者，或因為主要照顧者擔心「標籤化」，不願意接受「診斷確認」，惟經過教保服務人員觀察衡鑑、評估為發展遲緩（未領有診斷手冊者），兩者僅僅在於資源提供上的差別。領有診斷手冊之發展遲緩幼兒，政府會提供必要資源的早期療育，例如巡迴輔導及醫療照顧；至於「未領有診斷手冊者」，就缺少該項資源之早期療育服務。受訪教學者都指出「社區融合開放模式」對於以上處於確診或未確診或家長不願意參與「診斷確認」之發展遲緩幼兒的改善，確實有很大幫助。

☺ 第二節　教學者幸福感緣由

哪些自變項因素會引發如同前述幼兒幸福？前述之幼兒幸福的因素包含幼兒樂在其中的學習、幼兒做中學及自由遊戲、幼兒自動學習、幼兒學習過程情緒穩定、幼兒展現自信心、幼兒獲得成就感且珍愛自己的作品、發展遲緩幼兒一起學習與顯著的成長等等，它們是如何形成的？源自於教學者的幸福感因素。

教學者省思個人感到幸福的緣由，包含著以下因素：教學者充滿自信及幼兒信任老師、社區探索活動中觀察幼兒需求能觸發教學者靈感、在教室學習角落裡建造探訪的景點提供自由遊戲、觀察到幼兒創作的專注及堅毅神情、幼兒的創意發想能真實的在教室裡面實現、家長反映幼兒的學習興趣、感受到教學是權利與享受、覺察自己的專業成長等等因素。

一、教學者充滿自信及幼兒信任老師

幼兒展現自信的行為舉止之例子很多，Q代理教師從回憶中敘說「這件事可能到我老了都還記得！」

> 我之前有去戶外野餐，K老師也知道，我覺得這件事還蠻感動的，就是幼兒去野餐吃飯的時候，那時候天氣很好，前幾天都在下大雨，我就跟幼兒們說，太好了，今天老天爺知道我們要出來野餐，所以祂就不下雨。有幼兒就回答，對啊，因為祂知道我們是好小孩跟好老師，所以祂就不下雨，讓我們可以出來野餐。（訪談Q-20120804F4）

Q代課教師欣喜激動的心情溢於言表，深情的關注著幼兒，說

「我好高興聽到你說我們是好小孩跟好老師！」

> 我覺得那幼兒說的話，對別人來說可能只是童言童語，但是我
> 覺得那表示在這個環境當中，可能幼兒對於我們是很信任的，
> 他也很喜歡跟老師相處，所以他覺得自己是一個好小孩，很有
> 自信，老師也對他很好，所以我們是好老師。我覺得他在肯定
> 他自己，也在肯定老師；雖然只是一句話，可是對我來說，我
> 覺得是一個蠻大的鼓勵。（訪談者反映：已經很久了，妳還記
> 得這件事情。）對，這件事可能到我老了，都還記得！（訪談
> Q-20120804F4）

　　幼兒教保服務人員感受到最幸福的時候，是當教保服務人員與幼
兒彼此是完全信任關係的時候。幼兒本位教育發展幼兒自信心與信
任感，幼兒處在這樣完全信任關係的環境裡，表現自主性，發展自發
性，感受到幸福。

二、社區探索活動中觀察幼兒需求能觸發教學者靈感

　　在教保活動歷程中，有受訪教學者提及「幸福感最多的時候是幼
兒觸發了我的靈感」，這真的令人驚艷！

> 我上次不是講嗎，開學那時候實施果園探索活動，去爬那個小
> 山坡，其實，我本來沒有設計到那個小山坡，但是看到孩子一
> 去，就是很自然，就一直往那裡跑，啊！跑跑跑！就觸發我的
> 靈感，我就馬上在那兒帶著孩子爬山坡、滑草，就這樣在進行
> 那些活動的時候，看到孩子在玩，滿足需求，你就會覺得很快
> 樂。尤其是說，帶孩子出去做社區探索的時候，是我覺得幸福
> 感最多的時候。（訪談K-20160810D39）

　　教學者靈感能被激發，係基於專業理念中擁有著人本主義理論所強調的需求滿足理論。幼兒園教保活動課程大綱（p.3）主張幼兒的生命本質中蘊涵豐富的發展潛能與想像創造的能力，他們喜歡主動親近身邊的人、事、物並與其互動，喜歡發問、探索並自由的遊戲，也喜愛富有秩序、韻律及美好的事物。因此當在教保活動歷程中，教學者提及「幸福感最多的時候是幼兒觸發了我的靈感」，屬心理學人本主義學者A. H. Maslow自我實現理論中的高峰經驗，很有成就感。

　　　　光只是爬那個山坡，冒險性也夠，夠刺激嘛！對於他們的感覺統合又有幫助，肢體訓練通通有，且幼兒剛開學返校，整個寒假散漫的生活，魂都還沒收回來之前，這個就是最好的活動。第一天往上用爬的、往下小心走，第二天再去滑草，再來第三天寫生，就有不同的變化，孩子就已經留下了很深刻的印象。對老師來講，那種臨機應變，看到孩子的滿足，達到那麼好的效果，自己就覺得很有成就感，就很開心。（訪談K-20160725C8）

　　社區生活是「生態環境系統理論」的重要環境，在每個人的心裡，自幼成長的社區生活含有人格發展的原動力，當教學者帶領幼兒走出校園實施社區探索活動，即在運用真實環境奠定全人基層的人格。

　　雖然沒有實施探索活動雖然也可以進行教學活動，然而這種教學活動對於正處於「感覺動作期」發展階段的學前教育階段幼兒而言，不符合教保原理；或即使有實施探索活動，許多教學者所實施的探索活動僅止於教室之內，或僅止於校園之內，因其不真實、欠缺實質或量不足，都難能達成統整性之教保目標。

三、在教室學習角落裡建造探訪的景點提供自由遊戲

　　教學者受訪指出，實施生產創作活動，在於讓幼兒建造遊戲的情境角落，包含設施與物件，讓幼兒能夠在自由遊戲時間可以遊玩；基於這樣的目的，就能夠引發幼兒自動的進行從做中學習之動機。因為探索活動已經讓幼兒留有深刻印象，經由經驗分享，討論出為建造「遊戲設施與玩具物件」所必須要的工作項目，教學者於經驗分享討論中且逐一板書條列於黑板上，之後讓幼兒從許多工作項目中，自由選擇有意願的工作，把附有磁鐵的姓名條貼在工作項目下，分工或合作的進行生產創作活動，目的係為了能在學習角落裡，建造想玩的遊戲設施與玩具。生產創作活動是實施開放教育與否的一種判準，在此一開放性學習歷程中，幼兒學得自我統整的認知、情意與技能之能力與陶冶，且結合加深與加廣教學機制，能有效達成身心發展之階段性教育目標。以下場景讓K教師感受到非凡的成就感。

> 返回教室裡，生產創作活動係依據幼兒在探索活動歷程，所留下之很深刻的印象，透過想像把景物搬回來，至於要怎麼完成，是必須要透過很多「天馬行空」的那種想像，去創作的那種想像，用一些資源回收的東西，跟一些材料、素材來製作，把它重現，然後最後可以遊玩實現，那種成就感是非凡的！我覺得啦，個人來講的，就很愉快，有幸福感。（訪談K-20160810D40）

　　以上所提「用一些資源回收的東西，跟一些材料、素材來製作，把它重現，然後最後可以遊玩實現……。」指的是教室內有設置一處「鬆散材料角落」，提供幼兒生產創作選材基地，幼兒從而有目的的建構在探索活動時所留下的「深刻經驗」中的景物，目的為了重溫遊

戲的樂趣，因此生產創造活動深具吸引力。

四、觀察到幼兒生產創作的專注及堅毅神情

教學者受訪指出，幼兒會因為對自我的認識與了解而選擇喜歡的工作，自主且自動的在角落裡進行從做中學習活動，幼兒且也會因為工作而學習到對自我能力的認識與了解。以下係KK教師觀察幼兒創作的神情，感受到很有成就感。

在教學現場，是因為，就是剛剛講的，因為看到孩子這樣的創作，還有那個專注，為了要完成一件事情，那個專注，跟契而不捨的那種堅持的態度，你就會覺得你這樣子很有成就感，很有成就感！還有孩子的成長，包括他的發表、溝通的能力，各方面的能力一直在進步，你會覺得很有成就感。（訪談K-20160810D39-40）

幼兒的生產創作活動，所謂生產，指的是功能性的操作，熟練、重複性的工作，在於產品量的增加；所謂創作，指的是製作產品時，重視品質的歷程，其在認知與技能上呈現的敏覺性、流暢性、變通性、獨特性、精密性等等方面的能力，以及批判性的分析、綜合、評鑑等能力的展現，其在情意上有想像、挑戰、好奇、冒險等學習態度展現。以上認知、情意、技能的展現，均屬於對品質的要求。

當幼兒陶醉在有興趣的工作活動中，他在各個感官的操作活動是持久的，且歷程中也在不斷的刺激各個感官所屬的大腦中樞皮質區域，增進幼兒的聰明智慧。例如刺激視覺所屬的枕葉、聽覺所屬的聽覺皮質區、肢體感覺所屬的感覺皮質區、肢體動作所屬的運動皮質區、知覺所屬的頂葉、語言表達所屬的布洛卡語言區、語言理解所屬

的威尼克語言區、口語記憶所屬的顳葉、決策所屬的額葉、傳輸往返大腦的神經脈衝所屬的脊椎神經等等（蘇建文等，2003；Shaffer，1999）。

五、幼兒的創意發想能真實的在教室裡面實現

眉橋幼兒園K教學者受訪指出，當帶領幼兒探索社區裡的一家「優優有機農產品產銷公司」，幼兒在包裝工廠裡看到有機蔬果運送、作業型態，以及冷藏櫃、冷凍櫃……等等情境及物品。透過課程設計的感官探索，幼兒感到非常有趣。在返回教室後的經驗分享討論中，亟欲製作一家「酷酷有機農產品包裝及銷售公司」，扮演學習工廠裡的大人們工作。經由以上探索及生產創作，引發一連串的學習歷程，幼兒教育及照顧就在其中。

> 可以把那個景點跟景物搬回來，指的是現場的東西，那個景點的東西，藉由那個創意跟發想，引導幼兒生產創作產品，可以真實的實現在教室裡面。（訪談K-20160810D40）

在幼兒園，幼兒誰學得最多？是看、聽的人，還是製作、創作的人？從教育家杜威做中學理論的觀點，學得最多的應是參與製作、創作的人。從觀察幼兒行為發現，參與生產創作的幼兒，學到了認知、情意、技能領域之統整性的能力。

> 尤其是在期末時候，闖關活動都會看到孩子在那邊滔滔不絕的向家長解釋的時候，或者看到孩子作品出來，你會看到孩子，原來這樣子做就可以做得出來，原來是這樣的方式去引導孩子，他們會做得很高興；或甚至看到孩子在臺上表演的時候，

那時候眼淚都會滴下來。（訪談L-20160803B6）

生產創造活動的目的，在於引導幼兒製作出可以遊玩的設施、物品。生產創造活動的一開始，所生產創造的東西就應該常態性的放置在所規劃與形成的角落裡，直到主題結束才移除。要求常態設置的目的，係爲了讓幼兒每天可以遊玩、修正、增加，而達成豐富該角落，發展幼兒學得六大核心素養之目的。（謝明昆，2009，P.2-14）

六、家長反映幼兒的學習興趣

教學者受訪指出，當家長能和幼兒園密切配合，教學者就會覺得很快樂。

因爲我們在蒐集材料的時候，家長們會不斷的提供一些回收的材料啊，有時候會提供意見啦。孩子會邀請家長進來參觀那個教室角落，這時候家長給的回饋，就會覺得很棒，這樣就會覺得很快樂！（訪談K-20160810D41）

幼兒拉著家長進班觀察創作的作品，家長對於幼兒學習表現，給予的正向回饋，能有效激勵教學者的熱忱；且藉而延伸的親師互動，家長敘述幼兒在家裡的行爲表現，教學者說明幼兒在園裡參與學習情形以及主題課程進度內容。藉由親師雙向溝通，教學者獲得家長肯定，深感成就。

家長回饋說幼兒上課以後，觀察他在家裡的行爲表現，他可能學到了什麼、什麼，然後我們也會接續，說對ㄚ！因爲我們有給他這個認知、概念，孩子能夠落實活用在生活上，這就是

> 我們的成就！就是我們的滿足。家長很高興的說：喔！他來
> 這邊上課，真的有學習到！家長看到孩子有成長，他就感覺到
> 很高興。從這樣的回饋，我真的有達成教育目標，而且有被
> 肯定的感覺，就會讓人覺得你這樣付出是值得的。（訪談L-
> 20160803B8）

教師本位教學，教學者教了什麼幼兒就接收什麼，幼兒欠缺深刻
情感，回家後缺乏向父母敘說的動機，學習內容無法分享給家長。而
幼兒本位教學，幼兒從做中學習很多、聯想很多，會不由自主的分享
給家長。

> 我的成就感來自於家長與幼兒。例如我們在進行鳥的主題，幼
> 兒回家，會拉著家長一起去看他們家屋簷下的「雨燕」鳥巢，
> 觀賞飛進飛出的雨燕，然後就要求家長拍照，傳給老師，然後
> 我們就分享。幼兒還跟媽媽說我們上學期是教「魚」，這學期
> 是教「鳥」，所以這學期你要買有關鳥的書。有時候我就覺得
> 這群孩子真的太可愛了，能夠把在學校裡所學的帶回家裡，跟
> 家長分享，然後家長再回饋給老師，讓老師知道原來幼兒有學
> 到這麼多的東西，而不是我單方面在講的。這是我最有成就感
> 和幸福感的。（訪談N-20160623I11）

實施幼兒本位教學，幼兒能夠把在學校所學到的六個領域能力，
包含認知、情意、技能等能力內化統整，能夠表達，且學到甚麼就能
夠表達，回饋給家長。

建構以「家庭」為中心的兒童福利工作，是我國未來兒童福利政
策取向的七個取向之一（其他如強調預防勝於治療、落實兒少保護
三級預防機制、建構廉價且質優之幼托照顧體系、擴大育兒津貼發放

對象、建構兒童參與之福利服務工作、強化高關懷少年防制輔導服務）。（內政部兒童局，2012）家庭是兒童生長發展的重要單位，父母親擔負生、養、衛、管、教之責。其中很特別的是幼兒家長擁有托育決定權，關係著幼兒園招生營運盈虧之關鍵；因此幼兒園教保服務人員必須與家長密切配合，藉而推展兒童福利工作，包含提供多元的機會，鼓勵家長共同參與幼兒的學習。

七、感受到教學是權利與享受

　　受訪教學者會把責任、義務當作權利與享受，已遠遠超乎法律之遵守。

> 對很多老師來講，教學現場對他們來講是很痛苦的，能閃躲就閃躲；可是我覺得像我兼任行政工作，自己參與主題教學，尤其早上的課，我一節都不願意減。我覺得啦，自認為，像我這樣子逐週、逐週，一週都沒有減，一個鐘點都沒有減課的參與教學，幾乎是沒有了；我認識的人，幾乎是沒有。因為在教學現場讓我有很多的快樂，我覺得有很多的快樂，可以實現我自己對這個教學主題的一些想法，所以我不希望我放棄我這樣的一個叫做權利也好，或者說責任、任務也好。因為我覺得教學會讓我獲得一種享受。（訪談K-20160810D42）

　　當教學者敘說「教學是我的享受，是權利，在教學現場讓我有很多的快樂」，這是多麼有自信與成就感的描述。教學者能夠做出這樣的敘說，除了對社區融合教保活動擁有清晰理念、純熟技能之外，必然已深度融入情感，懷抱幼兒教育為終生職志。深入探究緣由，發現這是K教師2017年向前推十年內的發展，是她十年前尚未應用社區融

合教保模式實施教學所沒有的價值信念，從而得知實施社區融合教保模式的效應。

　　教學者能夠把責任、義務當作權利與享受，快樂地從事幼兒教保服務工作，幸福感就在其中了。依據《幼兒教育及照顧法》第三章「幼兒園組織與人員資格及權益」，其第十六條規定「為提升教保服務品質，幼兒園應建立教保服務人員參與教保服務及員工權益重要事務決策之機制。」第十七條規定「幼兒園應提供教保服務人員下列資訊：一、人事規章及相關工作權益。二、教保服務人員資格審核之結果。三、在職成長進修研習機會。四、參加教保服務人員組織權益。」另行政院依據第二十三條新制定的《教保服務人員條例》法律草案（105.12.15），規範「公立幼兒園教保服務人員之待遇、退休、撫卹、保險、福利及成績考核等事項」，以及明定「私立幼兒園教保服務人員勞動條件等事項，並規範公、私立幼兒園教保服務人員之請假、提起申訴及爭議處理等規定。」以上法律規定，均針對教保服務人員自身之「工作權益」、「福祉」以及「參加教保服務人員組織權益」等做出保障。而對於教學者會把責任、義務當作權利與享受，已遠遠超越法律之上，誠然令人敬佩。

八、覺察自己的專業成長

　　教學者受訪指出，在職場上能與時俱進，能不斷成長，能被認同與自我認同歸屬專業人員，必然感受到成就與幸福。

> 還沒來SS幼兒園之前，其實我就是會覺得說，我每年就是這樣參加甄試、上課，就是這樣照本宣科上課，心想反正大家都是這樣。每一年就這樣子，就是照本宣科這樣就好。可是來到SS之後，我看到楊老師那麼認真，不要說什麼，她也長我們這麼

多歲，那個動力，比我們還要好。那你就是跟著她做，也就是
這種模式讓自己很有成就感。（訪談P-20131102E39-40）

　　幼兒園教保服務人員在幼兒園裡服務，到底會不會像幼兒一樣，
變的情緒化？或如同中文「幼稚園」之稱謂，變的幼稚？另一種說法
是變得年輕？純真？有智慧？尋其分水嶺在於專業能力的展現與否。

　　我是覺得我蠻喜歡這樣的模式啦！因為它比較活潑，比較有
挑戰性。這整個的教學模式過程當中，我覺得不只是孩子獲得
很多的一些知識，獲得一些成就，我覺得老師像我自己，我
也覺得我學到很多，跟著孩子一起成長。那種滿足感，那種
成就，是真的很大，讓我覺得獲益很多。所以這種幸福指數
是很高的；然後相較，那種成就感也是很高的呢！（訪談L-
20160803B7）

　　主題教學實施的精髓，首要依據的是遊戲理論，遊戲引發幼兒發
展，且從遊戲中看到幼兒的發展。「孩子是從遊戲中學習的」是教育
家福祿貝爾（F. Froebel, 1782-1852）的名言，也是許多哲學家的共
同主張，深深影響著後世的幼兒教育。

　　常常幼兒在自由遊戲中的對話，我聽了會很開心，開心的原
因是因為教室經營的氛圍有出來……。所以你來問我，問我
有幸福感嗎？我會說我真的覺得很有幸福感……。（訪談N-
20160727J35）

　　當教學者覺察自己的專業有了成長，是幸福感的來源，尤其幼兒
本位教學的專業成長。幼兒園教師的專業職責，依據「幼兒教育及照

顧法」，明定爲教育及照顧。在照顧層面很需要體力的支撐，所以相對上，年輕教師和上了年紀的教師比較，年輕教師更能夠勝任；至於教育層面，教學是教育的實踐，很需要智慧的支撐，所以年齡不是大問題。如果年輕教學者，包含教師及教保員，能夠熟練地應用幼兒本位教保模式，即能增進個己幸福感，且保證給予幼兒幸福；因此對於熟練幼兒本位的教學者，即使已達法定65歲退休年齡，只要增加助理教保員搭檔，幼兒教保職業生涯會加長。

幼兒本位教學者會設計有趣的直觀探索活動，激發出幼兒生命本質上會主動親近身邊的人、事、物並與其互動，喜歡發問、探索，以及自由的遊戲的能力（幼兒園教保活動課程大綱，p3），引發幼兒學習動機，結合生產創作活動，引導幼兒自動的從做中學習，在教室裡創建「探索景點」的情境，提供幼兒自由遊戲場景環境，滿足幼兒發展需求，即能增進幼兒學習上的快樂和幸福。

每天上班的職業生活雖不等同生涯，其排名卻是個人生涯之首位。幼兒教保服務人員能夠從教保工作中獲致成就感，會促進心理健康，有助提升幸福指數。幼兒園教師、教保員企盼被尊稱專業人員，若依照大前研一（2009）的觀點，專業人員必須要：1.能控制感情，以理性行動，2.能擁有比以往更高超的專業知識、技能和道德觀念，3.要秉持顧客第一的信念，4.好奇心和向上心永不匱乏，5.嚴格的紀律等，這樣的人就可以稱是專業。因此在職場上能與時俱進，能不斷成長，覺察到成長，能被認同與自我認同歸屬專業人員，必然感受到成就與幸福。

第三節　教學者專業成長緣由

依據前述達成教學者幸福感的因素共有八項，可知幸福感並非只

是單一,而是一群因素的組織。在普羅大眾的日常生活裡,常會聽到窮人說:有錢就是幸福;或常聽到病人說:病好就是幸福;惟當其目的全達到後,幸福嗎?沒有絕對的答案,其緣由乃因幸福的因素係屬成群之組織。更深入探究,發現達成前述八項教學者幸福感的因素在於專業成長。本研究依據訪談資料,歸納教學者獲得幸福感的專業成長因素共有四項:從陌生的社區至熟悉社區而至應用社區資源的成長、自願且認真的學習這個主題教學模式的成長、從教師本位單元教學至幼兒本位開放式主題教學的成長、從認識幼兒只是一張白紙至幼兒不僅只是一張白紙教育觀的成長,以及從認識提升知能的認知建構論至認識涵育品格的社會建構論教育觀的成長。

一、從陌生的社區至熟悉社區而至應用社區資源的成長

受訪教學者指出,實施社區融合教學,能夠讓教學者獲得「從陌生的社區至熟悉社區而至應用社區資源的成長」。

> 我以前在來S幼兒園之前,在一個學校代課,我每天就是上班,摩托車騎進去,下班騎回家,那個社區我完全不了解。直到有一天,有位資深的老師為某事要帶我去社區裡走一走,說這裡、那裏有什麼、什麼,我才知道原來旁邊有座廟,附近有人文景點……等等。(訪談K-20160810D1)

以上K教學者的敘述,凡實施社區融合之教學者都會在言談中提及,典型的例子,例如93學年度本研究者首次於彰化縣實施社區融合教學實驗,共有七校幼兒園有意願參加,實施一個學年,彰化縣政府於94年12月出版《幼稚園與社區融合主題開放教學成果》成果報告一大冊,共398頁。(彰化縣政府,2005)茲摘錄其中成員之一的

大城國小附幼張老師「省思與檢討」之心得片段：

　　我跟佳貞老師都不是大城人，之前大城對我們來說只是個偏
遠的工作地點，每天我們也只是很單純的開很遠的路上下班而
已，直到參加了社區融合主題開放教學，我們利用下班的時間
好好對這個環境做了認識，也請教了不少在地的家長和同事，
這才發現大城原來是個寶地。「人不親土親」當你有機會好好
的對這個地方做深入的認識之後，真的會愛上這個地方。想想
自己在成長的過程中，從來沒有人教過我如何深入認識並愛自
己的家鄉，而今卻是在這實際的走訪中，我愛上了這片和孩子
共同成長的土地……。（彰化縣政府，200，250頁）類似情形
也在本研究之幼兒園出現。

　　來到SS幼兒園這邊工作也是一樣，剛開始就會擔心，不敢帶幼
兒出去，就是顧慮「安全」嘛！而且自己也在適應這個環境，
所以能夠帶到戶外的，都只是在校園裡面。但是我的第二任搭
檔，她會帶幼兒出去社區玩，她會帶幼兒出去走，回來我聽幼
兒分享。當時我才認識到「對噢！也可以帶幼兒出去！」給我
很大的啟發。我們直到邀請謝教授入園輔導以後，才發現不只
是出去走一走、看一看、散步而已，而是可以深入到社區景點
裡面，跟社區的人、事務、物等，做一些比較實際的互動，且
於返校後啟動一連串的教學活動。（訪談K-20160810D2）

　　S幼兒園自95學年度至今105學年，已經實施了19個主題，各個
不重複，每一個主題進行都是從社區景點探索活動開始。當時K教師
一開始想到的是「烏眉溪」主題，這個主題走了一整學年，結果發現
社區景點越來越多，社區資源豐富；之後每一個學期實施一個主題。

像這次走的主題「我們的有機果園」是第19個主題，下學年上
學期的主題已經計畫好了，主題名稱是「順發商店」。回憶自
從第一個主題「烏眉溪」之後，以後的都是每一個學期進行一
個主題，每一個主題名稱都是以社區的眞實景點命名。（訪談
K-20160810C1,D9）

　　從「幼兒直觀探索經驗結合生產創作活動」教學之觀點，社區資
源的應用，在於能夠提供幼兒直觀探索經驗，激發幼兒對社會文化及
自然景物產生熱情的興趣，而且要結合生產創作活動，製作出能夠在
自由遊戲時段裡遊戲活動的情境設施，據而實踐課程大綱六大領域學
習指標，達成領域目標，發展六大核心素養之教育目標。目前參與研
究的兩校幼兒園教學者，已熟練以上社區融合教保活動的實施。

二、自願且認真的學習這個主題教學模式的成長

　　受訪教學者自陳感受到幸福，源自於個己自願且認眞的學習這個
主題教學模式。以下之敘述，反映教學者自願且認眞學習情形。

我沒有接受過當年謝教授在本園入園輔導的經驗，因爲當年我
還沒有到TT幼兒園工作。在進入T之後，我有三次和老師們搭
乘謝教授的自用休旅車，在前往S幼兒園參觀教學觀摩旅途上，
分享教學經驗與問題討論。除外，謝教授出版的圖書「主題開
放教學」，我總共讀了七遍，於學期前讀一遍，檢視我的教學
計畫；另學期末也讀一遍，以對照我的教學和書本內容是不是
相符合，檢討有無偏離。這是我每學期都會做的功課。（訪談
N-2016062311-2）

　　本研究對象6人當中，共有二位教學者於初入S幼兒園時擔任代

理教師各一年，另有一位於初入幼兒園謀職時，就被甄選進入S幼兒園擔任教保員，都接受K資深教師指導，僅只間接接受輔導教授輔導，卻都能表現出優秀的社區融合開放教學能力。

> 我能參加此一模式真是幸運，我之前是外行。我一踏入幼兒園教學，就接觸到這個模式。我之前在安親班，除了我因為兒子就讀幼兒園，有跟老師討論互動的經驗外，我沒接觸過幼兒園。我蠻慶幸，我一來是一張白紙，然後慢慢去學習，我就不會被一些傳統的觀念侷限住。我算是適應得蠻快、接受度高的教保員，當然K老師很用心地在引導我。我沒經歷傳統的教學模式，我回憶我孩子當時學習的情形、學習態度，比較我現在的教學模式，發現當中的差異。當時我兒子回家的呈現，跟眼前幼兒在這邊的呈現，發現兩者之間的差異性非常大。（訪談L-20160629A1）

> 基本上，我算是第一次接觸這樣的行業，之前沒有相關類似的經驗。但是就我來說，我覺得我目前接觸這個行業，我的幸福指數是很高的！（訪談L-20160629B6）

人本主義心理學強調滿足需求，強調分享，很重視情意陶冶，輔導者無怨無悔，只要有心學習，學習者感受到被真誠相待而努力學習，相信會有深刻成長。

> 我覺得這個主題模式，任何教保服務人員都可以實施，只要有心、願意就能。有人不願意的原因，是不願意改變舊有的習慣。教學信念的改變，說實在的，尤其對現場有經驗的老師來講，已經有自行一格的習慣了，要一下子改變可能會很難；可

是，只要他願意就可以。學習這個主題模式不難，但是就須要
去突破。（訪談K-20160810C1）

　　幸福是人類生存所戮力追尋的目的性價值之一（Rokeach,
1975），幸福內涵意義，在認知方面係指一種主觀的個人經驗，對
生活評估後的滿意認知；在情緒方面係指透過正負情緒消長的情形分
析，對其生活的喜歡程度。從情緒及認知雙重取向的觀點，幸福係指
一種主觀的個人經驗，對生活滿意且擁有高的正向情感與低的負向情
感。本研究之教學者因為自願學習、認真學習，精進社區融合開放模
式教學能力，從而感受到教學的喜悅與幸福。

　　本研究教學者對於實施社區融合教保活動，已自陳感受到幸福，
都是自願且認真的學習這個主題教學模式。在認知的成長方面，經歷
聆聽課程講述、獲得知識與理解、嘗試實施與應用、觀摩教學、自我
修正分析、演示教學、經驗分享、自我綜合與評鑑的成長。在情意方
面，教學者接受這種教學模式、喜歡應用、感覺有價值、自己建立價
值體系、產生積極態度與品味。在技能方面，從知覺這種教學模式，
在心理、情緒上接受它且在自己的班級實施，願意在指導之下練習，
反覆練習與省思，熟悉五個實施步驟的技能，進而熟能生巧，在各種
複雜情境下會謀求變通，最後發展出創意，培養幼兒自主、自發的內
在能力。

三、從教師本位單元教學至幼兒本位開放式主題教學的成長

　　教學者受訪指出，在未學得社區融合開放模式之前，教學實施係
採行單元教學模式，雖然努力想走主題模式，可是卻遇到很多教學及
互動上的困難。

有一年縣府辦理縣外學校參觀活動，我參觀了臺中縣車籠埔
國小附幼的主題教學，印象很深刻，可是實際在執行面，會覺
得不知道從何著手。因為不知道要問誰！反正那時候都買坊間
的教材，就依照那個教材一個主題、一個主題的走，一個學期
走好幾個主題；但是都是老師在主導。教材中甚至列有恐龍的
主題課程，我還曾經帶領幼兒到臺中市的「國立自然科學博物
館」參觀恐龍展覽。（訪談K-20160810D5）

　　K教師為了增長主題教學能力，甄試獲得機會進入臺中教育大學
進修，其中修習本研究者講授之「統整課程」這門課。她總是坐在第
一排，每一堂課她都會提問，上課談不夠，下了課還繼續談。同學們
甚至會說「這堂課只要K同學（K教學者）在場，大家就很愉快，不
用擔心被老師點到名發表。」她之所以會不斷地一直發問，這是因為
她在現場碰到很多困難。可見一般教師們要從根深蒂固的單元教學改
變為「開放式主題教學」，除了這在當時環境氛圍屬於特例，且教師
「滿足幼兒需求」理念的調整確實很費力，後來因為輔導教授的入園
輔導而獲得徹底的改變。

回憶95學年度教育部辦理「補助辦理公私立幼稚園輔導計
畫」，徵得謝教授（本研究者）同意，聘請擔任入園輔導教
授，共實施兩年。在整個主題教學活動進行中，我們逐漸掌握
教學技巧，並從幼兒的成長與笑容、家長正向的迴響，以及觀
摩教學參觀的教師們肯定的回饋中，逐漸找到自信，並從教學
中獲得前所未有的喜悅。因為老師不必像以前一樣每日聲嘶力
竭，卻是優雅的觀察、欣賞幼兒的點點滴滴。尤其是在每一
次謝教授入園輔導時，都會針對教學疑問進行座談，讓同班老
師能充分溝通，取得共識，化解不必要的歧見而能合作無間。

（訪談K-20160810D4）

　　以上在教學中「不必像以前一樣每日聲嘶力竭，卻是優雅的觀察、欣賞幼兒的點點滴滴」享受好心情，這種成長純然是點滴在心頭的幸福。

　　教室裡單元教學模式流程的三步驟：引起動機→發展活動→綜合活動。單元教學模式簡單易懂，惟其核心處在於每個單元活動係為了解決一個或兩個問題，都必須在準備活動中明確敘述，而這卻是最為多數教學者忽略之處。另一個核心問題是，單元教學模式總是教師本位，不符合幼兒本位教育理念的實施。本研究兩校幼兒園的早期，一為國小附設幼稚園，一為私立托兒所，都是採用單元教學，卻不完全符合單元教學模式規範，也都屬於灌輸式的教師本位教學。民國95年以前的五年內，K教師很想嘗試走主題模式，她和同事互動都獲回應說「我也很想啊！」她們努力想走主題模式，可是卻遇到很多教學及互動上的困難。

四、從認識幼兒只是一張白紙至幼兒不僅只是一張白紙教育觀的成長

　　教學者受訪時指出，在實施社區融合開放模式歷程中，她發現幼兒的潛力無限，幼兒的作品超乎想像，教學者會因而受到啟發，幸福感油然而生。

　　我去年在明新科大進修大學幼教課程，課堂上被要求報告自己服務幼兒園的教學模式，當時我報告的主題是「土地公廟旁邊的吉野櫻」，我說這個模式沒有固定的課本、須向社區取材，所以老師要自己去思考，跟幼兒去創造，真的比較忙碌，但是

243

　　我不得不說，這樣子老師進步很多，內涵成長、成就很多。我的同學就說他們有課本，使用坊間教材，照著教材走。他們羨慕我、質疑我，說「怎麼可能做得那麼紮實！真的？假的？幼兒會做到嗎？」我說「會，幼兒的潛力無限，我在S幼兒園這邊看到太多了，看到幼兒做出來的作品，往往超乎我們的想像，連自己也在當中受到一些啟發。」真是個很不錯的教學模式。（訪談L-20160629A4）

　　L教學者在分享主題教學實例後的經驗分享討論中，深刻體驗了同樣是主題教學的顯著差異，她所實施的幼兒本位「社區融合開放模式」主題教學，係跟隨著幼兒向前延伸，加深及加廣，增進幼兒自主性，以及增進了幼兒人際間自發性的發展。在實施歷程中，她發現幼兒的潛力無限，幼兒的作品超乎想像，教學者會因而受到啟發，幸福感油然而生。

　　我在課堂上也聆聽其他同學的報告，他們沒有像我們幼兒園走得這麼做中學與情境性，不像我們這麼有連貫性，我們從花的探索與創作而延伸到娶新娘的活動，廣泛的、好幾個情境貫串；而他們侷限在花的主題就是介紹花，花的種類、形狀、生長等等。（訪談L-20160629A5）

　　同樣被稱是主題教學，幼兒本位的主題教學傾向開放式主題教學，而教師本位的主題教學傾向灌輸。前者在實施過程中，幼兒會自我統整，而後者則由教學者代替幼兒做統整。

　　「幼兒的生命本質中蘊涵豐富的發展潛能與想像創造的能力……」（課程大綱，p.3），發展心理學家皮亞傑研究已發現孩子生來就有能力，但外界環境的刺激，產生互動成長，使其內在的能力

更加茁壯，這種基於心理學人本主義互動論者的觀點，稱之社會建構論，相對於1960年代正是行為主義盛行之時主張幼兒深受環境影響「近朱者赤，近墨者黑」的純是一張白紙觀點，明顯的二者不同。實施社區融合開放教學，教學者在哲學上會獲得「從純正一張白紙之幼兒教育觀而至不再僅只一張白紙教育觀」的成長。

五、從認識提升知能的認知建構論至涵育品格的社會建構論教育觀的成長

教學者受訪指出，實施社區融合開放模式，能夠兼顧達成認知教學及品格教育目標。

> 這個模式之所以不會被批評為認知教學，因為我們這個模式每天不都是一直在探索、創作、發表嗎？那這個過程就足以證明不是只有認知教學。當幼兒園被批評偏重認知教學，是因為分科教學啊！一下子國語、一下子數學啊！一下子英語啊！然後國語要寫作業簿、要寫本子啊！對不對！買教材啊！寫本子啊！不斷的寫，不斷的練習，或是說都是老師在教、在講，都一直在講！（訪談K-20160810D33）

幼兒在幼兒園的學習上，總是被父母親重視的是知識的成長，要求老師須教導孩子知識，要看到練習讀寫的作業與練習結果的正確性。前者要求老師教導孩子知識並沒有錯，只是後者要看到練習讀寫的作業與練習結果的正確性，卻顧此失彼、失去了準頭，因為根據教育家研究已發現那並非是最好的教育方法。

教育之所以被稱為專業，係傳承自教育家研究而奠定的理論基礎。其中探討「知識是什麼？我們如何獲得知識？」之大哉問的哲學

家暨發展心理學家皮亞傑教育家，提出了如何促進知識發展的認知發展理論，迄今仍為教育專業所遵從。

　　皮亞傑的認知發展理論，涵蓋個體認知結構的結構論，以及認知結構如何發展的建構論。前者探討普遍性個體認知結構的發展，依出生後年齡的發展順序分成四個階段：感覺動作期、運思預備期、具體運思期、形式運思期，另與其類似的道德認知結構發展分成：無律期、他律期、自律期。後者建構論係探討個體在物理性知識、社會性知識、數理邏輯知識的建構發展，採用淺顯易懂的基模、同化、調適、平衡概念詮釋在各個認知結構階段的知識建構，其發生、促進情形。

　　以皮亞傑理論為基礎的幼教方案，教育重點不是放在結構論「階段」的進程，而是放在「建構論」的部分，其教育目的是讓幼兒能自己尋找有趣的點子，願意自己發現問題，能夠自己尋找事物間的關聯性，並能注意到事物間的相同點與相異點。除了認知性的教育目的之外，也強調幼兒在社會情緒上的發展目標。其教學原則包含幼兒的興趣、容許犯錯的實驗機會及合作的機會。（幸曼玲，2002）

　　後皮亞傑時代，心理學家賽門（R.Selman，1980）致力於皮亞傑理論的研究，他的角色取替能力階段理論，描述兒童如何推測別人想法，如何發展角色取替能力的整個過程，除了可以看出認知能力，且透過經驗分享、溝通協調方式，發展人際關係，稱之社會建構論。蘇俄心理學家Vygotsky更是發現幼兒同儕是互為學習的鷹架，相互支持。在社群中學習的幼兒，其成長更發顯現。

　　尤其是像我們這種模式，你要不要有合作，我們會大朋友去照顧小朋友，你要不要去關懷他，他不會製作、他哭的時候，你會不會去照顧他，你要不要跟同儕合作，分工的能力。其實現在的孩子，每一個都是寶貝，入園就讀之前在家都是小

霸王，眞的，然後在學校，你要不要懂得去跟人家互動，怎麼去互相禮讓關懷。這個都其實是很好的教學模式。（訪談L-20160803B40）

　　兩校幼兒園實施社區融合開放模式，係以直觀探索經驗結合生產創作活動與自由遊戲之教育原理實施教保活動，歷程能滿足幼兒的學習興趣、滿足幼兒自動學習需求，提供合作學習及實驗機會。因此幼兒除了從認知建構學習中增長知識，也能從社會建構學習中培養優良品格。當教學者認識到此一層面教育觀，其每日教保活動更能得心應手。

　　探討訪談對象在「教育及照顧」歷程中，感到幸福的緣由包含幸福幼兒方面、幸福教學者方面，以及幸福教學者之專業成長方面。經由教學者觀察，幸福幼兒包含著以下特徵：幼兒樂在其中的學習、幼兒做中學及自由遊戲、幼兒自動學習、幼兒學習過程情緒穩定、幼兒展現自信心、幼兒獲得成就感且珍愛自己的作品、發展遲緩幼兒的一起學習與顯著成長。

　　教學者省思個人感到幸福的緣由，包含著以下因素：教學者充滿自信及幼兒信任老師、社區探索活動中觀察幼兒需求能觸發教學者靈感、在教室學習角落裡建造探訪的景點提供自由遊戲、觀察到幼兒創作的專注及堅毅神情、幼兒的創意發想能眞實的在教室裡面實現、家長反映幼兒的學習興趣、感受到教學是權利與享受、覺察自己的專業成長等等因素。

　　教學者獲得幸福感的專業成長因素共有五項：從陌生的社區至熟悉社區而至應用社區資源的成長、自願且認眞的學習這個主題教學模式的成長、從教師本位齊一式教學至幼兒本位開放式主題教學的成長、從認識幼兒只是一張白紙至幼兒不僅只是一張白紙教育觀的成長，以及從認識提升幼兒知能的認知建構論至認識涵育品格的社會建

構論教育觀的成長。

　　幸福是人類生活之重要目的性價值，曾經是我國幼兒教育目標之一，詳見於民國18年、21年、25年、42年、64年幼稚園課程標準之教育目標。本研究之兩校幼兒園迄民國105年已經實施社區融合開放模式各為10年、6年，研究發現「社區融合開放模式」教保活動能讓幼兒獲得學習上的幸福感，亦能讓教學者因為專業成長以及幼兒的幸福學習而獲得教保工作上的幸福感。「社區融合開放模式」是一組系統化的教學模式，當研究者分析內涵及檢討此模式系統，除了能彰顯社區融合開放模式之效益，亦且能發掘有效因子與限制，在此基礎上，結合理論基礎，整合出精確有效教保活動元素，建立更理想的幸福教保模式，增進廣大幼兒及教學者更高的幸福指數。

實踐我國幼兒園教育理想
CHAPTER 9

　　依據我國幼兒園教保活動課程大綱，本書所建構的社區融合幸福教保模式，是達成課程大綱教保目標的重要途徑，希望能夠受到關注與推廣。本節探討幸福教保模式於課程大綱願景之實踐，內容分為六大核心素養之實踐、六大領域學習指標之實踐、社區選材之實踐、統整性教保活動方式之實踐、幼兒本位教保活動之實踐等等。

第一節　六大核心素養之實踐

　　「核心能力、素養」是指一個人為適應現在生活及面對未來挑戰，所應具備的知識、能力與態度。依據我國幼兒園教保活動課程大綱（正式大綱，pp.6-7）內涵，教保活動課程大綱之訂定，係從人的陶養出發，確立課程大綱的宗旨和總目標，並將課程分為身體動作與健康、認知、語文、社會、情緒和美感六大領域。透過統整各領域課程的規劃與實踐，陶養幼兒擁有核心素養。據而得知核心素養是經由六大領域培養以成，係幼兒教育及照顧活動能否達成總目標的主要因素，是做為人的條件。

　　幼兒園教保活動為培養幼兒下列六大核心素養：（課程大綱，p.7）

　　1. 覺知辨識：運用感官，知覺自己及生活環境的訊息，並理解訊息及其間的關係。

　　2. 表達溝通：運用各種符號表達個人的感受，並傾聽和分享不同的見解與訊息。

　　3. 關懷合作：願意關心與接納自己、他人、環境和文化，並願意與他人協商，建立共識，解決問題。

　　4. 推理賞析：運用舊經驗和既有知識，分析、整合及預測訊息，並以喜愛的心情欣賞自己和他人的表現。

5. 想像創造：以創新的精神和多樣的方式表達對生活環境中人事物的感受。

6. 自主管理：根據規範覺察與調整自己的行動。

本研究建構的社區融合幸福教保模式，教保流程包含兩部分，一為規劃全班幼兒前往社區主題景點探索活動，且於當次返校後針對探索直觀經驗所實施的經驗分享，以及一系列的教保活動流程，另一為教室內每天的教保活動流程。

前者教保流程包含五個步驟：1.探索活動→2.經驗分享活動AA→3.生產創作活動→4.經驗分享活動B→5.加深加廣教學。以上是當次前往社區探索之後，返回教室內的教保流程。此一教保流程因教學者判斷該班級幼兒學習氛圍的個別差異，探索活動與經驗分享時間使用長短會有所不同。只要能保持幼兒興趣，探索活動結合經驗分享可以連續一天、兩天……直到時機成熟再進行生產創作活動，然後接續加深及加廣教學，以及接續自由遊戲活動與經驗分享活動。

後者之教室內每天的教保活動流程，指的是前項探索活動後的教保流程在階段任務完成後，幼兒每日的學習循環或稱教學者每日的教學循環，包含兩種方式：第一種包含五個步驟：1.自由遊戲活動→2.經驗分享活動A→3.生產創作活動→4.經驗分享活動B→5.加深加廣教學。第二種包含五個步驟：1.複習經驗分享活動A之後接續生產創作活動→2.經驗分享活動B→3.加深加廣教學→4.自由遊戲活動→5.經驗分享活動A。以上都稱是每一天的教學循環活動，依其節奏規律進行，此時幼兒熟悉生產創作的作品係為了自由遊戲時間的玩具使用，且經由經驗分享討論，幼兒知道工作進度，知道工作內容，知道工作方法，也知道需要那些材料及取用處。每個活動實施都朝向幸福核心目標。

全班前往社區景點探索有其必要性，能提供共同的直觀經驗，有利於經驗分享討論時的腦力激盪，以及幼兒生產創作的運作；惟涉及

幼兒安全照顧問題，因此都會在主題開始時實施，以及在主題進行中有需要時再次實施，並不會每一天或高頻率的實施，當然家長願意帶領個別幼兒前去探索會有助益。上述幸福教保模式之教保流程，相對應課程大綱六大素養如表9-1。

表9-1　課程大綱六大素養對應幸福教保模式教保流程

一、課程大綱之六大素養	二、幸福教保模式步驟與課程大綱六大素養之關聯	三、幸福教保模式教學活動步驟
覺知辨識 表達溝通 關懷合作 推理賞析 想像創造 自主管理	1.覺知辨識⇨探索活動（也包含生產創作活動、自由遊戲活動、加深加廣教學等）。 2.表達溝通⇨經驗分享A與B（也包含生產創作活動、自由遊戲活動、加深加廣教學）。 3.想像創造⇨生產創作活動 4.關懷合作⇨生產創作活動（也含探索活動、自由遊戲活動）。 5.推理賞析⇨經驗分享B 6.自主管理⇨探索活動、經驗分享A與B、生產創作、自由遊戲等。	社區探索活動及經驗分享AA↓ 每日教學循環 （團體經驗 分享A → 生產創作活動 → 團體經驗 分享B → 加深加廣教學 → 自由遊戲活動，環繞 主題願景 幸福教保）

資料來源：作者編製

資料說明：1.幸福教保模式教學活動步驟，是一組符合邏輯的組織系統，其次序排列不同於課程大綱的六大素養，卻能呼應到課程大綱各個素養。2.課程大綱之「想像創造」素養，內涵意義係指「以創新的精神和多樣的方式表達對生活環境中人事物的感受。」而幸福教保模式當中的生產創作活動，其涵義強調幼兒自動從做中學習之實務，不僅僅在於感受，其效能遠遠超過課程大綱之要求。

　　從表6-1 課程大綱六大素養對應社區融合教保模式教保流程，發現探索活動（主要對應覺知辨識）→經驗分享活動A（主要對應表達溝通）→生產創作活動（主要對應想像創造、關懷合作）→經驗分享活動B（主要對應推理賞析）→加深加廣教學（主要對應自主管理）→自由遊戲活動（主要對應自主管理、關懷合作）→經驗分享活動A→生產創作活動→經驗分享活動B→加深加廣教學……等循環流程，確實能夠和課程大綱六大素養充分結合，很容易理解與實施，而且其效能遠遠超出課程大綱的預期，且每一天都在統整實施，更能彰顯效果。

　　　我覺得我們的東西完全呼應到課程大綱六大素養，甚至是涵蓋，不只是呼應，甚至是涵蓋！所謂涵蓋是比它更多，我覺得是這樣，我覺得是這樣！所以當初我去參加新課綱研習，我去聽了以後，我一點都不焦慮，我們在走的東西都可以呼應得到，所以根本不用焦慮；但在場的很多老師們會很焦慮，就很緊張說「我要怎麼辦！完全跟過去的不一樣，那要怎麼做！怎麼做！」（訪談K-20160810D30）

　　因應新課程大綱的有效實施，教育部推動小組提出「統整性主題課程設計教保活動建構步驟及操作」，詳見附錄8，計畫性地辦理研習活動推廣實施。

　　　我覺得教育部新課程大綱推動小組提出一個辦法，給不知道怎麼做的人有一個模式可以遵循，我覺得也是不錯啦，只是說如果他能夠用我們這樣的方式會更好。（訪談K-20160810D12）

　　培養學生帶得走的能力，已成為時尚術語，在幼兒發展階段，這

六大素養即是幼兒園極力要培養的帶得走的能力。當探討六大素養與社區融合模式的關連，教學者L教保員（訪談L-20160803B39,B40）做了以下深刻的描述：

在探索活動方面

你今天去戶外探索，你要不要去覺察，要去觀察一個東西，你就要覺察嘛，你今天去觀察昆蟲的生態，你今天去觀察社區的景點，你要不要去認識它，要不要去辨別它。這裡就一定有了嘛！（訪談L-20160803B39,B40）

在表達溝通方面

甚至我們今天出去的時候，你遇到長輩，遇到社區人士，你要不要做溝通，你要不要做表達，甚至你回來分享的時候，你要不要能夠討論，你要不要有去跟人家互動溝通的方法。（訪談L-20160803B39,B40）

在生產創作方面

那甚至回來之後，你要去生產創作，你要不要有想像，要不要有創作。（訪談L-20160803B39,B40）

在關懷合作方面

生產創作活動，你要不要有合作，尤其是像我們這種模式，我們會大朋友去照顧小朋友，你要不要去關懷他，他不會，他哭的時候，你會不會去照顧他，你要不要跟同儕合作，分工

的能力。其實現在的孩子，每一個都是寶貝，在家都是小霸王，真的，然後在學校，你要不要懂得去跟人家互動，怎麼去互相禮讓關懷。這個都其實是很好的教學模式。（訪談L-20160803B39,B40）

在推理賞析方面

生產創作之後，他甚至會提出問題說，我今天這個作品啦，我會怎麼做會更好，甚至他們會怎麼回饋說，啊他這個珍珠做得很漂亮，他會回饋，他會去分析、欣賞。（訪談L-20160803B39,B40）

在自由遊戲方面

生產創造完的話，就會開始想要讓孩子玩啦，孩子一定會想要玩嘛，做出來的東西，我一定會想要玩嘛。玩了之後，他就自然而然會從中發現問題，哪你要怎麼去解決，你要怎麼去跟同儕去互相的探討，甚至你要怎麼去互相的溝通。啊，這些東西都是你現階段你要去培養的能力，對不對。那將來你這個能力你有培養到以後，這個能力會跟你一輩子。它不會因為你畢業了，離開幼兒園你就還給老師了。（訪談L-20160803B39,B40）

在自主管理方面

甚至自主管理，我今天上課的時候，你要怎麼遵守我的班級秩序，對不對。然後呢，我今天在跟人家分享的時候，或是我今天在玩遊戲的時候，我要怎麼去管理我的情緒，我要怎麼去控

制，我要怎麼去跟人家互動，我要怎麼去維護這一個環境，這
都是一種管理模式。（訪談L-20160803B39,B40）

　　學前教育階段核心素養的培養，至關重要的也在於未來能順利銜
接至12年國民基本教育所培養之核心素養，即培養以人為本的「終
身學習者」，包括「自主行動」、「溝通互動」、「社會參與」三大
面向，包含「身心素質與自我精進」、「系統思考與解決問題」、
「規劃執行與創新應變」、「符號運用與溝通表達」、「科技資訊與
媒體素養」、「藝術涵養與美感素養」、「道德實踐與公民意識」、
「人際關係與團隊合作」、「多元文化與國際理解」等九項，成為健
全之社會公民。（教育部，12年國民基本教育課程綱要總綱，pp.3-
6，103年11月）。

第二節　六大領域學習指標之實踐

　　我國幼兒園教保活動課程大綱六大領域，各個領域皆由領域目
標、課程目標和分齡學習指標架構而成。（p.7）
　　領域目標是從該領域出發所描繪的孩童圖像，是該領域對幼兒學
習的整體期待；課程目標則是該領域幼兒的學習方向，是各領域依據
實徵研究及相關研究資料建構而來；各領域的課程目標下分別又依四
個年齡層（2-3歲、3-4歲、4-5歲及5-6歲）規劃分齡學習指標，強調
在幼兒先前的基礎上朝學習指標的方向進一步學習。（p.8）
　　教學者如何實施教保活動藉以發展六大核心素養，以及達成幼兒
教育總目標？首先要做課程規劃。至於如何做課程規劃？其答案是依
據實施通則第一條「根據課程目標編擬教保活動課程計畫，以統整方
式實施。」（p.8）分析其內涵，正確的解讀應是「教學者依據教保

活動主題（或單元），在做計劃或備課時，應從全部六個領域的所有課程目標裡，選取與主題相關的課程目標，以統整方式編擬教保活動計畫與實施。」如果教學者不是從全部六個領域的所有課程目標裡選取與主題相關的課程目標，而是僅僅從某一個領域裡選取課程目標編擬教保活動計畫與實施，就會落入分領域教學（或俗稱分科教學）的缺失。

　　主題確定以後，主題目標當然一開始就要訂定，為了達成這些主題目標，你就必須去設計活動，設計出來的活動再去對應學習指標，這樣就不會有困難。所以在進行的時候，我們是用活動來對應，而不是用這個指標來設計教學活動。（訪談K-20160810D15）

　　如何確認六大領域之各個學習指標已達成？或如何確認已有提供各個學習指標的學習機會？課程大綱規定課程規劃範圍包括幼兒一天在園的生活。（p.8）以時間軸來看，從進入幼兒園到離開為止；以活動形式來看，包括幼兒每日例行性的活動、多元的學習活動，或是全園性的活動等。幼兒多元的學習活動可根據園方的教保活動課程取向規劃，而全園性的活動，例如畢業典禮、園慶活動及親子活動等，則可結合多元的學習活動進行。（p.8）因此評量學習指標是否達成，評量的範圍包含了幼兒在幼兒園一整天的所有各項活動，其中的「多元的學習活動」指的是各種課程模式的主題或單元的學習活動實施，例如單元、主題、方案、蒙氏、華德福、社區融合……等等教保模式的學習活動。不同課程取向的教保活動，勢必產生學習指標成效上的差異。

257

　　我發現社區融合教保活動內容會比新課程大綱所列的學習指標

更豐富ㄟ，因為幼兒的自信心如何去評量呢？勇氣以及這種看
不見、無形的榮譽，你怎麼去評量這些？我們的孩子，有自信
的跟人家侃侃而談，有自信表達自己的想法、自己的做法，這
個，我覺得新課程大綱很難去評量這個……。我在想，新課程
大綱比較強調教師本位，我很懷疑在實施幼兒本位。（訪談N-
20160727J15）

新課程大綱公布之後，許多教學者會據以與舊課程標準各領域做
比較。

我覺得新課程大綱基本上都不錯啦！只是說某些指標我們會對
應不到，有一些困難。（訪談K-20160810D29）當我們做了一
些活動，然後這個活動已經有對應到舊課程標準的六大領域之
經驗，明知道這活動對孩子在某一個領域有幫助，可是當我要
去找新課程大綱的學習指標的時候，有些時候，不知道是限於
我的理解不夠，還是怎樣，會覺得套不進去，活動套不進去指
標裡面。（訪談K-20160810D10）

「當你發現說這個指標，你想要達成這個指標的時候，你就可以
去設計這個活動。」這是常會聽到的一句話，到底此種觀念對或不
對？

如果是為了讓幼兒達到某個指標，而去設計教保活動，其意
義即是為了達成指標而設計活動，而不是因為幼兒需要這個活
動、喜歡這個活動。（訪談L-20160803B36）

如果依照課綱來設計活動，我會覺得卡住了，就沒辦法進行

了。但是如果依此模式教學,再對照課程大綱,就很順、很好玩。如果不足的部分,怎麼辦?那會把它拉出來,設計加深加廣的活動進行。譬如,數的合成之理解能力,我們比較少帶,我就會想說現在在進行相關魚主題,我就會配合進行坐公車去參觀做悠遊卡,進行魚的買賣遊戲做錢,或是賣茶葉蛋需要做錢幣等等,扮演於探索活動覺察到的活動情境遊戲。扮演妳做老闆,妳拿到10元,妳要理解10元是兩個5元合成的。妳是老闆,客人給妳10元,妳要找回5元。我發現中班幼兒很清楚喔!(訪談M-20160726H16)

當秉持幼兒本位教保活動觀點,教學活動應優先考慮到幼兒的興趣;反之若持教師本位觀點,幼兒對此活動喜歡或不喜歡,就不是那麼的重要了。

第三節 社區選材之實踐

教育國家人民愛國,認同本土,了解文化須從社區的愛開始。認識社區及參與社區,是概念也是行動,幼兒即從教保活動中實施。教育部新制定公布幼兒園教保活動課程大綱的背景因素中,其中之一是「以全球視野發展在地行動」,指出在全球化造成同質性的影響下,突顯了在地特殊性的重要,因此須強調本土認同與傳統文化的價值……幼兒教育作為一切教育的基礎,幼兒園教保服務的實施更要連結家庭及所在的社區,提供幼兒在探索生活環境中認同本土,了解文化;在參與社區生活中,成為貢獻社會的一分子。(p.2)因此幼兒園課程應融合社區實施教保活動。

基於幼兒身心發展階段特徵,幼兒園招收來自社區或鄰近社區之幼兒,然而教保服務人員卻沒有被要求須居住於社區或鄰近社區,卻

被賦予該社區文化教育的重責大任。課程大綱在實施通則第十條，規範教保服務人員「須覺察與辨識生活環境中的社會文化活動，並將其轉化為幼兒園的教保活動課程。其次，幼兒園宜提供機會，讓家長參與幼兒園的課程與教學，並以實際行動參與社區，以加深幼兒的情感與認同，成為社區的參與者和共構者……」。因此教保服務人員需認識幼兒園所處社區及參與社區文化活動，才能引導幼兒認同本土，了解社區文化。

> 我覺得新課程大綱，在我印象裏面，比起舊課程標準更強調情緒、美感，以及環境部分，尤其是環境這一塊，讓我內心有很大的衝擊。我去參加新課程大綱研習，研習課程強調環境這一塊，對我來講是蠻重要、蠻認同的，因為我們自95學年度就開始在關注這一塊，實施社區融合教學已逾十年，教學主題都是真實的「社區自然景點及人文景點」名稱。如果妳每天只進出校園上班，對社區無感，你怎麼會對幼兒及其家庭付出感情呢！（訪談K-20160810D30）

　　教學者自編教材，且從社區選材實施教保活動，非常符合幼兒身心發展需求。幼兒園教保活動課程大綱實施通則第二條規定「依據幼兒發展狀態與學習需求，選擇適宜的教材，規劃合宜的教保活動課程」，其內涵說明「由於各園所在的地理位置不同……幼兒的生活經驗也會受到所處環境的影響。各園宜配合教保活動課程內涵及幼兒的發展狀態，從其所在地的生活環境中選材，設計符合幼兒生活經驗的活動。」（p.7）

> 因為我們的教學主題都是真實「社區自然景點及人文景點」之名稱，相關主題教材我們都是自己編，主題課程都是自己編，

完全自編。我們也希望引發幼兒有閱讀的興趣，所以就會配合主題，在經費許可下，每一學期至少購買一本或一套相關的繪本書送給幼兒，培養閱讀習慣，改善文化不利的變因。（訪談K-20160810D43）

　　本研究之幸福幼兒社區融合教保模式係由五個教學活動步驟組成，包含主題開始於探索活動：「社區景點探索活動→經驗分享A⇆生產創作活動→經驗分享B→加深加廣教學」，以及每日教學循環：「自由遊戲活動→經驗分享A⇆生產創作活動→經驗分享B→加深加廣教學→（銜接第二輪的自由遊戲活動→經驗分享A……之持續循環活動）。」探討以上教學活動流程，其中僅有「加深加廣教學」可以採行單元教學活動設計，實施教師本位教保活動，或跟其餘活動一樣都採用幼兒本位教保活動，以幼兒為主體，以幼兒為中心實施教保活動。

因為我們走社區融合模式，真的很需要讓幼兒去社區探索、取材。我們已經把長年在指導奧福音樂、體能、MPM數學的外聘教師停聘，也停購相關坊間教材教科用書，其相關課程都融入主題教保活動之中，自行設計教學活動、自編教材。社區有的東西，如果能夠去看，直觀嘛！直接看嘛！最起碼讓我們去看，接著我們的教學模式就可以運作了。（訪談N-20160727J8）

　　華愛幼兒園前身是托兒所，實施社區融合教保模式之前收托2歲至6歲幼兒，總人數26人，經由轉型實施社區融合教保模式，迄今全園含托嬰部14人，兒童課後照顧30人，已達滿額150人。教保服務人員去年都有根據年資領到一個月以上的年終獎金，這是近20年來從

未有的發展，更何況生存在「少子化」環境變動劇烈的年代。

第四節　統整性教保活動方式之實踐

　　我國新制訂《幼兒園教保活動課程大綱》強調課程統整的重要性，包含：1.實施通則第一條規定「教保服務人員應根據課程目標編擬教保活動課程計畫，以統整方式實施。」2.在「怎麼看教保活動課程」裡要求：(1)根據園方的課程取向，應規劃統整性教保活動課程，(2)六大領域實施時，需考量幼兒的生活經驗，以統整方式實施。以上規範符合幼兒發展原理，很容易就能理解。

　　課程統整（curriculum integration）是指將課程加以統整，是一個動態的過程，而經過統整之後的課程就是統整課程（integrated curriculum）（葉興華，2000；鄭博眞，2012）。幼兒本位教保活動的課程統整，指的是課程要以統整方式實施，且統整權力係交由幼兒本人統整，幼兒在學習過程中自然而然、渾然不知的自己做了統整；而教師本位教學的課程統整，統整權力係由教學者規劃與教導，且代替幼兒統整。

　　課程統整需要有一系列的流程運作。社區融合之幸福教保模式中的課程統整方式，包含幼兒本位教保的課程統整，以及教師本位教保的課程統整。前者例如社區景點探索活動、經驗分享活動A、生產創作活動、經驗分享活動B、自由遊戲活動等。後者如加深加廣教學活動。整個教保流程係以幼兒本位之運作為主。

　　比如說，就帶幼兒出去探索，去看、去玩，玩了之後回來，讓幼兒去發表，幼兒思考針對這一個玩的過程當中，要有什麼樣的生產創作，創作出如同去探索活動時好玩的情境、器、物，然後老師再來引導如何設計與製作，每天在自由遊戲時段裡遊

玩，這樣比較屬於幼兒有主動性、自主性、滿足需求。（訪談L-20160803B29）

要達到統整課程目的，就需要有一個完整達成六大核心素養的教學模式。如果教學者想要實施統整課程，卻沒有完整的模式運作，例如他設計了探索活動，帶幼兒去探索、去玩，然後就停掉了，沒有延伸實施生產創作活動，沒有創造情境式的自由遊戲機會，然後就歸納目標，接著實施第二個活動，又帶去探索了，因為沒有接續實施生產創作活動，如同斷頭，沒有辦法發展與統整六大領域內容。更因為沒有去生產創作，也就不能讓幼兒更進一步的探討。等於是教學者帶著幼兒去探索、去玩、直觀經驗，但是回來教室之後，幼兒沒有去做中學，沒有更深的體驗，沒能對作品推理賞析，沒能建造自由遊戲情境，喪失自主管理機會，停留在以認知領域為主的教學，最終難能發展統整課程。

> 如果今天有一個方向可以遵循的話，對於那些初接觸到新課程大綱的老師們，的確會有一些幫助，因為他不至於說翻開來情緒就是情緒，語言就是語言，看著領域內容就教學……那如果說今天有這個模式套進去，那現場老師可以很清楚、很明確的知道說我應該要怎麼去統整這個六大領域。那我相信、我在講啦，對現場的老師，應該會有所幫助。（訪談L-20160803B30）

統整課程的對立面是分領域教學課程，英國的哲學家Lionel Elvin對於學校的分科、分領域課程教學曾經有這樣的譬喻：（Jacobs, 1989, p.2）

當你花一個小時散步在森林中，大自然不會讓你在前面的

263

四十五分鐘內只看到花朵，而剩下的十五分鐘內讓你只看到動物。

的確，真實的人生是統整的，不是片斷的。如果作息表是分領域的安排，第一節課教健康或認知，第二節上語文、第三節教社會……就無法反映真實世界的現實，任何個人不能先靠語文或是只靠數學去解決他生活的問題；相反的，當面臨問題，他會想盡辦法去搜集資料、穩定情緒，統整所有的領域能力去做決定，然後產出解決的辦法。更何況成長中的幼兒在身體動作與健康、認知、語文、社會、情緒和美感各領域的發展彼此連結且相互影響。因此教學者現階段最重要的職責是發展幼兒的統整能力，很不應該分領域或偏重認知教學。

我們的教學方式，其實家長一進來就知道了，如果是偏重認知教學的話，就會有很多課本，如美語一本，ㄅㄆㄇ一本，奧福音樂一本……偏重認知的教學傾向注入式教學，但因為實施社區融合模式，以生產創作為核心，之前會有探索與經驗分享，之後也有經驗分享，所以不屬於注入式的教學。（訪談N-20160727J11）

因為我們這個模式一直在探索、創作，一直在發表，這個過程就足以證明不是只有認知教學。通常認知學習是含在歷程裡面，這是必然的……每天就是這樣子在生產創作、在遊戲啊！（訪談K-20160810D33）

我們這種模式是不可能有那種所謂的偏重認知教學的情形，學習的過程當中，他可能會涉獵到美感啦，身體動作啊。他必須要拿，他必須要怎麼放、黏貼等等之類的，甚至他還有社會領

域啊。他必須要和同伴互相解決問題。甚至呢，他也會有一些
美感，怎麼擺放比較好……。（訪談L-20160803B20）

　　認知很重要，但不能分離出來單獨的教，且做無趣反覆的練習，
必須顧及幼兒身心發展需求。如果淪為分領域、分時段的上數學、教
自然、教語文ㄅ、ㄆ、ㄇ，它並不是讓幼兒在「經驗」當中去學習，
學習就變得無趣、呆板，效率變得事倍功半；然而若能依循幼兒發展
階段特徵實施教保活動，幼兒會在統整、在遊戲、在解決問題之下能
有效的學得認知。

第五節　幼兒本位教保活動之實踐

　　同一時間裡，幼兒從多量、多樣的生產創作工作中，自由地選擇
自己喜歡及符合自己能力的工作去生產創作，各取所需且自動的從做
中學習，這是幼兒本位教保活動的一環。幼兒從中獲得自信心，信任
每天相處的師生，自主、自發、適應生活環境，喜歡生產創作、自由
遊戲、吸收新知等等能力，每天享受幸福感。

　　幼兒本位教保活動主張課程統整實施，幼兒從教保活動中，自主
統整六大領域課程目標，獲得六大核心素養。我國學前幼兒教育及
照顧之主要法規，包含幼兒教育及照顧法、幼兒園教保活動課程大綱
等，都非常重視幼兒本位的教保活動。例如《幼兒教育及照顧法》第
七條，直接規範應實施幼兒本位教保活動：「幼兒園教保服務應以幼
兒為主體，遵行幼兒本位精神，秉持性別、族群、文化平等、教保
並重及尊重家長之原則辦理……。」另例如《幼兒園教保活動課程大
綱》的「修訂背景」，詮釋發展幼兒本位課程屬重要課題：「我國幼
兒園長期以來公私比例懸殊，教保服務人員專業背景不一，各園本其

教育理念，發展出多元的課程取向。如何以幼兒為本位發展出合宜的課程是幼兒教育發展多年的挑戰……。」又例如幼兒園教保活動課程大綱「怎麼看教保活動課程」，規範幼兒本位教保活動之實施方式：「本課程大綱強調幼兒主體，也重視社會參與。從幼兒的角度出發，以幼兒為中心，關注幼兒的生活經驗，同時也著重幼兒有親身參與、體驗各式社區活動的機會……。」據而我國學前幼兒教育應以幼兒本位理念與作為，實施教保活動。

　　幼兒本位教保活動的實施，例如在自由遊戲時段，有的幼兒喜歡堆積木、組合雪花片、組合方塊建造機器人；有的幼兒喜歡在可愛動物區裝扮烏龜爬行及互動、裝扮鳥類餵哺雛鳥、裝扮鳥類跳求偶舞；有的幼兒喜歡在果園採摘水果放入籃裡挑回家、挑去叫賣與玩買賣遊戲，裝盤子帶去土地公廟擺在貢桌上拜拜；有的幼兒喜歡玩有趣的溜滑坡……，如果教室內有六個情境角落，就會有六種好玩的情境遊戲在進行，幼兒各取所需。比較以上各個角落的建造，只有積木角落裡的「積木、雪花片、方塊」這些是購買的成品，其餘各個角落物品大多數是幼兒自己生產創作而來的玩具。到底這兩者對幼兒發展的影響如何？分析後者角落的建造，幼兒必須從探索社區景點開始，覺察辨識相關事事物物，接著努力於黏沾、剪貼、撕貼、調色、裝瓶、包裝、切割、測量、塗色、綑綁固定……等等大小肌肉活動，以及溝通互動、情緒調解、美感、數算、規劃設計、創造思考等等能力的表達，其中還包含挫折、爭執調解，或成就感、幸福感之喜悅歷程。反觀積木角現成的積木，雖然有其功能，其功能卻是相形失色。

　　　如果不給他們自由遊戲，那個幼兒下次要生產創作，不知要做什麼。從自由遊戲中，她會發現要再做什麼來玩，所以自由遊戲很重要，須加強引導。（訪談N-20160727J12）

　　教師本位的教保模式，即使有課程模式，卻因為教師各有各的一把號，各吹各的調。一個班級編制兩位教學者若持教師本位教保模式，就形同一山容不下二虎，齟齬必多，滋生人際關係與溝通問題。如果實施幼兒本位教保活動，且依據開放教育課程模式實施，跟隨與輔助幼兒，滿足幼兒需求，則教保服務人員的教保方式會比較趨向一致性，增進和諧與效率。因此幼兒園領導者應要求教學者，且教學者也應自我要求，努力學習幼兒本位教保方法，提升幼兒本位教保能力。

　　　這個教保模式有趣的一點，我們都是從社區景點的探索活動開
　　始。幼兒手牽手到社區探索，眼睛看美麗的東西、嘴巴說、嗅
　　覺、聽覺、觸覺，有快樂有衝突。在探索過程有玩了好玩的遊
　　戲，包含了六大領域。（訪談N-20160727J9,J10）

　　　返回教室經驗分享討論，會描述、會模仿與表演，把看到、
　　聽到、想到之事物，說出來，在白板上畫出來，教學者也在白
　　板上寫下幼兒描述的景物名稱，引導幼兒認字，包含了六大領
　　域。（訪談N-20160727J10）

　　　接續是引導幼兒自由選擇生產創作之工作，幼兒到資源材料角
　　落找材料，自己或參與小組合作進行生產創作，包含了六大領
　　域。（訪談N-20160727J10）

　　　努力工作之後進行經驗分享活動，有讚美有建議，至少包含了
　　語言、情緒、社會、美感領域。在自由遊戲時間，包含了六大
　　領域。（訪談N-20160727J10）

所以在走這個教保模式的時候，我都不擔心新課程大綱的要求，是真的！其實各領域的東西都包含在裡面，而不是分開的，它是含在裡面的。（訪談N-20160727J10）

如果先遵照課程大綱設計，妳會感覺不順。而幼兒本位課程在於孩子要能好玩，去接受，然後再來對照課程大綱，了解課程是否配合了課程大綱。如果依社會、認知規劃設計，就和分科教學沒有兩樣了，就是教師本位教學了。今天走這個社區融合模式歷程很順啊，從頭到尾，整個順下來以後，沒有第一個排什麼領域，第二個排什麼領域的情形……。（訪談M-20160726H16）

　　實施社區融合幸福教保模式，歷程中所指幼兒本位教保活動之內涵，係基於心理學人本主義哲學，教學者依據幼兒身心發展階段，為滿足幼兒需求，提供直觀探索機會，提供經驗分享機會，提供多量選擇生產創作機會，也發展自由選擇的氛圍，給予幼兒自由選擇，自動的從做中學習機會，給予幼兒自由遊戲與表達，幼兒享受幸福感而發展潛能。

　　綜合歸納本章之統整建構「幸福教保模式」，及其實踐願景。得知統整建構原則包含「須能滿足幼兒發展需求，須能符合社會多元文化需求，須能吸引教學者熱誠，須能符合課程大綱之要求，必須是系統性明確的步驟組織」等等。

　　本節整合後所建構之「幸福教保模式」詳如圖6-1。圖示內涵之最為核心目標係為達成「主題願景—幼兒幸福」，達成之歷程包含五個教學階段：(一)繪製社區圖、規劃教學主題，(二)繪製主題網、訂定教學目標，(三)實施社區探索及經驗分享AA，(四)實施每日生產創作教學循環，(五)多元評量等。其中特別強調的重點是第四階段「實

施每日生產創作教學循環」的五個教學步驟「1.自由遊戲，2.經驗分享A，3.生產創作活動，4.經驗分享B，5.加深與加廣教學……（循環接續第一步驟1.自由遊戲，2.經驗分享A,……）」等之幼兒學習及教保活動。在教學歷程中，教學者需時時刻刻秉持滿足需求態度，以幼兒幸福爲信念。

　　本章歸納出幸福教保模式於課程大綱理念之實踐願景，內容分爲六大核心素養之實踐、六大領域學習指標之實踐、社區選材之實踐、統整性教保活動方式之實踐、幼兒本位教保活動之實踐等等。

　　幼兒園教育及照顧之全面品質經營，涵蓋四個層面：班級及全園教保服務人員要團隊合作、教保服務人員要努力關懷幼兒也要努力於品質、教保服務人員要持續不斷的改進與創新、領導管理者要提升教保服務人員士氣讓他們爲自己本身及團隊的工作品質負責等，其最終目的在於增進幼兒之福祉，保障幼兒幸福。本研究之社區融合「幸福教保模式」，係修訂自「社區融合開放模式」教保活動，當教學者能充分了解教學歷程，能掌握幼兒本位精神，強化滿足需求教保態度，則其效益更高。

　　法令《幼兒教育及照顧法》名稱，已清晰指出幼兒教保涵蓋「教育及照顧」層面，包含幼兒的「教育及照顧」之權利、方針、體系、目的等，是我國幼兒教育必須遵循之母法，據而訂定的相關法令及子法已超過二十三個。母法第一條：「爲保障幼兒接受適當教育及照顧之權利，確立幼兒教育及照顧方針，健全幼兒教育及照顧體系，以促進其身心健全發展，特制定本法。」其中相關子法《幼兒園教保活動課程大綱》，則爲幼兒園遵循的教育及照顧每日教保活動之實施依據。本書建構的社區融合「幸福教保模式」教保活動，將能實踐「幼兒園教保活動課程大綱」之各項要求，達成幼兒獲得「幸福」福祉。

參 考 文 獻

一、中文部分

王文科（2007）。**課程論**。臺北：五南。

王季慶譯（1996）。**先知**。臺北：方智。

王昭正、朱瑞淵（譯）（1999）。**參與觀察法**。Danny L. Jorgensen原著
（Participant Observation: A Methodology for Human Studies）。
臺北：弘智。

內政部兒童局（2012）。**兒童局工作報告**。2012年6月8日，取自http://
www.cbi.gov.tw/CBI_2/internet/main/index.aspx

王珮玲（2004）。幼兒教育。**中華民國教育年報**，92版。臺北：國立教
育資料館。

方德隆（譯）（2004）。**課程基礎理論**。Allan C. Ornstein & Francis P.
Hunkins 原著（2004）。臺北：臺灣培生。

王淑清、顏秀樺（2016）。統整性主題課程設計實作檢修及問題澄清。
載於教育部國民及學前教育署105年度幼兒園教保活動課程暫行大綱
《南區推廣人員培訓課程》。4-36。105年1月19日研習活動。

中華人民共和國教育部（2016）。**中華人民共和國教育部令第39號
幼稚園工作規程**。http://www.moe.edu.cn/srcsite/A02/s5911/
moe_621/201602/t20160229_231184.html

立法院（2011）。**幼兒教育及照顧法**。臺北：立法院。

古瑞勉譯（1999）。**鷹架兒童的學習：維高斯基與幼兒教育**。臺北：心
理。

石井昭子等（1991）。**蒙特梭利教育理論與實踐**，第四卷：算術教育。
臺北：新民幼教。

任慶儀（2013）。**教案設計：教學法之運用**。臺北：鼎茂。

行政院教育改革審議委員會（1996）。教育改革總諮議報告書。臺北：
　　網路http://www.sinica.edu.tw/info/edu-reform/farea2/

池田大作（2012）。《宇宙》。維基語錄：自由的名人名言錄。

朱匯森（1963）。單元教學活動設計的理論體系芻議。國教輔導，22，
　　4-6。

余安邦（2002）。冬天的腳步近了，春天還會遠嗎？！載於余安邦、林
　　民程、張經昆、陳烘玉、陳淅雲、郭照燕、劉台光、周遠祁、趙家誌
　　合。社區有教室-學校課程與社區總體營造的遭逢與對話。臺北：遠
　　流。

余安邦、林民程、張經昆、陳烘玉、陳淅雲、郭照燕、劉台光、周遠祁、
　　趙家誌合著（2002）。社區有教室-學校課程與社區總體營造的遭逢
　　與對話。臺北：遠流。

余安邦編著（2005）。社區有教室的批判性實踐－當學校課程與在地
　　文化相遇。作者包含余安邦、陳淅雲、林民程、王玲、張淑美、邱
　　惜玄、張益仁、戴允華、張信務、陳虹君、謝素月、邱惠敏、趙景
　　宜、陳江松、劉正雄等。臺北：心理。

余安邦、鄭淑慧主編（2008）。社區有教室的在地轉化：打造有文化品
　　味的課程與教學。臺北：心理。

余安邦（2012）。讓每個人走自己的路!推薦序。載於鄭束芬、劉燕雯、
　　張碧如合著。社區資源融入幼兒園方案教學理論與實務，頁vii。臺
　　北：心理。

余召（1981）。人格心理學，三版。臺北：三民。

李平漚（1989）譯。愛彌兒。臺北：五南。

李影（2016）。中國大陸幼兒園情況蓋覽－南京江寧區三所幼兒園概
　　況。演講稿刊於臺北市立大學幼兒教育學系承辦：105學年度教育部
　　國民及學前教育署補助辦理公私立幼兒園輔導計畫：適性教保及特色
　　發展輔導人員第一次增能研習實施計畫講義。

李佳貞、張選眞（2005）。教室鐵門上的麻雀窩和林爺爺田裡的稻草
　　人。載於彰化縣九十四年度「幼稚園與社區融合主題開放教學成
　　果」，195-252。彰化：彰化縣政府。

李政賢（譯）（2014）。**質性研究設計與計畫撰寫**。Marshall, C., & Rossman G. B.原著（Designing Qualitative Research），2版，1刷。臺北：五南。

李連珠（2016）。幼兒園課程實施與課程大綱之關聯。載於教育部國民及學前教育署105年度幼兒園教保活動課程暫行大綱《**南區推廣人員培訓課程**》。49-62。105年1月18日研習活動。

吳芝儀、李奉儒（譯）（2008）。**質性研究與評鑑**。Patton, M. Q.（原著）（Qualitative Research & Evaluation Methods）。嘉義：濤石文化。

吳武典（修訂）（2008）。**多元智能量表丙式指導手冊**。臺北：心理。代碼84180。

吳嬿華（2002）。方案課程與教學。載於簡楚瑛策畫主編，簡楚瑛、盧素碧、蘇愛秋、劉玉燕、漢菊德、林玉珠、吳嬿華、張孝筠、林士真、鄭秀容、幸曼玲等合著，**幼教課程模式**。初版六刷，333-378。臺北：心理。

吳璧如（2003）。家庭—社區—學校之夥伴關係：理論、涵義及研究展望。**教育資料與研究**，52，84-91。

吳凱琳（2002）。**幼兒遊戲**。臺北：啓英。

吳幗儀、張佩玉、蔡其蓁、林聖曦、陳雅惠、林玉霞、梁珀華 合譯（2008）。**幼兒遊戲——以0-8歲幼兒園實務爲導向**。Johnson J. E., Christie J. F. Wardle F.原著（2005）。臺北：華騰。

呂美女譯（2009）。**專業—你的唯一生存之道**。大前研一（原著）。臺北：天下文化。

沈綵淋、阮春花、高祝美、王昭文（2005）。品翰爸爸上班的扇形車庫。載於彰化縣九十四年度「幼稚園與社區融合主題開放教學成果」，245-394。彰化：彰化縣政府。

巫雅菁（2000）。**大學生幸福感之研究**。國立高雄師範大學未出版碩士論文。高雄：國立高雄師範大學。

兒童福利聯盟基金會（2008）。**兒童快樂國跨國比較研究報告**。臺北：兒童福利聯盟基金會。

273

兒福聯盟、李宏文（2015）。兒童福利的展望與願景。載於邱華慧校訂，馮瑜婷、朱寶青、施敏雄、楊志宏、李介至、邱華慧、謝佳吟、郭春在、高員仙、黃紹烈、謝國聖、林雅容、全國成、兒福聯盟、李宏文合著，**新編兒童福利**。四版。臺中：華格那。

林玉珠（2002）。娃得福幼教課程模式之理論與實踐。載於簡楚瑛策畫主編，簡楚瑛、盧素碧、蘇愛秋、劉玉燕、漢菊德、林玉珠、吳嫈華、張孝筠、林士眞、鄭秀容、幸曼玲等合著，**幼教課程模式**，初版六刷，245-332。臺北：心理出版社。

林永喜（1971）。**教育課程論集**。臺北：文景。

林妙眞、林育瑋（2015） 幼兒園在地文化課程之初探。載於**幼兒教育**，**318期**。新北市：中國幼稚教育學會。

林志哲（2011）。**大學生感恩特質及其與社會支持、因應型態及幸福感之關係**。國立政治大學碩士論文。未出版，臺北：國立政治大學。

林春妙、楊淑朱（2005）。幼兒教師專業知能之研究。**兒童與教育研究**，1，55〜84。

林清章（2012）。幼兒園教師專業能力指標之建構。**幼兒教保研究期刊**，第8期，53-79。

林育瑋、王怡云、鄭立俐（譯）（2002）。**進入方案教學的世界（Ⅰ）**。Chard S. C.（原著）（The Project Approach）（1992），6刷。臺北：光佑文化。

林佩璇（2000）。個案研究法及其在教育研究上的應用。載於中正大學教育研究所（主編），**質的研究方法**，239-262。高雄：麗文。

林盛蕊（1975）。**福祿貝爾恩物理論與實際**。臺北：文化大學兒童福利系。

林逢祺（2015）。美學何以是教育學的核心？2015年11月25日下午3時30分至5時10分。國立臺中教育大學演講及講義。

林佩蓉（2003）。幼兒教育的風行。載於林佩蓉、陳淑琦編著，幼兒教育。第一章，27。新北市：國立空中大學出版。

邱志鵬（1995）。臺灣幼兒教育的過去與現在：育兒方法的變與不變。**成長幼教季刊**，6(2)，21-23。

邱志鵬（2001）。臺灣幼兒教育課程之演變：一個觀察者的回顧與反思。發表於**樹德科技大學幼兒教育課程與教學學術研討會**。

邱憶惠（1999）。個案研究法：質化取向。**教育研究**，7，113-127。

尚榮安《譯》（2001）。Robert K. Yin（著）。**個案研究法**（Case Study Research）。臺北：弘智。

幸曼玲（2002）。皮亞傑的建構論與幼兒教育的課程模式。載於簡楚瑛策畫主編，簡楚瑛、盧素碧、蘇愛秋、劉玉燕、漢菊德、林玉珠、吳嫈華、張孝筠、林士真、鄭秀容、幸曼玲等合著，**幼教課程模式**，初版六刷，547-574。臺北：心理。

岩田陽子（1991）。**蒙特梭利教育理論與實踐，第三卷，感覺教育**。臺北：新民幼教。

周非（2011）。**諸子百家大解讀**。臺北：遠流。

周淑惠（2006）。**幼兒園課程與教學：探究取向之主題課程**。臺北：心理。

施美代、林雪霞、許淑真、尤玉星、仲偉姜（2005）。施伯伯家的混凝土工廠。載於彰化縣九十四年度「**幼稚園與社區融合主題開放教學成果**」，293-344。彰化：彰化縣政府。

施良方（1999）。**課程理論**。高雄：麗文。

施建彬、陸洛（譯）（1997）。Michael Argyle 著，**幸福心理學**。臺北：巨流。（原著出版年：1987）

相良敦子（1991）。蒙特梭利教育理論概說。**蒙特梭利教育理論與實踐，第一卷**。臺北：新民幼教。

柯秀芬、蔡明芬、徐玉芳、劉淑美（2005）。北斗奠安宮。載於彰化縣九十四年度「**幼稚園與社區融合主題開放教學成果**」，145-194。彰化：彰化縣政府。

柯華葳（2004）。遊玩、遊戲與同儕·於蘇建文、林美珍、程小危、林惠雅、幸曼玲、陳李綢、吳敏而、柯華葳、陳淑美等九人合著，**發展心理學**，301-332。臺北：心理。

洪毓瑛（2000）。**幼教綠皮書——符合孩子身心發展的專業幼教**。新竹市：和英。

275

洪蘭（譯）（1995）。**心理學**。Gleitman, H.（著）。臺北：遠流。

洪蘭（譯）（2009）。**真實的快樂**，二版。Seligman, M. E. P.（著），Authentic Happiness。臺北：遠流。

徐千惠（2016）。**兩岸學前教保人員培育之比較研究**。國立新竹教育大學教育與學習科技學系博士班學位論文。

許玉齡、新竹市幼教輔導團（2003）。新竹市教師自我評鑑表。新竹市幼稚園教師自我評鑑手冊。新竹：新竹市政府。

唐富美、徐德成、吳雲鳳、劉秋燕（2003）。**藝術叢書——尋找方案的起點：藝術課程在方案教學中的詮釋**。臺中：四季文教。

陳秀玲譯（2001）。方案教學模式概述。Katz, L. G. & Chard, S. C.原著。載於蔡明昌、陳若琳、賴碧慧、范仲如、楊慧美、林鴻瑜、陳秀玲、陳眞眞等人合譯，**幼兒教保模式**。臺北：華騰。

陳美惠、胡佩娟、王莉雯（2005）。蔡伯伯家的羊咩咩。載於彰化縣九十四年度「幼稚園與社區融合主題開放教學成果」，81-144。彰化：彰化縣政府。

陳伯璋、盧美貴（1991）。**開放教育**。臺北：師大書苑。

陳伯璋（1985）。**潛在課程研究**。臺北：五南。

陳伯璋（2005）。近百年來課程發展。載於盧美貴著，**幼兒教育概論**。第二版。頁235-243。臺北：五南。

陳炳宏（2015）。兒童幸福感大調查，家庭和睦最重要。**自由時報**。4月3日首頁生活版。臺北報導。

陳俠（1989）。**課程論**。北京：人民教育。

陳姿蘭（2016）。幼兒學習評量指標。載於教育部國民及學前教育署105年度幼兒園教保活動課程暫行大綱《南區推廣人員培訓課程》，53-73。105年1月20日研習活動。

陳浙雲、余安邦（2003）。社區有教室：九年一貫課程與社區學校化的實踐。**教育資料與研究**，54，33-46。

陳浙雲、余安邦（2005）。九年一貫課程與社區學校化的實踐。載於余安邦（編著），**社區有教室的批判性實踐—當學校課程與在地文化相遇**，23-35。臺北：遠流。

陳淑敏（1993）。從發展合宜課程的實施看我國幼教現況。**教育研究資訊**，1(4)，47-56。

陳龍安（2008）。**創造思考教學的理論與實際**。臺北：心理。

陳龍安（2014）。**創意的12把金鑰匙**。臺北：心理。

陸洛（1996）。中國人幸福感相關因素之探討。行政院國家科學委員會專題研究計畫成果報告。

陸洛（1998）。中國人幸福感之內涵、測量及相關因素探討。國家科學委員會研究會刊：**人文與社會科學**，8(1)，115-137。

梁培勇（2006）。**遊戲治療：理論與實務**，第二版。臺北：心理。

梁雲霞、辛政信（2002）。課程架構理念與實施。於深美國小教學團隊、梁雲霞（編）。**看見想像的學校：教學創新在深美國小的實作紀錄**。28-38。臺北市：遠流。

張致斌 譯（2002）。**蘭格漢斯島的午后**（ランゲルハンス島の午後）。原著作者：村上春樹／文、安西水丸/圖。臺北：時報。

張春興（1994）。**教育心理學 —— 三化取向的理論與實踐**。臺北：東華。

張淑芳（2005）。**一所臺灣華德福學校的誕生-豐樂實驗學校的辦學經驗**（2000-2005）。國立臺灣師範大學教育學系為出版博士論文。臺北：國立臺灣師範大學。

張莎莎（2016）。中國大陸幼兒園情況蓋覽─以襄陽、武漢、南京、北京的幼兒園為例。演講稿刊於臺北市立大學幼兒教育學系承辦：105學年度教育部國民及學前教育署補助辦理公私立幼兒園輔導計畫：適性教保及特色發展輔導人員第一次增能研習實施計畫講義。

張繼文（2004）。結合社區文化的視覺文化教學。**屏東師院學報**，22，365-404。

郭俊豪（2008）。**大學生防禦性悲觀、拖延、自我設限及因應策略對幸福感影響之探討**。國立政治大學教育學系教育心理與輔導組未出版博士論文。臺北：國立政治大學。

郭靜晃（1992）。**兒童遊戲**。臺北：揚智。

國家教育研究院（2012）。**教育大辭書 —— 幸福**。臺北：文景。

教育和訊息網站（2004）。**漢典（漢語辭典）─學校**。

教育和訊息網站（2004）。**漢典（漢語辭典）─幸福**。

教育部（2003）。**中華民國教育年報，第二章幼兒教育**。臺北：教育部。

教育部（2004）。**中華民國教育年報，第二章幼兒教育**。臺北：教育部。

教育部（2006）。**幼托整合政策規劃專案**。2006年8月8日。臺北：教育部。

教育部國教司（2011）。**幼托整合──幼兒教育及照顧法**。教育部國教司ppt，民國105年7月1日。臺北：教育部。

教育部（2012）。**幼兒園教保活動課程暫行大綱**。臺北：教育部。

教育部國民及學前教育署函（2014）。**臺教國署國字第1040028179號**。

教育部編輯群（1994）。**重編國語辭典修訂本網路版**。臺北：教育部。

教育廣播電臺（2017/03/31 18:37）。**教保服務人員條例三讀通過，進修教師資格無縫接軌**。取自網路times.hinet.net/news/20099010

智庫百科（2015）。**愛德華・李・桑代克**。wiki.mbalib.com/zh-tw/ .8月21日頁面。

黃光雄、楊龍立（2004）。**課程發展與設計**。臺北：師大書苑。

黃志成、林少雀（2004）。幼稚園課程趨勢發展。**幼教簡訊**，22，2-3。臺北。

黃昆輝（1986）。克伯屈教育思想之研究。**國立臺灣師範大學教育研究所集刊**，第十輯，177-302。

黃政傑主編（2005）。**課程思想**。臺北：冠學。

黃炳煌（2002）。**課程理論之基礎**。臺北：文景。

黃麗鳳（2014）。**臺灣在地文化課程What & Why & How**。取自網路http//www.kh.edu.tw/filemanage/upload/1500/在地文化課103.09.27.pdf

彭振球（1991）。**創造性教學之實踐**。臺北：五南。

游淑燕（1994）。美國幼教協會發展合宜課程實施（DAP）之基本觀點與評析。**嘉義師院學報**，8，375-418。

傅任敢（譯）（1999）。**大教學論**。Comenius J. A.（1632）原著. Great Didactic.北京：教育科學。

傅秀媚（2006）。特殊教育的定義。於傅秀媚、馮瑜婷、郭春在……等十二人合著，特殊幼兒教育，1-1 1-18。臺中：華格那。

雷國鼎（1996）。**教育學，二版三刷**。臺北：五南。

楊漢麟（主編）（2005）。**外國教育實驗史**。北京：人民教育。

楊隆立、潘麗珠（2005）。**課程組織：理論與實務**。臺北：高等教育。

楊慧美、林鴻瑜（2001）。幼兒教育的建構論觀點：兒童博物館的應用。載於蔡明昌、陳若琳、賴碧慧、范仲如、楊慧美、林鴻瑜、陳秀玲、陳眞眞（譯），Roopnarine, J. L.& Johnson, J. E.原著，**幼兒教保模式**。臺北：華騰。

廖信達（2003）。**幼兒遊戲**。臺北：啓英。

葉興華（2000）。**我國國小推行課程統整之研究**。國立臺灣師範大學未出版博士論文。臺北：國立臺灣師範大學。

廖鳳瑞（2002）。推薦序：鴿子是方案嗎？。載於臺中市愛彌兒教育機構、林意紅（合著），**鴿子 —— 幼兒科學知識的建構**，21-29。臺北：信誼。

漢菊德（2002）。人文主義課程試探。載於簡楚瑛策畫主編，簡楚瑛、盧素碧、蘇愛秋、劉玉燕、漢菊德、林玉珠、吳嬖華、張孝筠、林士眞、鄭秀容、幸曼玲等合著，**幼教課程模式**，初版六刷，171-244。臺北：心理。

維基（2014）。學校。https://zh.wikipedia.org/zh-tw/%E5%AD%A6%E6%A0%A1

臺中市愛彌兒教育機構、林意紅（2001）。**鴿子─幼兒科學知識的建構**。臺北：信誼。

彰化縣政府（2001）。**彰化縣九十年度公私立幼稚園評鑑手冊**。彰化市。

彰化縣政府（2002）。**彰化縣九十年度公私立幼稚園評鑑手冊**。彰化市。

彰化縣政府（2003）。**彰化縣九十年度公私立幼稚園評鑑手冊**。彰化

市。

彰化縣政府（2005）。彰化縣九十四年度幼稚園與社區融合主題開放教學成果。彰化：彰化縣政府。

潘慧玲（主編）（2003）。**教育研究的取徑：概念與應用**。臺北：高等教育。

鄭世興（1967）。**近代中外教育家思想**。臺北：臺灣書店。

鄭束芬、劉燕雯、張碧如（2012）。**社區資源融入幼兒園方案教學理論與實務**。臺北：心理。

鄭鈞元（2009）。兒童福利的基本意涵。載於**兒童福利**。彭淑華總校閱，鄭鈞元、賴奕志、黃瑋瑩編著，1-12。臺北：啓英。

鄭觀應（2002）。**盛世危言，學校篇**。臺北：華夏。

鄭博眞（2008）。多元智能取向幼兒教育-理念、**實務與研究**。臺北縣：新文京。

鄭博眞（2012）。**幼兒園統整課程與教學理念與實務**。臺北：華騰。

蔡慶賢（譯）（2003）。Chard S. C.（著）（The Project Approach）（1994）。**進入方案教學的世界（Ⅱ）**，6刷。臺北：光佑。

蔡寬信、鄧莉莉（2013）。課程在地化在國民小學生活課程的設計與實施。載於舒緒緯、湯維玲（主編），**課程實踐與教學創新**，127-142。屏東：國立屏東教育大學。

劉玉燕（2002）。從傳統到開放-佳美主題教學的發展歷程。載於簡楚瑛策畫主編，簡楚瑛、盧素碧、蘇愛秋、劉玉燕、漢菊德、林玉珠、吳婓華、張孝筠、林士眞、鄭秀容、幸曼玲等合著，**幼教課程模式**，初版六刷，121-170。臺北：心理。

劉美淡（1985）。**福祿貝爾恩物**。臺北：百進。

劉汝祝、廖運祥、萬玟妤（2005）。頂番花店和艾羅美容院。載於彰化縣九十四年度**「幼稚園與社區融合主題開放教學成果」**，253-292。彰化：彰化縣政府。

劉慈惠（2007）。**幼兒家庭與學校合作關係：理論與實務**。臺北：心理。

盧美貴（2005）。**幼兒教育概論**。臺北：五南。

盧美貴（2013）。幼兒教保概論。臺北：五南。

盧素碧（2002）。單元教學。載於簡楚瑛策畫主編，簡楚瑛、盧素碧、蘇愛秋、劉玉燕、漢菊德、林玉珠、吳娟華、張孝筠、林士眞、鄭秀容、幸曼玲等合著，幼教課程模式，初版六刷，7-48。臺北：心理。

戴久永（2013）。全面品質經營。臺北：中華民國品質學會。

戴文青（2005）。從深層結構論臺灣幼兒園教師專業認同轉化的可能性。南大學報，39(2)，19-42。臺南：國立臺南大學。

謝美香（2007）。國小兒童幸福感之探討。《網路社會學通訊》第61期，2007年3月15日。取自網路：謝美香http//zsociety.nhu.edu.tw/e-j/61/61_78.htm

謝明昆（2002）。教育家滿足孩子需求信念之教保應用。於幼兒教育年刊，第十四期，55-90。臺中：國立臺中師院。

謝明昆（2003）。我國幼稚園教保內涵與社區融合度評鑑結果之分析與發展研究。載於幼兒教育年刊，第十五期，69-98。臺中市：國立臺中師院。

謝明昆（2004）。幼稚園與社區融合主題教學研究。載於幼兒教育年刊，第十六期，61-98。臺中：國立臺中師院。

謝明昆（2005a）。幼稚園與社區融合主題開放教學模式與發展。於彰化縣九十四年度幼稚園與社區融合主題開放教學成果，1-8。彰化：彰化縣政府。

謝明昆（2005b）。社區融合主題開放式教學與單元主題齊一式教學在幼兒情意發展之影響比較研究．發表於臺中教育大學2005年論文發表會。載於幼兒教育年刊，第十七期，57-100。臺中：國立臺中教育大學。

謝明昆（2009）。主題開放教學理念與社區融合。載於謝明昆、賴素惠、楊麗娜、袁麗珠合著。主題開放教學-孩子與社區融合的課程與教學。臺北：華騰。

謝明昆、賴素惠、楊麗娜、袁麗珠（2009）。主題開放教學-孩子與社區融合的課程與教學。臺北：華騰。

謝明昆、杜雪淇、楊麗娜、范鈺雯（2012）。融合班發展遲緩幼兒自發

性學習之課程影響研究。載於**特殊教育叢書**（116），1-24。臺北：臺北市立教育大學特殊教育中心。

謝明昆、楊麗娜、鍾海萍、杜雪淇、范筱惠（2014）。融合班發展遲緩幼兒生活事件情緒能力之課程影響研究，載於*2014幼兒教育暨早期療育理論與實務對話國際學術研討會論文集*，69-71。臺中：臺中教育大學幼兒教育學系。

簡楚瑛（2002）。課程模式之定義與要素。載於簡楚瑛策畫主編，簡楚瑛、盧素碧、蘇愛秋、劉玉燕、漢菊德、林玉珠、吳嬡華、張孝筠、林士眞、鄭秀容、幸曼玲等合著，**幼教課程模式**，初版六刷，1-6。臺北：心理。

簡楚瑛、張孝筠（2002）。蒙特梭利課程模式。載於簡楚瑛策畫主編，簡楚瑛、盧素碧、蘇愛秋、劉玉燕、漢菊德、林玉珠、吳嬡華、張孝筠、林士眞、鄭秀容、幸曼玲等合著，**幼教課程模式**，初版六刷，379-434。臺北：心理。

簡楚瑛、鄭秀容（2002）。High/scope課程模式（又稱高瞻遠矚課程模式）。載於簡楚瑛策畫主編，簡楚瑛、盧素碧、蘇愛秋、劉玉燕、漢菊德、林玉珠、吳嬡華、張孝筠、林士眞、鄭秀容、幸曼玲等合著，**幼教課程模式**，初版六刷，495-546。臺北：心理。

簡楚瑛、林士眞（2002）。河濱街模式。載於簡楚瑛策畫主編，簡楚瑛、盧素碧、蘇愛秋、劉玉燕、漢菊德、林玉珠、吳嬡華、張孝筠、林士眞、鄭秀容、幸曼玲等合著，**幼教課程模式**，初版六刷，435-494。臺北：心理。

瞿述祖（1961）。單元教學活動設計之編製。**國教輔導**，2，2-4。

魏美惠（2011）。幼兒教師幸福感研究。**教育科學期刊**，10(2)。臺中：中興大學師資培育中心。

羅雅芬、連英式、金乃琪譯（2006）。**兒童的一百種語文**。Edwards, C., Gandini, L., & Forman, G. 原著。臺北：心理。

蘇育令、鍾雅惠（2016）。幼兒園文化課程設計。載於教育部國民及學前教育署105年度幼兒園教保活動課程暫行大綱《*南區推廣人員培訓課程*》。1-52。105年1月20日研習活動。

蘇偉馨（2014）。教育的百分哲學。載於幼兒教育，315期。新北市：中國幼稚教育學會。

蘇愛秋（2002）。學習角與大學習區。載於簡楚瑛策畫主編，簡楚瑛、盧素碧、蘇愛秋、劉玉燕、漢菊德、林玉珠、吳婒華、張孝筠、林士真、鄭秀容、幸曼玲等合著，幼教課程模式，初版六刷，49-120。臺北：心理。

饒朋湘（1961）。單元教學活動設計的運用。國教輔導，2，5-7。

饒朋湘（1966）。課程教材及教學法通論。臺中：臺中師專。

顧瑜君（2007）。為希望而學習──從社區參與工作中建立非囤積式之學習示範。教育部「建立社區教育學習體系計畫96年示範社區教育團隊」成果報告書。花蓮：國立東華大學。

二、英文部分

Andrews, F. M. and Withey, S. B. (1976). *Social indicators of well-being*. New York and London:Plenum.

Apple, M. W., & King, N. R. (1977). What do schools teach? In A. Molnar & J. A. Zahorik (Eds.), *Curriculum theory* (pp.108-126). Alexandria, VA:ASCD.

Apple, M. W. (1979).On analyzing hegemony. *The journal of curriculum theorizing*, *1*, 10-43.

Argyle, M. (1987). *The psychology of happiness*. London: Methuen.

Bagin, D., Gallagher, D. R., & Moore, E. H. (2008). *The school and community relations* (9th ed.).Boston: Allyn and Bacon.

Beauchamp, George A. (1968). *Curriculum theory*. 3nd ed., Wilmette, Illinois: The Kagg press.

Bronfenbrenner, U. (1979). *The ecology of human development: Experiments by nature and design*. Cambridge. MA: Harvard University Press.

Bronfenbrenner, U. (1986). Ecology of the family as a context for human development: Research perspectives. *Developmental psychology*, 22

(6),723-742.

Cay, D. F. (1966). *Curriculum design for learning*. New York: Bobbs-Merrill Company.

Chard, S. C. (1998a). *The project approach. Practical guide 1. Developing the basic framework*. New York: Scholastic.

Chard, S. C. (1998b). *The project approach. Practical guide 2. Developing curriculum with children*. New York: Scholastic.

Cole, M. & Cole, S. R. (1993). *The development of children* (2nd ed.). New York: W. H. Freeman Company.

Corey, G. (2001). *Theory & Practice of counseling & psychotherapy* (6th ed.).Pacific Grove, CA: Brooks/Cole.

David Pratt (1981). *Curriculum design and development* (New York: Harcourt Brace,), p.4.

DeVries, R. & Kohlberg, L. (1987). *Programs of early education: The constructivist view*. New York: Longman.

DeVries, R. & Zan, B. (1994). *Moral classrooms, moral children:* Creating a constructivist atmosphere in early education. New York: Teachers College Press.

Diener, E. , Lucas, R. E., & Oishi, S. (2005). Subjective well-being: The science of happiness and life satisfaction. In C. R. Snyder & S. J. Lopez (Eds.), *The handbook of positive psychology* (pp. 63-73). Oxford: Oxford University Press.

Diener, E., Emmons, R. A., Larsen, R. J., & Griffin, S. (1985). The satisfaction with life scale. *Journal of personality assessment*, 49(1), 71-75.

Diener E. (1984). Subjective well-being. *Psychological bulletin.* 95,542-575.

Diener, E., & Suh, E. M. (2004). *Culture and subjective well-being*. Cambridge, Mass: MIP press.

Diener, E., & Eid, M. (2004). Global judgments of subjective well-being: Situational variability and long-term stability. *Social indicators research*, 65, 245-278.

Edwards, C. P., Gandini, L., & Forman, G. (Eds.) (1998). *The hundred languages of children: The Reggio Emilia approach - advanced reflections* (2nd ed.). Norwood, NJ: Ablex.

Edwards, C. P., Gandini, L., & Nimmo, J. (2015). *Loris Malaguzzi and the teachers: Dialogues on collaboration and conflict.* Reggio Emilia 1990. University of Nebraska-Lincoln Libraries: Zea Books. http://digitalcommons.unl.edu/zeabook/29/

Emmons, R. A. (1991). Personal striving, daily life events, and psychological and physical well-being. *Journal of personality*, 59 (3), 453-472.

Eisner, E. W. & Vallance, E. (1974). *Conflicting conceptions of curriculum.* Berkeley, California: McCutchan.

Evans, E. D. (1982). Curriculum model. In B. Spodek (Ed), *Handbook of research in early childhood education* (pp.107-134). New York: The Free Press.

Gandini, L. (2012). History, ideas, and basic principles: An interview with Loris Malaguzzi. In C. Edwards, L. Gandini, & G. Forman (eds.), *The hundred languages of children: The Reggio Emilia experience in transformation.* 3rd edition (27-72). Santa Barbara, CA: Praeger.

Gandini, L. & Edwards, C. P. (2016). *Teacher preparation and professional development in Reggio Emilia and Pistoia, Italy.* Articals in press.

Gardner, H. (1999). *Intelligence reframed: Multiple intelligence for the 21st century.* New Yory: Basic Books.

Glatthon, A. A. (1987). *Curriculum renewal.* Alexandria,Virginia: ASCD.

Goodlad ed., J. L. et al. (1979). *Curriculum inquiry: The study of curriculum practice.* New York: McGraw-Hill.

Harel, I. (1990). *Constructionist Learning*. Cambridge, MA: MIT Media Laboratory.

Headey, B., & Wearing, A. (1990). Personality, life events, and subjective well-being: Toward a dynamic equilibrium model. *Personality and social psychology*. 57 (4),731-739. New York: Thomson Reuters.

Heydon, R., Crocker, W. & Zhang, Z. (2014). *Novels, nests and other provocations: emergent literacy curriculum production in a childcare center*. J. Curriculum Studies, 46. 1, 1-32.

Hohmann, M., Baneet, B., & Weikart, D. (1979).*Young children in action*. Ypsilanti, Mich: High/Scope Press.

Holahan, C. K. (1988).Relation of life goals at age 70 to activity participation and health and psychological well-being among terminus gifted men and women. *Psychology and aging. 3* (3).286-291. Oregon: University of Oregon.

Houston, J. P. (1981). *The pursuit of happiness*. Glenview IL: Scott Freshman.

Huenecke, D. (1982). What is curricular theorizing? What are its implications for practice? *Educational leadership, 39,*290-294.

Inagaki, K. (1992).Piagetian and post-Piagetian conceptions of development and their implications for science education in early childhood. *Early childhood research quarterly,17,*115-133. Pennsylvania Philadelphia: Elsevier.

Jon Wiles and Joseph Bondi (2002). *Curriculum development: A guide to practice*, 6th ed. (Columbus, Ohio: Merrill),p.131.

Kamii, C. & DeVries, R. (1975, 1977).Piaget for early education. In M. Day & R. Parker (Eds.), *Preschool in action* (2nd action.).Boston: Allyn & Bacon.

Kamii, C. & DeVries, R. (1980). *Group games in early education: Implications of Piaget's theory*. Washington, D. C.: NAEYC.

Kamii, C. (1982). *Number in preschool & kindergarten*. Washington, D. C.: NAEYC.

Kamii, C. & DeVries, R. (1993). *Physical knowledge in preschool education:Implications in Piaget's theory*. New York: Teachers College Press.

Katz, L. G., & Chard, S. C. (1989). *Engaging children's minds: The project approach* (2nd ed.). Norwood, NJ: Ablex.

Katz, L. G., & Chard, S. C. (2000). *Engaging children's minds: The project approach* (2nd ed.). Norwood, NJ: Ablex.

Kerr, J. F. (1973). The problem of curriculum reform. In Richard Hoopers edited *The curriculum: Context, design and development* (Edinburgh: Oliver and Boyd, 1973), p.185.

Keyes , C. L. M. (2002). The mental health continuum: From languishing to flourishing in life. *Journal of health and social behavior*, Vol. 43, No. 2, pp. 207-222.

Lawton Danis (1973). *Social change, educational theory and curriculum planning*. London: University of London Press.pp.22-75.

Lincoln, Y. S., & Guba, E. G. (1985). *Naturalistic inquiry*. Beverly Hills, CA: Sage.

Lonigan, C. J., Farver, J. M. & Phillips, B. M. (2011). Promoting the development of preschool children's emergent literacy skills: a randomized evaluation of a literacy-focused curriculum and two professional development models. *Read Writ*. 24:305-337.

Macdonald, J. B. (1975).Curriculum theory. In William Pinars edited *Curriculum theorizing: The Reconceptualists*. Berkeley, California: McCutchan Pub. Corp.

Macdonald, J. B. (1975).Value bases and issues for curriculum. In D. Tawney (Ed.), *Curriculum theory* (pp.10-21). Alexindria, VA: ASCD.

Maslow, A. (1954). *Motivation and personality*. New York, NY: Harper.

287

McNeil, J. D. (1990). *Curriculum: A comprehensive introduction* (4th ed.). New York: Harper Collins Publishers.

Michalos, A. C. (1985). *Multiple discrepancies theory*. Social indicators research, 16 (4),347-414.

Montessori, M. (1964). *The Montessori method*. New York: Schocken Books.

Montessori, M. (1966). *The secret of childhood*. New York: Ballantine Books.

Montessori, M. (1967). *The absorbent mind*. New York: Dell.

Newsweek (1991, December).*The best schools in the world*.Retrieved June 28,2009,from http://www.newsweek.com/id/123873.

Oliver, A. I. (1978). "What is the meaning of curriculum" In Gress J. R.& Purpel D. E. (Eds.). *Curriculum: An introduction to the field*. Berkeley, CA:McCutchan.

Omodei, M. M. & Wearing, A. J. (1990). Need satisfaction and involvement in personal projects: Toward an integrated model of subjective well-being. *Journal of personality and social psychology*, 59 (4),762-769.

Ornstein A. C. & Hunkins F. P. (2004). *Curriculum: Foundations, principles, and issues*, 4th ed.. New York: Allyn & Bacon.

Pinar, W. F. (1975). *Curriculum theorizing: The Reconceptualists*. Berkeley, California: McCutchan Pub. Corp.

Posner, G. J.& Strike, k. A. (1976). A categorization scheme for principles of sequencing content. *Review of educational research*, 46, 665-690.

Prior, J., & Gerard, M. R. (2007). *Family involvement in early childhood education: Research into practice*. Clifton Park, CA: Thomson Delmar Learning.

Raths, L. E., Hermin, M. & Simon, B. S. (1978). *Values and teaching: Working with values in the classroom*. (2nd ed.) Columbus, Ohio:

Chares E. Merrill Pub. Co.

Rokeach M. (1975). Toward a philosophy of value education. In Meyer, J., Burnham, B., & Cholvat, J. (eds.). *Values education: Theory, practice, problems, and prospects*. Waterloo, Ontario: Wilfred Laurier University Press.

Rubin, K. H., Fein, G. G.,& Vanderberg, B. (1983). Play. In P. H. Mussen & E. Hetherington (Eds.), *Handbook of child psychology* (Vol.4,pp.693-774). New York: John Wiley.

Santrock, J. W. (2001). *Educational psychology*. New York: McGraw-Hill.

Saylor J. Galen, Alexander William M. (1966). *Curriculum planning for modern schools*. New York: Holt, Rinehart and Winston, Inc. p.7.

Saylor J. Galen, Alexander William M., and Arthur J. Lewis (1981). *Curriculum planning for better teaching and learning*, 4th ed. New York: Holt, Rinehart and Winston, Inc. p.10.

Selman, R. (1980).*The growth of interpersonal understanding*. New York: Academic Press.

Sergiovanni (1994). *Building community in schools*. San Francisco: Jossey-Bass.

Standing, E. (1957). *Maria Montessori: Her life and work*. New York: New American Library.

Steiner, Rudolf (1996). *The foundations of human experience* (R. F. Lathe & N. P. Whittaker, Trans.). Anthroposophic Press. (Original work published 1992)

Stone, M. J. & Kozma, A. (1985).Structural relationships among happiness scales: A second order factorial study. *Social indicators research*, 17 (1), 19-28.

Taba, Hilda. (1962). *Curriculum development: Theory and practice*. New York: Harcourt Brace Jovanovich, Inc., 1962.

Tanner, L. N. (1997). *Dewey's laboratory school, Lessons for today*.

New York: Teachers College Press.

Tanner, Daniel and Tanner L. N. (1975). *Curriculum development: Theory and practice.* New York: MacMillan Pub. Co., Inc., pp.100-141.

Tyler, R. W. (1949). *Basic principles of curriculum and instruction.* Chicago: University of Chicago: University of Chicago Press.

Van Oers, B. (2015). Implementing a play-based curriculum: Fostering teacher agency in primary school. *Learning, Culture and Social Interaction,* 4, 19-27.

Veenhoven, R. (1994). Is happiness a trait? Tests of the theory that a better society does not make people any happier. *Social indicators research,* 32,101-160.

Walker, D. (1990). *Fundamentals of curriculum.* San Diego: Harcour Brace, Tovanovich Publishers.

Wilson, W. (1967). Correlates of avowed happiness. *Psychological bulletin 67:* 294-306.

Wise, A. (2005). Establishing teaching as a profession - the essential role of professional accreditation. *Journal of teacher education,* 56(4), 318-331.

Zais, R. S. (1976). *Curriculum: Principles and foundations.* New York: Thomas Y. Crowell Co., pp.15-16.

附錄一　正式訪談題目大綱

1. 「幼兒園教保活動課程大綱」有明示「教保服務人員須從幼兒園、家庭及社區選材」，請妳分享實施情形。
2. 請妳分享貴班教室裡各個學習角落情境的形成過程。
3. 依「社區融合開放模式」教保之實施階段及每日教學實施步驟，請分享妳的主題教學實施情形。
4. 妳自從實施「社區融合開放模式」教保，請分享妳的教保專業之心路歷程。
5. 貴班實施「社區融合開放模式」教保，請分享班上幼兒的學習與發展情形。
6. 貴班實施「社區融合開放模式」教保活動，與我國幼兒園教保活動課程大綱之下列關聯情形：a.維護幼兒身心健康與安全，b.自編教材，c.以直觀經驗及生產創作活動及自由遊戲等實施教保活動，d.以幼兒本位精神實施教保活動，e.以統整方式實施教保活動，f.發展幼兒六大核心能力（素養）。
7. 貴班實施「社區融合開放模式」教保活動，達成幼兒園課程大綱為培養幼兒下列六大核心能力（素養）的情形：a.覺知辨識、b.表達溝通、c.想像創造、d.關懷合作、e.推理賞析、f.自主管理。
8. 「幼兒園教保活動課程大綱」有明示「本課程大綱強調幼兒主體，以幼兒為中心」。請評論一般教師們實施「幼兒本位教學」感到困難的會是哪些？

備註：根據以上訪談大綱，引發受訪者回答，訪談者依據回答內容，會接續發問相關之下列問題？‧談談您今天的教學設計，教學的實施過程？‧回顧您近期的教學內容？‧請您詮釋教室的情境布置？‧您對幼兒的行為表現，滿意度如何？‧您今天的教學活動，如何實施課程六領域的評量？（身體動作與健康、認知、語文、社會、情緒、美感）‧談談您的成就感如何？幸福感如何？‧您使用哪些教科用書？‧如何證明您的教保活動不是認知教學？您對現行教學模式有何批判？……。

附錄二　美國NAEYC幼兒課程領域、我國101年現行幼兒課程大綱、我國76年舊幼稚園課程標準之課程建構比較

1993美國NAEYC 發展合宜的幼兒教育課程	我國101年現行幼兒園教保活動課程正式大綱手冊目次（教育部編著）	我國76年幼稚園課程標準第五次修訂手冊目次（教育部編著）
課程設計的九項注意原則，其中之 原則A：注重孩子的全面整合發展，包含體能、情緒、社會、語言、美感、認知等六大領域。 原則G：課程內容必須能夠鼓勵孩子肯定自己家庭、文化與母語，也能激勵孩子學習，並認同學校與社區文化。	總綱…………1 一、修訂背景…………2 二、宗旨…………3 二、幼兒園教保服務的意義和範圍…………3 三、總目標…………4 四、基本理念…………4 五、課程大綱架構…………6 六、實施通則…………7 身體動作與健康…………13 領域目標、領域內涵、實施原則 認知…………32 領域目標、領域內涵、實施原則 語文…………48 領域目標、領域內涵、實施原則 社會…………66 領域目標、領域內涵、實施原則 情緒…………92 領域目標、領域內涵、實施原則 美感…………108 領域目標、領域內涵、實施原則 附錄…………123	教育部令…………1 壹、教育目標…………5 貳、課程領域…………7 健康 …………7 目標、範圍、教學評量 遊戲 …………23 目標、範圍、教學評量 音樂…………39 目標、範圍、教學評量 工作 …………52 目標、範圍、教學評量 語文 …………63 目標、範圍、教學評量 常識 …………72 目標、範圍、教學評量 （以上各領域之範圍，會做類別區分，在分類項下敘述內容、實施方法） 參、實施通則 …………89 課程編制、教材編選、教學活動 附錄 …………95

資料來源：研究者整理

292

附錄三　我國101年新語文領域課程內涵與76年舊語文領域課程內涵比較

101年之語文領域課程內涵				76年之語文領域課程內涵
一、領域目標				一、目標
(一)體驗並覺知語文的趣味與功能 (二)合宜參與日常社會互動情境 (三)慣於敘說經驗與編織故事 (四)喜歡閱讀並展現個人觀點 (五)認識並欣賞社會中使用多種語文的情形				(一)啓發幼兒語言的潛能，增進幼兒語言的能力。 (二)培養幼兒良好說話與聽話的態度與習慣。 (三)發展幼兒欣賞、思考和想像的能力。 (四)培養幼兒閱讀、問答和發表的興趣。 (五)陶冶幼兒優美的情操及健全的品格。
二、領域內涵（課程目標、學習指標）				二、範圍
課程目標	肢	口語	圖像符號	文字功能	(一)故事和歌謠 1.內容 (1)故事，(2)歌謠 2.實施方法 (1)教材編選，(2)教學方法，(3)實施要點。 (二)說話 1.內容 (1)自由交談，(2)自由發表，(3)問答，(4)討論。 2.實施方法 (1)教材編選，(2)教學方法，(3)實施要點。 (三)閱讀 1.內容 (1)故事歌謠類，(2)圖片書報類，(3)看圖說故事，(4)教師自編故事。
理解	語1-1 理解互動對象的意圖	語1-2理解歌謠和口語的音韻特性 語1-3認識社會使用多種語言的情形	語1-4 理解生活環境中的圖像與符號 語1-5 理解圖畫書的內容與功能	1-6 熟悉閱讀華文的方式 1-7 理解文字的功能	
表達	2-1 以肢體語言表達	2-2以口語參與互動 2-3敘說生活經驗 2-4看圖敘說	語2-5 運用圖像符號		

293

101年之語文領域課程內涵	76年之語文領域課程內涵
2-6 回應敘事文本 2-7 編創與演出敘事文本	
	2.實施方法 (1)教材編選，(2)教學方法，(3)實施要點。
學習 指標　2-3歲學習指標。3-4歲學習指標。 　　　4-5歲學習指標。5-6歲學習指標。	
三、實施原則 (一)教學原則 (二)評量原則： 1.幼兒的表現。2.教保服務人員教學省思。	三、教學評量 (一)幼兒方面 (二)教師方面

資料來源：研究者整理

附錄四　101年現行幼兒園教保活動課程大綱六大核心素養（能力）與領域能力之對應

領域	身體動作與健康	認知	語文	社會	情緒	美感
領域能力	覺察與模仿，協調與控制，組合與創造。	蒐集訊息，整理訊息，解決問題。	理解，表達。	探索與覺察，協商與調整，愛護與尊重。	覺察與辨識，表達、理解、調解。	探索與覺察，表現與創作，回應與賞析。
領域目標	1.靈活展現基本動作技能並能維護自身安全。 2.擁有健康的身體及良好的生活習慣。 3.喜歡運動與樂於展現動作創意。	1.擁有主動探索的習慣。 2.展現有系統思考的能力。 3.樂於與他人溝通並共同合作解決問題。	1.體驗並覺知語文的趣味與功能。 2.合宜參與日常社會互動情境。 3.慣於敘說與編織故事。 4.喜歡閱讀並展現個人觀點。 5.認識並欣賞社會中使用多種語文的情形。	1.肯定自己並照顧自己。 2.關愛親人。 3.樂於與他人相處並展現友愛情操。 4.體驗在地文化並樂於接觸多元文化。 5.親近自然並尊重生命。	1.接納自己的情緒。 2.以正向態度面對困境。 3.擁有安定的情緒並自在地表達感受。 4.關懷及理解他人的情緒。	1.喜歡探索事物的美。 2.享受美感經驗與藝術創作。 3.展現豐富的想像力。 4.回應對藝術創作的感受與喜好。
統整能力	·覺知辨識　·表達溝通　·關懷合作　·推理賞析　·想像創造 ·自主管理　（六大素養）					
總目標	1維護幼兒身心健康、2養成幼兒良好習慣、3豐富幼兒生活經驗、4增進幼兒倫理觀念、5培養幼兒合群習性、6拓展幼兒美感經驗、7發展幼兒創意思維、8建構幼兒文化認同、 9啟發幼兒關懷環境。					

295

資料來源：研究者整理

附錄五　76年課程之公私立幼稚園評鑑手冊——教保活動評鑑

臺灣省、高雄市幼稚園評鑑手冊（八十五學年度）
一、理念與行政（略）
二、環境與設備（略）
三、教保活動（摘述如下）：

過程評鑑

(一)教師的教學品質
1.教師的舉止與態度：1-1教師的穿著。1-2教師對幼兒的態度。
2.教學的技巧：2-1教學活動銜接的技巧。2-2教師問問題的方式。……
3.教師對幼兒的接納度：3-1教師的引導性。3-2教師對幼兒作品與意見的態度。……

(二)教學情境
1.教具與設備的陳列與運用：1-1教具與教學主題的配合。1-2教具與幼兒的需要。……
2.教學情境的布置：2-1教學情境與教學主題。2-2情境布置的高度。……
3.教學材料的運用：3-1教材的性質。3-2教材的來源。……

(三)課程與教學
1.教學計劃與發展：1-1課程架構與理念的關係。1-2課程計畫的過程。……
2.課程設計：2-1課程設計與幼兒的均衡發展。2-2課程設計之合理性。……
3.學習記錄方法：3-1課程設計的目標與評量的配合。3-2學習的記錄。……
4.作息時間與活動的規劃：4-1作息時間與活動的相關性。4-2活動的均衡性。……

(四)健康與營養
1.幼兒健康：1-1幼兒接受定期身體檢查。1-2定期為幼兒量身高、體重。……
2.幼兒安全：2-1交通安全教育。2-2防火防災演練。……
3.幼兒營養：3-1幼兒餐點營養。3-2餐點與菜單。

(五)整體品質的提升
1.家長與園方的互動：1-1親職教育（演講及討論會等）。1-2親子活動。……
2.教師在職訓練：2-1本園教師的教學會議。2-2園方與他園的觀摩學習。……

結果評鑑

(一)幼兒表現
1.幼兒認知表現：1-1幼兒處理問題的方法。1-2幼兒工作的方式。……
2.幼兒情意表現：2-1幼兒的生活常規。2-2幼兒的參與。2-3幼兒社會化。
3.幼兒技能表現：3-1幼兒的大動作發展。3-2幼兒的精細動作發展。……
(二)家長滿意度
1.教保品質：1-1家長對園方活動的參與。1-2家長對課程的了解。……
(三)教職員滿意度
1.教保品質：1-1工作性質與工作量。1-2教學的自主權。……

資料來源：研究者整理

附錄六 101年現行課程評量指標及評分指引（草案）

能力		評量指標
評量指標及評分指引（草案）	覺知辨識	1.能覺察自己及他人的特徵及興趣，並能比較異同 2.能覺察自己及他人的想法或情感，並能比較異同 3.能知道生活規範及活動規則的理由 4.能注意且理解周遭的文化訊息 5.能理解口語的意義 6.能辨識音韻的特性 7.能理解敘述文本及訊息類文本的意義，並能依目的使用訊息類文本 8.能注意且理解周遭的自然訊息
	表達溝通	1.能應用視覺藝術媒介表達想法或情感 2.能應用圖像符號表達想法或情感 3.能應用口語表達想法或情感 4.能在對話情境中相互表達、傾聽、協商，並調整自己的想法或情感
	關懷合作	1.能理解他人之需求、表現力社會的行為 2.能表現對動植物及自然環境的關懷 3.能理解社區與自己的關係，並正向回應 4.能與他人合作完成工作或解決問題
	推理賞析	1.能依據特徵整理生活環境中的訊息，並找出特徵間的關係 2.能分析已知的訊息，找出形成現象的原因 3.能欣賞及回應自己和他人的表現
	想像創造	1.能透過視覺藝術媒介進行想像創作 2.能透過音樂媒介進行想像創作 3.能透過扮演媒介進行想像創作 4.能透過肢體進行想像創作 5.能進行敘事文本的想像創作
	自主管理	1.能協調及控制大肌肉，完成肢體動作活動 2.能協調及控制小肌肉，完成精細動作活動 3.能覺察危險，維護自身安全 4.有良好的健康習慣，能進行個人自理及環境清潔 5.能調整自己的想法、情緒或行為，以符合規範

資料來源：教育部國民及學前教育署105年度幼兒園教保活動課程暫行大綱「南區推廣人員培訓課程」，105年1月20日，頁62。

附錄七　教保服務實施準則之與課程教學密切相關之條文

第2條「幼兒園教保服務」，應以幼兒為主體，遵行幼兒本位精神，秉持性別、族群、文化平等、教保並重、尊重家長之原則辦理，並遵守列舉之三項原則。（一、營造關愛、健康及安全之學習環境。二、支持幼兒適齡適性及均衡發展。三、支持家庭育兒之需求。）

第3條「教保服務人員實施教保服務」，應遵守列舉之五項規定。（一、尊重、接納及公平對待所有幼兒，不得為差別待遇。二、以溫暖、正向之態度，與幼兒建立信賴之關係。三、以符合幼兒理解能力之方式，與幼兒溝通。四、確保幼兒安全，不受任何霸凌行為，關注幼兒個別生理及心理需求，適時提供協助。五、不得基於處罰之目的，親自、命令幼兒自己或第三者對幼兒身體施加強制力，或命令幼兒採取特定身體動作，致幼兒身心受到痛苦或侵害。）

第13條幼兒園實施教保活動課程，應依下列規定為之：（一、每學期應至少召開一次全園性教保活動課程發展會議。二、訂定行事曆、作息計畫及課程計畫。三、落實健康教育、生命教育、安全教育、品德教育及性別平等教育。四、以統整方式實施，不得採分科方式進行。五、以自行發展為原則，並應自幼兒生活經驗及在地生活環境中選材。六、有選用輔助教材之必要時，其內容應符合幼兒園教保活動課程大綱之精神。七、不得採全日、半日或分科之外語教學。八、不得進行以精熟為目的之讀、寫、算教學。）

第14條「幼兒園教保活動課程設計」，應考量列舉之六項原則。（一、符合幼兒發展需求，並重視個別差異。二、兼顧領域之均衡性。三、提供幼兒透過遊戲主動探索、操作及學習之機會。四、活動安排及教材、教具選用應具安全性。五、涵蓋動態、靜態、室內、室外之多元活動。六、涵蓋團體、小組及個別等教學型態。）

第15條「幼兒園為配合教保活動課程需要」，得安排校外教學。幼兒園規劃校外教學，應考量幼兒體能、氣候、交通狀況、環境衛生、安全及教學資源等，並應依列舉之五項規定為之。（一、訂定實施計畫。二、事前勘察地點，規劃休憩場所及參觀路線。三、出發前及每次集合時應清點人數，並隨時留意幼兒健康及安全狀況。四、照顧者與三歲以上至入國民小學前之幼兒人數比例不得逾一比八；與二歲以上未滿三歲之幼兒人數比例不得逾一比三；對有特殊需求之幼兒，得安排幼兒之法定代理人或志工一對一隨行照顧。五、需乘車者，應備有幼兒之法定代理人同意書；有租用車輛之必要時，應依相關規定辦理。）

第16條「幼兒園活動室應設置多元學習區域」，供幼兒自由探索。學習區域應提供充足並適合各年齡層幼兒需求之材料、教具、玩具及圖書；其安全、衛生及品質應符合相關法規及中華民國國家標準規定。

資料來源：教保服務實施準則

附錄八　教育部推動之統整性主題課程設計──建構步驟及操作說明

步驟	操作說明
步驟A 依據情境 選擇主題	• 主題是根據幼兒的發展能力、興趣、生活經驗而產生嗎？ • 主題是根據時令節慶、新聞時事、偶發事件、行事曆或重大活動而產生嗎？ • 主題是根據教保服務人員的專長而產生嗎？ • 主題對幼兒具有吸引力，能與社區資源結合，對幼兒有適度的挑戰力？ • 主題能引發幼兒主動學習、深入探究和多元互動的動機？ • 主題能鼓勵幼兒差異表現或能多方應用以及具有延展性？
步驟B 腦力激盪 產生各種 想法	• 是透過腦力激盪或自由聯想的班級討論歷程，而產生與主題相關的各種字彙、想法、活動、知識嗎？ • 能列出所有相關的知識、想法或活動嗎？ • 能以幼兒的角度出發嗎？ • 能利用白板或大張書面紙，示範將口說語言記錄成為書面文字的歷程嗎？
步驟C 使用網絡 圖組織想 法	• 能將腦力激盪後的想法進行分類嗎？ • 能將類別歸納成數個概念並命名嗎？不同主要概念彼此間是否互斥？ • 歸納的主要概念能以幼兒的角度出發嗎？
步驟D1 設計可能 的活動	• 能將概念轉化成一項或數項的活動嗎？ • 能掌握以六大領域課程目標和學習指標，做為活動方向的指引嗎？ • 能包含各種型態（團體、分組、個別；動、靜態；室內、戶外）學習活動？
步驟D2 整合可能 的活動與 界定學習 方向	• 是否直接以課程大綱的課程目標或各領域學習指標設計活動進行教學？ • 設計活動的過程，是否不斷地與課程目標或學習指標來回檢視？ • 選擇哪些概念的課程以及要進行哪些活動？ • 這些概念和活動的先後順序為何？ • 需要運用哪些教學資源？ • 是否根據由近而遠、由具體到抽象、由已知到未知、由一般到特殊的邏輯順序來整合所要進行的活動？

步驟	操作說明
步驟E 對照概念 和學習指 標	• 有回頭對照比較身體動作與健康、認知、語文、社會、情緒、美感等領域的課程目標嗎？ • 有檢視課程領域在各年齡的學習指標嗎？ • 領域涵蓋的範圍有多廣？ • 使用的領域課程目標和學習指標重疊性如何？

資料來源：本表參考王淑清、顏秀樺（2016）統整性主題課程設計實作檢修及問題澄清；蘇育令、鍾雅惠（2016）幼兒園文化課程設計等，由本研究者編製。

附錄九　單元教學與方案教學之差異性比較

比較	單元教學法	方案教學法
意旨內涵	適用於以一個生活上重要問題為中心的完整學習活動。最大特色是以「問題探究」代替「教師講述」；透過動態的活動，學習解決問題的能力。理念源自民國48年我國學者專家在原臺北師範大學視聽教育館所舉行的國民教育探究會中，針對當時教師的「逐字講話語句」編寫教案的教學改革。	幼兒對其周遭環境內值得學習的事件或現象進行延伸性及深入性的探究。幼兒從有興趣的實地參訪歷程中，觀察空間設計、設備及感受生活美學，實際蒐集第一手資料；回到教室內，進行情境建構創作，發展想像遊戲、模擬遊戲、認知、語言、社會、情緒管控、繪畫、音樂、美感、文字，以及學習自主與自發性之能力。理念源自教育家杜威的進步主義哲學。
教學歷程	一、準備活動：1.單元目標的擬定，2.探究問題的提出，3.教學資料的準備。 二、發展活動。 三、綜合活動。	一、計畫階段：引發好奇與決定有興趣的主題，擬定主題網，列出問題。 二、發展階段：教師引導幼兒準備及進入環境參與第一手資料的觀察與探索，據而引導幼兒以各種形式建構情境，和專家晤談，在建構情境中表現經驗和理解。 三、回顧或結束階段：舉行高潮活動，將新知識個人化與內在化。
獲得能力	教師本位教學，學習解決問題能力，缺乏情境建構學習機會及相關能力。	幼兒本位教學，從建構情境的做中學習，以及學習自主與自發能力。
教學特色	教師主導的問題導向教學，解決問題的短期學習活動，結構性的教學、齊一取向教學活動。	幼兒建構情境，滿足幼兒需求，幼兒各取所需的進行多元創作學習活動，發展統整性、遊戲導向課程。
現況問題	容易被誤用。教學缺乏「問題探究」歷程，以直接講述代替。	行政主管未推展，多數教師認定很難實施，缺乏實施方法之認知。

資料來源：本表由研究者整理

附錄十　華愛幼兒園中海豚班第9週親職園地教學歷程及內容

活動日期：4/20(三)
角落自由遊戲 經驗分享A ＊請孩子分享進行角落遊戲的經驗，扮演烏龜有被餵食、舞臺演奏、釣魚等樂趣……，其中孩子反映搭公車碰到司機開過頭，甚至乘客沒坐好司機就開動車子……透過團討思考危險性。 生：我當司機帶乘客時，乘客會一直往後走，我就沒辦法往前走。 生：司機開太快乘客會跌倒。 生：要等乘客坐好才可以開，還有司機要慢慢開才安全。 ＊孩子進行遊戲總會有些糾紛，當乘客孩子抱怨司機沒注意安全時，司機也會抱怨乘客不遵守規矩……，透過討論思考遇到類似問題，應彼此互相提醒遊戲規矩，兩方若無法協調可請老師協助。 小組生產創作 螃蟹殼：○燁　花椰菜：○豪　公車：○辰、○偉 蘿蔔盆栽：○廷　小丑魚魚鰭：○恩　照相機：○祖 【魚中魚】 紅蘿蔔：○翔　相機：○耘 螃蟹腳：○嘉　蝦子殼：○諺、○証 彩虹魚魚鰭：○岑、○蓁 【植物園】 售票亭：○嵐　水草：○箴 經驗分享B ＊分享蘿蔔、照相機： ＊蘿蔔目前完成紅、白蘿蔔，其中有根是藍蘿蔔，詢問負責創作藍蘿蔔孩子想法，孩子表示覺得藍色比較漂亮，不單蘿蔔有多彩顏色，連蒂頭顏色也是不同；負責創作照相機的孩子用紙張畫一輛車立體貼在上面，孩子表是單純做為裝飾使用。 體能遊戲：飛盤 1. 將飛盤頂在頭上，雙手打開行走繞一圈。 2. 兩人一組，一人拋飛盤，另一位接飛盤，輪流互相進行。 主題加深加廣教學 ＊心情日記畫及發表 ＊自由活動時間

資料來源：華愛幼兒園親職園地

附錄十一　華愛幼兒園大百合班第10週親職園地教學歷程及內容

活動日期：4、23(二)

一、角落自由遊戲
小朋友們開心的玩自由遊戲，他們悠閒的划著小船，在湖心亭繞來繞去，有些人則在湖心亭裡欣賞風景，有些人則拿著老師新買的塑膠槌，玩認字的遊戲，小朋友們在玩遊戲時是最高興，教室的屋頂都快被掀翻了。

二、經驗分享A
1.複習兒歌【大清早】
2.團討探索【中興大學的鳥類活動】所見所聞，這次孩子們很踴躍的舉手，每個人都可說出3－4項的經歷。
3.提醒孩子們今日的教學觀摩，要【用心、細心、專心】，老師和劉媽咪才不會傷心。

三、小組生產創作
1.船：○伶、○漢
2.花：○宣、○綺
3.鳥（扮演的）：○謙、○筠
4.毛毛蟲：○修、○恆
5.警槍：○叡
6.船槳：○昱
7.網子：○穎

四、經驗分享B
1.各組工作進度分享
2.孩子們今日的表現都很棒，創作工作時都是樂在其中，讓老師覺得很欣慰，肯定孩手們今日的表現，請他們不論是否有教學觀摩，都應該要認真，認真的小朋友最可愛。

五、加深加廣教學
注音符號【ㄑ、一ㄥ】及遊戲
＊戶外大肌肉活動及生態園觀察澆水
＊自製教材：時間的認識，找出相同的數量
＊延伸課程
＊心情日記畫及發表
＊自由活動時間

資料來源：華愛幼兒園親職園地

附錄十二　眉橋與華愛幼兒園課程融合社區之教學每日作息表元素及時程比較表

烏橋幼兒園混齡編班：3-4歲4人，4-5歲13人，5-6歲10人	華愛幼兒園分齡編班	
	中班幼兒23人	大班幼兒13人
7：30-8：00（全班到齊） 　幼兒入園及環境整理↓ 8：00-8：50 　*小組生產創作（依照前一天的工作計畫執行）*↓ 8：50-9：20 戶外大肌肉活動↓ 9：20-9：50上午點心↓ 9：50-10：10 　*經驗分享B（創作經驗、發現、欣賞、建議）*↓ 10：10-10：40 角落自由遊戲↓ 10：40-11：00 經驗分享A 　*遊戲發現與明日工作計畫*↓ 11：00-11：30 　*主題加深加廣統整教學*↓ 11：30-12：00 　*加深加廣教學（分齡、分組幼小銜接課程）*↓ 12：00-13：00 　午餐、餐後整理↓ 13：00～14：30 午休↓ 14：30-15：00 *心情日記*↓ 15：00-15：30 　*主題統整與加深加廣教學*↓ 15：30-15：50下午點心↓ 15：50-16：00環境整理↓ 16：00～放學、角落自由遊戲、課後留園活動。	7：30～8：20 幼兒入園及角落自由遊戲（幼兒到校人數少於5人）↓ 8：20～9：00 戶外全園律動及體能遊戲（幼兒陸續到校）↓ 9：00～9：30 上午點心 　（全班到齊）↓ 9：30～9：50 *經驗分享A*↓ 9：50～11：00 *生產創作*↓ →11：00~11：30 *收拾工作、經驗分享B（欣賞、建議、歸納、延伸）持續至11：50或接續戶外大肌肉活動與探索生態園。* 11：50～13：00 午餐、餐後整理↓ 13：00～14：30 午休↓ 14：30～15：00 床務↓ 15：00～15：30 *加深加廣教學*↓ 15：30～16：00 下午點心↓ 16：00～ 心情日記、角落自由遊戲、放學、課後留園活動。	→11：00~11：30 *收拾工作、經驗分享B：欣賞、建議、歸納、延伸。* →11：30~11：50 *戶外大肌肉活動與探索生態園。*

備註：標示之斜體字係以「教育」為主軸的活動，非斜體字代表以「照顧」為主軸的活動。主題開始實施，係從幼兒園景點或社區景點之探索活動揭開序幕。

附錄十三 眉橋幼兒園之幼兒作息表

時間	名稱	活動內容	
SS幼兒園幼兒作息表			
07：30--08：00	幼兒入園	環境整理	
08：00--08：50	主題軸心	小組生產創作（依照前一天的工作計畫執行）	
08：50--09：20	戶外大肌肉活動	體能遊戲、團體遊戲、自由活動	
09：20--09：50	活力點心	營養概念、餐桌禮儀、生活自理、社會互動	
09：50--10：10 10：10--10：40 10：40--11：00	主題軸心	社區景點探索	經驗分享B：分享創作經驗與發現、欣賞
			角落自由遊戲：角落探索、個別輔導、扮演遊戲、閱讀、益智、觀察、社會互動
			經驗分享A：遊戲發現與明日工作計畫
11：00--11：30	主題加深加廣統整教學	教師統整歸納、延伸主題課程	
11：30—12：00	加深加廣	分齡、分組幼小銜接課程	
12：00--12：40	元氣午餐	營養概念、餐桌禮儀、社會互動	
12：40--13：00	收拾、整理	刷牙、舖被、床邊故事、圖書借閱（週二.四）	
13：00--14：30	午休	休息、睡眠音樂	
14：30--15：00	心情日記	日記畫	
15：00--15：30	主題統整與加深加廣	1.讀經2.生活美語、歌謠3.體能活動、遊戲4.成語故事5.故事、閱讀、圖書室收集資料	
15：30--15：50	活力點心	餐桌禮儀、營養概念、生活自理、社會互動	
15：50--16：00	放學	環境整理、等候家長接回	
16：00--17：00	課後留園	1.音樂2.圍棋3.生活美語4.繪畫5.圍棋	
17：00--17：30	課後留園	等候家長接回、生活輔導	

備註：作息時間及活動內容為原則性之安排，實際作息依幼兒學習興趣及課程需要彈性調整。

附錄十四　華愛幼兒園105 -1大百合班幼兒每日作息表

時間	名稱	活動內容	
07：30～08：20	1.幼兒入園 2.角落自由學習活動	角落扮演、個別輔導、觀察、社會互動、	
08：20～08：50	戶外大肌肉活動	體能遊戲、團體遊戲、自由活動	
08：50～09：20	元氣早點	營養概念、用餐禮儀、生活自理	
09：20～09：50 09：50～10：50 10：50～11：30	課程發展活動	社區探索	經驗分享A與工作計畫
			小組生產創作
			經驗分享B：欣賞、歸納、延伸
11：30～11：50	戶外活動	自由活動、探索生態園	
11：50～12：30	營養午餐	營養概念、用餐禮儀、生活自理	
12：30～13：00	餐後整理	餐桌整理、潔牙時間	
13：00～14：30	午休	休息、睡眠音樂	
14：30～15：00	活力點心	營養概念、用餐禮儀、生活自理	
15：00～15：30	主題加深加廣統整教學	統整各領域教學活動、發表、故事、歌謠	
15：30～16：00	心情塗鴉	日記畫	
16：00～	角落自由學習活動 放學時間	環境整理、角落扮演、個別輔導、觀察、社會互動、家長接送	

備註：作息時間及活動內容為原則性之安排，實際作息依幼兒學習興趣及課程需要彈性調整。

附錄十五　華愛幼兒園105 -1中海豚班幼兒每日作息表

時間	名稱	活動內容		
07：30～08：20	1.幼兒入園 2.角落自由學習活動	角落扮演、個別輔導、觀察、社會互動、		
08：20～08：50	戶外大肌肉活動	體能遊戲、團體遊戲、自由活動		
08：50～09：20	元氣早點	營養概念、用餐禮儀、生活自理		
09：20～09：50 09：50～10：50 10：50～11：30	課程發展活動	社區 探索	經驗分享A與工作計畫
			小組生產創作
			經驗分享B：欣賞、歸納、延伸
11：30～11：50	戶外活動	自由活動、探索生態園		
11：50～12：30	營養午餐	營養概念、用餐禮儀、生活自理		
12：30～13：00	餐後整理	餐桌整理、潔牙時間		
13：00～14：30	午休	休息、睡眠音樂		
14：30～15：10	活力點心	營養概念、用餐禮儀、生活自理		
15：10～15：40	主題加深加廣統整教學	統整各領域教學活動、發表、故事、歌謠		
15：40～16：10	心情塗鴉	日記畫		
16：10～	角落自由學習活動 放學時間	環境整理、角落扮演、個別輔導、觀察、社會互動、家長接送		

備註：作息時間及活動內容為原則性之安排，實際作息依幼兒學習興趣及課程需要彈性調整。

附錄十六　SS國民小學附設幼兒園104學年度第2學期第一週教學活動花絮

主題：我們的有機果園　實施日期：105.02.15～105.02.30　幼兒姓名：　座號：

＊本週主題教學活動目標： 1. 能正確指出果園的路徑。　2. 參觀果園時能不隨意脫隊守秩序。 3. 能負責任的照顧植物。　4. 能用各種素材進行創作。
＊本週主題教學活動要項： 1. 探索學校的果園。（語文、認知、社會、美感、情緒領域、身體動作與健康領域） 2. 繪製果園探索地圖。（社會、語文、認知、美感、情緒領域） 3. 觀察果樹的種類和生長狀況並整理果園。（語文、認知、社會、美感、情緒領域、身體動作與健康領域） 4. 主題延伸：◎數學遊戲—數一數相同果樹的數量　◎本土語文教學（閩南語）—「火金姑」　◎安全教育—戶外遊戲的注意事項。　◎戶外寫生活動—我看到的果園。　◎兒歌律動—「爺爺的大果園」　◎生活教育—正確洗手五步驟　◎尋字遊戲—果園（語文、認知、身體動作與健康、社會、美感、情緒領域）
主題活動照片

教師帶領幼兒觀察果樹

我們來爬好漢坡

數一數相同果樹的數量

幼兒繪製果園探索地圖

有機果園寫生活動

兒歌律動—爺爺的大果園

＊主題活動分享：
　　為配合主題課程活動，教師特地帶領幼兒一同去探訪學校後面山坡上的有機果園，教師介紹了各種果樹的名稱，也讓幼兒聞一聞果樹的葉子氣

味，幼兒發現「印尼紅皮紅肉菝」果樹上結了一顆大果實，紛紛好奇的用手觸摸，並聞一聞果實的香氣，也有幼兒發現果樹上開了一朵粉紅色的花，顯得驚喜不已呢！接著教師引導幼兒進行數學遊戲，讓幼兒數一數「印尼紅皮紅肉菝」相同種類的果樹有幾棵？幼兒興致勃勃的唱數：「1、2、3……」，在遊戲中自然而然地建立起數與量的觀念。教師並帶領幼兒爬果園的好漢坡及滑草遊戲，幼兒來來回回的爬坡滑草，玩得不亦樂乎呢！

　　回到學校後，教師帶著孩子進行團體討論回顧控索活動的點滴，大家開始討論並分享自己的探索經驗，◯女勻：我有看到桑葚果樹！◯翔：我看到橘子樹！◯欣：我有看到文旦樹還摸一摸它的葉子。◯浚：我看到花。◯廷：我看到「印尼紅皮紅肉菝」果樹。孩子們此起彼落的說著自己的所見所聞，於是在經過討論後，孩子們決定要做教室的果園，◯彥：我們可以在教室裡在做山坡和果樹。看來孩子們對於探索「我們的有機果園」課程已充滿好奇與興趣囉！

＊教師叮嚀及重要聯絡事項：
一、2、15舉辦「開學親師座談會」，座談會重點內容如下：
1.配合學校主計與出納的行政作業本學期各項收費由存簿帳戶扣款，細目如下：

	大班	中、小班
學費	0元（5足歲的幼兒學費由教育部輔助）	
雜費	600元（一學期）	
材料費	1350元（4、5個月）	
活動費	900（4、5個月）	
午餐費	2730元（4、5個月）	
點心費	4040元（4、5個月）	
保險費	164（一學期）	
合計	9784元	

※扣款日期另行通知，請家長先預留存款以利自動扣款，謝謝您！
2.政令宣導：幼托整合政策宣導、教學正常化、品格教育宣導、教育部學齡前英語政策說帖、幼教各類相關補助及申請說明、衛教宣導等相關事宜。
3.說明本學期主題課程—「我們的有機果園」的預定教學計劃與重要行事活動預告，同時也歡迎家長與孩子一起蒐集相關資料或素材，讓課程更

加精彩豐富，若有相關的資源或意見，也請不吝指教，謝謝！

4.平日課後留園於2/15(一)起開始辦理，未報名之幼兒，若有需要請隨時和教師聯繫。

5.為保障安全，家長騎乘機車接送幼兒時，駕駛人與乘客都請務必戴安全帽。

二、如幼兒有咳嗽、流鼻涕、腸胃不適等症狀，請讓孩子戴口罩上學，以維護大家的健康，並替孩子準備口罩放置於書包中，以備不時之需；若有發燒症狀者請在家休息並打電話和老師聯絡，謝謝您的配合！

三、因主題課程於每天早上八點開始進行，所以請家長務必於八點前準時帶幼兒到校，以利課程順利進行，感謝您！

四、請家長確認是否已攜帶以下物品：衛生紙兩包（教室及餐廳各一包）、毛巾、抹布、室外拖鞋、牙刷、漱口杯、寢具（棉被、枕頭）、備用衣褲一套。

五、請上學期末未歸還學校圖書的幼兒儘速把書帶來學校、並請家長提醒幼兒愛惜公物及按時歸還繪本、以培養良好的閱讀習慣。

六、2/20(六)為春節彈性放假補課日，當天正常上課。

七、感謝○雅媽媽、○嫻阿嬤、○宇阿嬤請大家吃餅乾、果凍及有機的椪柑，感恩你們！

教師簽章：＿＿＿＿＿＿＿＿＿＿＿

家長的話：

家長簽章：＿＿＿＿＿＿＿＿＿＿＿

國家圖書館出版品預行編目資料

幼兒園及托嬰中心教保活動：幼兒本位磁場的
社區融合教保之理論與實施／謝明昆著. ——
初版. ——臺北市：五南，2018.10
　面；　公分
ISBN 978-957-11-9786-9（平裝）

1.學前教育理論

523.21　　　　　　　　　　　107009467

117G

幼兒園及托嬰中心教保活動：
幼兒園本位磁場的社區融合教保之理論與實施

作　者 — 謝明昆（397.9）

發 行 人 — 楊榮川

總 經 理 — 楊士清

副總編輯 — 陳念祖

責任編輯 — 李敏華

封面設計 — 姚孝慈

出 版 者 — 五南圖書出版股份有限公司

地　　址：106台北市大安區和平東路二段339號4樓

電　　話：(02)2705-5066　傳　　真：(02)2706-6100

網　　址：http://www.wunan.com.tw

電子郵件：wunan@wunan.com.tw

劃撥帳號：01068953

戶　　名：五南圖書出版股份有限公司

法律顧問　林勝安律師事務所　林勝安律師

出版日期　2018年10月初版一刷

定　　價　新臺幣400元